U0500659

中国家庭教育文库 家庭生活教育丛书

你走过的365天

山西出版传媒集团　山西教育出版社

·太原·

《家庭生活教育丛书》编委会名单

编委会主任

朱永新

编委会副主任

孙云晓　陶新华

编委会成员

（按首字母拼音排序）

边玉芳	陈　洁	樊青芳	范伟霞	冯楠楠	谷　昳
郭　铭	郭瑞玲	洪　明	康丽颖	李　荣	李　巍
李小丽	李一慢	李媛媛	刘凤霞	刘美霞	吕萍萍
孟秋芹	秦张伟	任思颖	单志艳	唐静姣	王国红
王　佳	王　昕	王艳霞	王张晖	吴重涵	吴海燕
谢项鹤	徐　瑛	闫玉兰	杨　睿	杨艳霞	殷　飞

丛书主编

孙云晓

丛书副主编

蓝　玫　赵　晶　弓晓俊　卢　宇

家教兴万家

——《中国家庭教育文库》总序

朱永新

家和万事兴，家教兴万家。

家庭是诞生人的摇篮，家庭是教育最重要的一环。童年是人生最神奇的阶段，父母是孩子最长久的老师。

家庭教育的问题，如今已经引起了全社会的广泛关注。许多父母开始自觉地意识到，教育不仅仅是学校的事情，更是家庭的责任，是父母的天职。许多学校开始自觉地认识到，好的教育离不开家庭的参与，家校合作共育，教育才能够有美好的未来。

但从总体来看，家庭教育的重要性还远远没有得到足够的认识，全社会的教育素养也落后于世界发达国家的水平。

其实，我发起的新教育实验，在十几年的实践中一直重视两点：阅读和家庭。如果说阅读是教育最重要的抓手，家庭就是教育最重要的基石。为此，我们新教育研究院成立了两个研究所：一个是新阅读研究所，一个是新父母研究所（后更名为"新家庭教育研究中心"）。前者抓书目研制，先后研制发布了"中国幼儿基础阅读书目""中国小学生基础阅读书目"等针对不同读者人群的各类基础阅读书目，解决"读什么"的问题；抓"领读者"计划，解决"如何读"的问题。后者通过"萤火虫网络讲座"等项目抓父母的教育素养普及与提升，通过萤火虫工作站"萤火虫亲子共读"等项目开展各类亲子教育活动，通过"新父母学校"等项目帮助父母和教师携手打造家校教育共同体。之后由我推动发起，新教育研究团队在北京独立注册了"国本家庭教育研究中心"，开展家庭教育研究、新父母读本的编写等工作。我一直认为，把阅读和家庭两个难点抓住，在家庭里播下阅读的种子，让孩子在进入学校以前就已经热爱阅读，具有初步的阅读习惯、阅读能力，我们的教育自然会更有成效。

　　在受中国教育学会委托担任家庭教育专业委员会理事长以后，系统研究家庭教育理论、全面总结家庭教育的经验、及时指导我国家庭教育的实践就成为我面临的重要使命。近年来，我一直在思考如何更好地完成这一使命，如何调动各种资源，为繁荣中国家庭教育研究、推广家庭教育的先进理念与方法，进一步做出贡献。

　　在这样的背景之下，在新教育研究院、国本家庭教育研究中心等机构，以及全国家庭教育理论研究工作者、一线优秀教师、广大父母的参与和支持下，我们推出了这套《中国家庭教育文库》。

　　《中国家庭教育文库》包括《中国家庭教育蓝皮书》、《中国家庭教育研究书系》、新父母教材《这样爱你刚刚好》、《家庭教育译丛》和《家庭生活教育丛书》等。其中《中国家庭教育蓝皮书》是由国本家庭教育研究中心主持编写的年度家庭教育报告，分析中国家庭教育的最新发展情况，汇集每年中国家庭教育的理论研究成果和实践探索。《中国家庭教育研究书系》收录家庭教育相关学术研究成果，包括年度家庭教育国际论坛的论文集，以及著名专家的个人文集等。新父母教材《这样爱你刚刚好》是在中国教育学会家庭教育专业委员会与新教育研究院学术支持下，由国本家庭教育研究中心、中国青少年研究中心、上海师范大学联合编写，供学校或机构在各类家庭教育培训中使用。《家庭教育译丛》将陆续引进国外关于家庭教育的著作，为我们了解世界各地家庭教育的研究成果打开一扇窗户。而《家庭生活教育丛书》立足于家庭生活场景和学校工作，为家庭教育工作者，包括教师及广大父母倾心编撰，以更好地指导家庭教育工作，促进家校合作实践。

或许，我们的努力仍然是稚嫩的，甚至难以逃脱"初生之物，其形也丑"的常态。但是，我们将以《中国家庭教育文库》用心记录中国家庭教育的发展进程，收录家庭教育的最新研究成果，不断完善，不断提升，为推动中国家庭教育的高质量发展做出我们的贡献。

写于北京滴石斋

目　录

内含 126 篇亲子家庭生活记录
微信扫描即可

序一：
不能再回去的家庭生活时光

吴重涵

一位 1970 年出生的家长说道：

当我们还是孩子时，常常逛到太阳落山，自己决定找哪个朋友玩，没有人会检查我们的家庭作业。当我们成为父母后，却为孩子报这个音乐兴趣班、那个体育特长班，督促做家庭作业，全家围着孩子转。我们意识到自己成为和父母截然不同的家长，我们付出很多很多，但并不觉得自己做得比上一代更好！

这个家长形象地道出了家庭生活代与代（代际）之间的巨大差异。研究表明，年长的一辈对于田园诗般的农村家庭生活、在公共场所尽情玩耍到太阳下山的城市儿童生活，尽管有着一种难舍的情怀，但这些传统的生活画面却是一般不会再发生的往事。家庭生活的内容和结构不可逆转地发生了现代性转变。

其实，当中国传统家庭从家族和宗族的大家庭生活，走向今天的核心家庭（以及间断的准主干家庭），家庭生活的内容、形式以及家庭生活背后的家庭关系和结构都发生了巨大的改变。就家庭生活的现代性变化而言，呈现出以下五个特点。第一，家庭生活越来越"核心化"，核心家庭内关起门来，就餐、娱乐、游戏、集体讨论和共同阅读、共同履行家务、家庭外出等。这种核心化对应的另一方面就是与单位、学校、银行、商业服务机构等的联系越来越紧密，而与周边邻里和社区的联系呈现不断减少的趋势（家庭的私人性、私密性，及其同时出现的公开性、公共性，构成了涂尔干所说的现代家庭悖论）。第二，家庭生活越来越"网络化"。"核心化"并非意味着家庭生活的封闭。由于现代社会分工的高度分化、数字网络技术的高度发达，现代人的家庭生活发生在一个立体、复杂的现实和网络空间之中，家庭成员在多重社会角色（员工、家庭成员、顾客、朋友、网络参与者）中频繁转换，时间连贯完整的家庭陪伴、亲子陪伴越来越困难；人们越来越借助复杂的社会生活和网络生活获得信息，进行社会交往，接受各种影响；儿童在网络化的世界中，获得了大量社会化的资源；父母的教育主体地位受到挑战。第三，家庭生活越来越"儿童中心化"。与传统（古代）家庭儿童世界围绕成人世界（生存和生计）不同，当现代家庭中的"成年人世界"和"儿童世界"发生重叠时，不再是像传统社会那样以"成年人（家庭劳动）世界"同化"儿童世界"，而是"成年人世界"服从和服务于"儿童世界"，"下行式儿童中心主义"逐渐成为家庭文化主流，这容易给现代祖辈和父辈带来家庭教育的牺牲感、负担感和焦虑感。第四，家庭出现了儿童生活"学术化"倾向，儿童生活很大一部分发生在以学术化为主要特征的学校等教育机构，或者儿童生活乃至家庭生活与学术化学习生活发生着越来越多的关联，学习型家庭的特征日益明显。对照现代学校在系统知识教学基础上出现的"生活化趋势"，现代家庭出现了在生活基础上的知识化和"学术化"倾向，预示着生活教育与系统知识教育（智育）这样两条家庭教育和学校教育的主线，出现了彼此融合的趋势（家校共育的逻辑基础）。第五，儿童玩耍时间被越来越"结构化"安排，"开放式"同辈玩耍中的自定规则、自我组织、自我实施的重要发展空间被成年人分时段、有目的、有计划的安排所取代，儿童成为成年人既定安排活动结构中的单纯练习者，儿童"玩耍"越来越多地被缺乏自主性的"训练"所替代。

在现代的家庭生活中，家庭对儿童的影响作用，是家庭运转中家庭内外生活的方方面面对儿童产生的必然影响，是这种生活中的家庭和社会关系及其结构对儿童产生的必然影响，是儿童的自我体验，主要是"事物的教育"（卢梭语），而"人的教育"（父母有意识的教养）在家庭中是包含于"事物的教育"之中的。因此，现代家庭教育本质上是在三种家庭生活形态中进行的。第一类主要是父母实施的有明确教育目的和学习目标的家庭活动，例如，课业和文化知识的学习、玩具和游戏的学习、各种交往和网络工具的学习等。随着科学技术的发展和越来越渗透于人类的生活，儿童需要学习的新东西越来越多，频率越来越快。这一类的学习，有着与学校教学过程相同和相似的规律，也与学校教育发生着最直接的联系，需要我们认真加以辨别和关注，需要更多地与学校和老师沟通、合作，需要父母不断地学习新知识。但是，这只是家庭教育的一部分。第二类是有积极意义但无明确教育目的家庭生活。例如，父母带孩子去动物园游玩。逛动物园是一种人为的选择。这种选择应该是基于游玩经历本身会对孩子具有积极影响。"好玩"是这种活动的本质特征。如果把这种活动设置为以教育为直接目的的活动，列出孩子逛动物园在认知上达到什么目的，提出观察要求，让孩子完成作文，这就把家庭生活转变为一场"教育行动"。研究表明，如果家庭中这样的"教育行动"经常化了，家庭生活就会因此发生"家庭生活的异化"，结果往往遭到孩子对于父母和家庭活动的反感甚至怨恨（我不去行吧！）。所以，有意义而无明确目的的家庭生活，是绝对不可替代的。这也是家庭教育不同于学校教育的一个显著特征。把所有有意义的家庭活动都转变为直接以教育为目的的活动，既无必要，而且有害。但家庭教育更重要的是第三类，即家庭中理所当然、不假思索的常规生活。大量的家庭教育正是在这种家庭常规生活中潜移默化完成的。所以，家庭教育的底色，恰恰就是整体性家庭生活和家庭文化氛围。"家庭教育"这个词组，重心是"家庭"而不是"教育"。科尔曼报告中肯定的家庭教育作用，主要是这个意义！从教育影响的性质来看，家庭教育由以上三类家庭生活形态构成。

　　《陪你走过的 365 天》选录的优秀文章，正是围绕着家庭教育生活形态中最重要、最基本的日常生活常规教育这样一个主题而生动展开的。从朱永新老师概括总结的家庭的"晨诵、午读、暮醒"共读，"游戏、家务、手工"活动，家庭"共餐、叙事、交谈"等三类家庭常规，给出了一幅幅于无声处、耳濡目染的生活教育画面。这不论是启发广大父母用科学的理念在日常家庭生活中教育和引导孩子，还是在中国当代家庭教育的理论概括和提炼上，都是一件很有意义的工作。

序二：

共同生活让亲子关系更和谐

蓝 玫

家庭生活教育是现在家庭教育的基本命题，在家庭日常生活中如何充分地把对儿童权利的尊重落到实处是我们一直探讨的重要问题。"好的生活就是好的教育，坏的生活就是坏的教育"，基于对家庭日常生活以及当下亲子关系现状的思考，我们组织了专门的团队开展研究，申请了中国教育学会教育科研规划课题一般规划课题"小学阶段亲子沟通障碍问题及解决策略研究"（课题批准号：201900502802B），创造性地提出了父母陪伴孩子在家庭中做到的"三个三"，借此帮助父母营造和孩子共相处、共交流、共成长的家庭环境。

一、一日三省的家庭共读倡议

1. 一省，就是每天早晨起床，选择一首诗和孩子共读。如果选择《新教育晨诵》，就引导孩子结合诗歌后面的"思与行"进行讨论，在诗歌和孩子的生命之间建立起内在的连接，为孩子的行动提供必要的"营养"；如果选择了和当下热点相关联的诗歌，在读完诗歌后，可以结合当下的热点事件或热点问题进行讨论，让孩子认识社会，学会理解他人。形式上，父母可以根据当下的具体情形，选择和孩子一起采用分角色朗读、齐读、对读、问答互动等方式，借助声音来表达和传递内心的感受。

2. 二省，就是每天和孩子共读并讨论交流。父母每天要养成在固定的时间和孩子一起读书的习惯。可以分别读同样的章节之后一起交流，也可以选择分角色、轮流读等方式读完某一部分之后围绕内容进行交流。父母和子女借助一起徜徉书海分享体会的方式，增进情感，让亲子之间不再因为缺乏沟通而变成"渐行渐远"的心灵上的"陌生人"。

3. 三省，就是每天晚上交流和记录一天的收获。首先，父母和孩子可以记录晨诵和午读的阅读感悟，让阅读"留痕"；其次，可以一起关注当前新闻事件，记录自己的心路和行路，让生活"留痕"；最后，父母和孩子可以借机分享自己的工作生活故事，分享家庭和家族的故事等，让家庭生活积淀更浓郁、更丰厚的家的味道，让家事"留痕"。最重要的一点是，要引导孩子多维度思考，促进他们批判性思维能力的提升。

二、一日三事的家庭事务倡议

我国古代有句谚语叫"早起三光，晚起三慌"，本意是催人早起，把自己从头到脚收拾整齐来迎接新的一天。同时，人们也用这句话来告诉大家，一个家庭中，家庭成员应该"黎明即起洒扫庭除"，让家里家外干净整洁。所以，建议父母根据家庭的具体需求，让子女参与家务劳动，比如扫地、擦地、洗碗、擦桌子、洗衣服等，丰富他们的生活体验，增强他们的感受力，因为生活和劳动本身都是对孩子最好的教育。

需要提醒的是，父母应该在孩子参与家务劳动的过程中，与他们巧妙互动，为孩子打开更多认识与理解隐藏在身边的真理和智慧的渠道，增加他们的生活经验。比如进行一些统筹方法的渗透：如果孩子选择扫地、擦地、擦桌子这三件事的话，可以探讨：先做哪件事，再做哪件事？怎样做可以最大限度地提高效率？在没有计量工具的情况下，怎样计算消毒液的配比？如果孩子选择洗碗，可以交流洗洁精是否可以直接用在餐具上？科学依据是什么？

游戏和运动，也是家庭中亲子互动必不可少的内容。有研究表明，足够的运动量对孩子学习成绩的提高以及非认知能力的发展都是有促进作用的。父母在和孩子的游戏和运动中，可以帮助孩子建立规则意识、合作意识、奋斗意识等。这不仅能够促进孩子综合素养的提升，还会畅通父母和孩子的沟通渠道，为父母进一步认识孩子打开一扇新的窗口。

三、一日三餐的食育倡议

父母可以和孩子从设计家庭的一日三餐入手，结合家庭成员的饮食习惯和自身身体状况，制订科学合理的食谱，共同购买食材并完成制作过程。同时，父母还可以借机让孩子了解自然界的食物链，了解万物相生相克的规律，了解自然运行和身体运行规则之间的关系，体会天人合一的"合"需要人类以怎样的态度和行动对待自然万物等。比如，不同体质的人在不同时间如何选择食材；不同的食材如何选择不同的制作方法才能最大限度保证营养不流失；不同食材在不同地域生长会导致材质发生怎样的变化；中西方饮食文化的差异和气候、环境等之间有着怎样的联系……

同时，父母还可以和孩子一起思考：同样一顿饭，地理学家、物理学家、植物学家、营养学家分别会从哪个角度看待和思考，又可能会对食材种植、选择、烹饪等过程提出怎样的建议……以此为线索，父母就可以和孩子一起编织一张饮食文化的课程之网，陪伴孩子畅游其间。

自 2021 年 2 月国本家庭教育研究中心正式推出以上"亲子日常生活'三个三'"的伴读、伴行、伴成长的公益活动开始，就受到了广大父母朋友和小朋友们的喜爱，日阅读量近 2 万人次，打卡人数近 10 万人次。本次历时一年的活动旨在通过日常亲子互动的设计让家庭教育回归美好生活，从家庭的打卡情况以及对过程的关注，活动的确达到了预期的效果，我们见证了一个又一个家庭中的父母和孩子们在参与活动过程中的共同成长。本次活动也得到了业内多位专家的指导，如中国家庭教育学会副会长孙云晓老师在整个过程中给予了大力支持和悉心指导，江西师范大学教授吴重涵老师特意为本书点评并作序，这些都极大地鼓舞了项目组的成员。同时作为"小学阶段亲子沟通障碍问题及解决策略研究"的课题成果，课题组的成员也付出了极大的辛苦搜集资料进行项目策划等，让我始终心存感恩。

现在，我们终于将成果集结，限于篇幅，最终以 239 篇原文和 126 篇存入二维码的文章成册，形成了这本《陪你走过的 365 天》，希望能够帮助更多的家庭、更多的父母，通过每日对孩子的陪伴，让诗歌和孩子的生命之间，父母和孩子的生命之间建立起内在连接。因此，我们还要感谢山西教育出版社的潘峰老师和各位编辑为本书出版付出的心血。我们也知道项目还有很多需要改进的地方，未来愿意携手阅读此书的更多家庭，以此书提供的内容为参照、为依托，继续创造、继续改进，共同成长、共同提高。

第一部分

春日暖阳

1　春风化雨润人心

春回大地，万物复苏，这一天，刚刚早早就起床了。妈妈打开手机，轻柔的音乐伴着清脆的女声缓缓而来。

亲爱的父母朋友们，一年之计在于春，从今天开始，新家庭教育研究院正式启动"亲子日常生活'三个三'"伴读、伴行活动，希望我们的陪伴能够让孩子们更好、更快地茁壮成长。我们今天共读的绘本是《一粒种子》：

一粒种子睡在泥土里。他醒过来，觉得很暖和，就把身子挺一挺……

"种子和我一样，都是刚刚睡醒呀！"刚刚说着伸了个懒腰，也把身子挺了挺，一字一句地读起来——

春风轻轻地吹着。种子问蚯蚓："外边是什么声音？"

蚯蚓说："那是春风。春风在叫我们到外边去。"

……

听着刚刚稚嫩的声音，妈妈欣慰地说："刚刚，妈妈考考你，你知道小鸟的歌声是什么样的吗？"

"是这样的——叽叽喳喳，咕咕！"

"泉水的歌声呢？"

"哗啦啦，哗啦啦。"

"春风的歌声呢？"

"呃……"

"刚刚，有时候生活中的每一个声音不是用耳朵听，而是用心才能听到。来，让我们打开窗户，闭上眼睛，一起聆听春风的声音吧！"

片刻后，刚刚欣喜地睁开眼："妈妈，我知道啦，叶子摇动的声音、昆虫爬动的声音、鸟儿鸣叫的声音……都是春风的声音！"

"是呀，聪明的孩子。你的声音也是春风的声音哪！"

窗外，风吹树叶沙沙地响着，好像在为这对母子鼓掌呢！

我们也来一起做：

1. 和孩子一起去踏青寻春吧，找一找，你们能发现几种春风的歌声？

2. 想一想，说一说，在《一粒种子》中，你们最喜欢小种子的哪些品质？

2　洒扫也要讲科学

吃过早饭，妈妈说："最近我们家里脏乱差现象严重。现在我提议，全家总动员，打扫卫生！"

"黎明即起，洒扫庭除，要内外整洁。"刚刚马上去房间叠被子。妈妈拦住刚刚："别着急，起床后不要马上叠被子。"看着茫然不解的刚刚，妈妈耐心地解释："因为我们睡觉的时候，皮肤会排出多种气体和汗液，起床后如果立即叠被子，被子就会吸收或吸附这些水分和气体，形成潮湿且富含角质的环境。这种环境特别适合螨虫繁殖，对健康十分有害。所以起床后可以先将被子翻转，将门窗打开，通风透气。"

"可是妈妈，那《朱子家训》中的开篇为什么要说'洒扫庭除'呢？是它说错了吗？"刚刚有点困惑。

妈妈笑着说："这是因为古人居住在平房，院子都是土地，不洒水会扬起尘土。可咱们家的情况是这样吗？"

"妈妈，我们家住的是楼房，可以先收拾东西，然后擦桌子扫地，最后再叠被子。"刚刚明白了，原来家务劳动也要科学安排、合理对待。

爸爸挥舞着手臂，唱起《团结就是力量》，欢乐的气氛中，一家人快乐地劳动着。

晚上，刚刚拿出日记本记录下今天的劳动收获。有学习新知识的喜悦，有思考问题时绞尽脑汁的辛苦，有对团结的感悟，也有在做家务中对时间管理和统筹方法的思索……虽有一点劳累，但更多的是快乐。

我们也来一起做：

1. 你的孩子喜欢做家务吗？可以和孩子聊一聊他们喜欢或者不喜欢做家务的原因。指导孩子完成一项家务劳动，为他们提供帮助和建议。

2. 今天的家务劳动给了我们怎样的育儿启发？鼓励孩子把劳动心得记录在暮省日记中。

3   亲子游戏快乐多

今天晨读的绘本是《一个不能溜达的春节》。

每年春节，溜达鸡都会溜达到山坡上给大家拜年，可是今年春节，很多动物都生病了，大家只能在自己的窝里过春节。

当读到"妈妈，我们这样窝在家里，和小鸡、小鸟、虫子一样，好无聊呀"的时候，"叽叽、咯咯、喔喔、叽叽咯……"晓雯扔下绘本，在客厅里一边跑一边跳，"我好无聊呀！"

妈妈赶紧把这只"咕咕鸡"捉到书桌前："不许打扰楼上楼下的叔叔阿姨休息哦。"

晓雯的眼睛亮晶晶的，她抱住妈妈说："读完这个绘本，我好像到溜达鸡家里溜达了一圈似的，好开心呀！"

"这就是读书的魅力呀，有时候读万卷书的感受就好像在美丽的旅途中行进一样快乐。"妈妈微笑着回应道。

"还真是这样呢！我们也可以像小鸡一样跳高、唱歌、跳棋、拼图、玩游戏，快乐地度过每一天！现在我们和爸爸一起玩翻花绳吧！"说完晓雯就一溜烟地跑进爸爸的书房……

我们也来一起做：

1. 还记得溜达鸡用了哪些办法可以让每一天都过得有意思吗？让孩子想一想，说一说。

2. 和孩子一起设计家庭亲子游戏，将制定规则、描述游戏过程以及最后的感悟详细记录下来，推荐给更多的小朋友和他们的家人一起参与吧。

4　　洗净小手用七步

"妈妈，我长大了要做一名医生。"看着电视上无私奉献的医务工作者，雯雯认真地说。

"好呀，妈妈支持你的理想。"妈妈眨眨眼说，"为了向你的理想更进一步，现在我来教你洗手吧。"

雯雯睁大眼睛，直接抗议道："洗手谁不会呀，那还要学？"

妈妈理直气壮地说："对抗病毒，世界卫生组织给出的防护建议中，第一条就是洗手。人类第一次意识到洗手的重要性是在 170 多年前，那时产房里的孕妇死于产褥热的概率高达 20%。一位聪明的医生发现，原因竟是医生不洗手造成了感染，他立刻呼吁医护人员认真洗手，感染率因此降到了 1%。"

雯雯又一次睁大眼睛，惊讶地说："啊？原来洗手这么重要啊！"

母女俩来到洗手间，雯雯立刻打开水龙头，水哗啦啦地流着，四溅的水花把两人的衣服都打湿了。

"妈妈，您看我洗得干净不？"

妈妈哭笑不得地说："不是这样的，妈妈来教你'内、外、夹、弓、大、立、腕'洗手七步法，你可要看仔细。"

妈妈还告诉雯雯，洗手不仅要遵循正确的步骤，还应该做到

"勤"。比如要在外出回家，饭前便后，咳嗽和打喷嚏后，触摸口、鼻、眼之前，做饭处理食材前后，接触过动物之后等情况下及时洗手，这样才能有效保障健康。

看着洗干净的小手，雯雯心里想，做医生的理想就从学会洗手，养成好习惯开始吧！

我们也来一起做：

1. 想一想，如何帮助孩子养成勤洗手的好习惯？

2. 打卡记录，把勤洗手的重要性以及正确洗手的方法记录在暮省日记中，分享给更多人。

5   团圆汤圆吃起来

"众里寻他千百度。蓦然回首，那人却在，灯火阑珊处。"雯雯摇头晃脑地诵读着宋代辛弃疾的《青玉案·元夕》。

要过元宵节了，妈妈买了汤圆回来。

"哦，吃汤圆喽！"雯雯欢呼雀跃起来。

关于元宵节雯雯已经了解了不少知识。元宵节，又称上元节、元夕或灯节，是春节之后的第一个重要节日。正月是农历的元月，古人称夜为"宵"，所以把一年中第一个月圆之夜正月十五称为元宵节。元宵节的传统习俗有出门赏月、燃灯放焰、喜猜灯谜、共吃元宵等。此外，不少地方在元宵节还增加了耍龙灯、耍狮子、踩高跷、划旱船、扭秧歌、打太平鼓等传统民俗表演。2008 年 6 月，元宵节被选入第二批国家级非物质文化遗产。

南汤圆北元宵，做法不同，称呼不同，但寓意同样美好。汤圆在锅里翻滚，快乐在嘴里融化，家人围坐在桌前其乐融融，还有什么事情比这更幸福的呢？

水开了，妈妈把汤圆依次放入锅中。妈妈告诉雯雯，待中火煮至汤圆浮起一分钟左右再盖盖，然后用大火煮至汤圆膨胀变大就可以出锅了。

雯雯目不转睛地盯着，圆滚滚的汤圆在热气腾腾的水里翻滚着，看着就好吃极了！

妈妈取出碗筷对雯雯说："汤圆出锅喽，雯雯想请谁来品尝第一碗呢？"

雯雯灵机一动："妈妈，我们给隔壁的牛爷爷送一碗吧，他的儿子是军人，儿媳是医生，经常不在家。我想祝福他，祝他们全家早日团团圆圆！"

妈妈抚摸着雯雯的小脑袋欣慰地说："雯雯，我们也可以邀请牛爷爷来我们家一起吃团圆饭啊！"

"没错，我这就去邀请牛爷爷。"雯雯说完，蹦蹦跳跳地出门了。

我们也来一起做：

1. 想一想，如何利用传统节日让孩子传承好孝老敬亲的传统美德？

2. 建议和孩子做一次汤圆，煮一次汤圆，与孩子一起感受元宵节的独特习俗，在暮省日记中记录所得。

6　垃圾分类不容缓

一大早，妈妈就开始说教："保护环境就是保护我们自己，可以从日常的生活细节做起，让晨起之后的洒扫庭除、整理房间成为习惯……"

小智不耐烦地说："妈妈，我的耳朵要起茧子啦。"

妈妈佯怒："听了等于做了吗？要不要现在去你的房间看看，昨天的垃圾丢掉了没有？"

小智缩了缩脖子："丢掉了，丢掉了，丢得干干净净啦。妈妈，请赶快开始今天的绘本共读吧。"

今天的故事是李萍的绘本《垃圾不见了》。

当听到"每天都有好多好多的垃圾被丢掉，越堆越多，直到……每个人连门都没有办法出了"，小智惊讶地张大嘴巴，一个劲儿地说："那可怎么办呀？"

当听到"并不是所有的垃圾都是废物"时，小智刚刚合上的嘴巴又张大了："垃圾不就是废物吗？"

当听到垃圾可以分类，可以回收再利用，可以通过焚烧来发电……小智兴奋得"哇哇"叫个不停："真是不可思议，垃圾还可以变成宝物呀！"

妈妈笑了："是呀，废物、垃圾往往都是放错了位置的资源。"

小智若有所思："妈妈，我觉得有时候换一个方式，找一些方法，即使只是一堆看上去没有用的垃圾，也可以让我们的生活变得更美好。"放下绘本，小智和妈妈在电脑上查找家庭垃圾分类方法。垃圾分类回收，从当下开始，从我们做起，刻不容缓。

我们也来一起做：

1. 和孩子聊一聊，从绘本中我们知道了哪些垃圾处理的方法？你还知道其他方法吗？

2. 请父母和孩子结合绘本内容，创作一幅以"垃圾不见了"为主题的写绘作品。

7　　与书为伴逐梦飞

午读时间到了，妈妈和默默一起阅读绘本《神奇飞书》。

飞书，会飞的书？默默一下子就被书名吸引住了。是像纸飞机一样地飞起来，还是会载着人飞呢？最重要的是，书为什么会飞？带着满脑袋的疑问，默默跟随妈妈一起走进阅读。

当读到"有一天，天空突然乌云密布，飓风呼啸而来"的时候，默默害怕得捂住了眼睛；当读到"一位可爱的女孩飘过天空，手里握着一束神奇飞书"的时候，他羡慕得睁大了眼睛；当读到"莫里斯来到一幢奇特的房子前，那里住着很多的书"的时候，他终于忍不住了："妈妈，那不就是图书馆吗？"

妈妈点点头说："是啊，是图书馆，不过那是一个神奇的图书馆。""那里的书都会飞吗？"默默张开双臂，模仿鸟儿在飞。

果真是这样！

莫里斯与书相伴的日子着实让默默羡慕了一把。默默也是个爱读书的孩子，他也想像莫里斯一样。

读到最后，莫里斯的书飞了起来。"这又是一本——翻开的书。"

默默咀嚼着这句话，他突然跳了起来说："妈妈，我知道了，一本书被翻开、被阅读的样子就是它飞起来的样子！"

我们也来一起做：

1. 你对《神奇飞书》故事中的情节还有哪些疑问？关于这些疑问可能产生哪些答案？和孩子一起讨论并记录在暮省日记中。

2. 和孩子一起观看《神奇飞书》影片，让孩子试着给影片录旁白，并说一说阅读书籍和观看影片有什么不同的感受？

8　书橱分类常清扫

默默的妈妈是一名老师，爸爸是一个历史爱好者，默默自己也有整整三排书架的绘本。

"这么多书该如何整理呢？"看着凌乱的书柜，默默犯了愁。

妈妈建议道："我们可以这么办，第一步，给书分类；第二步，贴标签；第三步，排座位。"

　　"耶，给书排座位喽！"默默来了兴致，欢快地忙活起来。

　　在妈妈的帮助下，默默先把书橱里所有的书按照"爸爸、妈妈、默默"三个类别进行分类，然后分别搬到桌子上放整齐。他坐在属于自己的书堆前，先把自己喜欢的却不易摆放的立体书拿出来单独摆放一摞，然后按照硬皮和软皮将剩下的书分开，这样就分成了大小不一的三摞。

　　默默用潮湿的抹布把书橱里里外外擦拭干净，把一些好久不看的、蒙上灰尘的书也进行了擦拭和整理。

　　妈妈拿出三种不同颜色的标签，爸爸的是黑色，妈妈的是红色，默默的是他最喜欢的蓝色，他们把标签贴在距书底 5 厘米处的书脊上。整齐摆放着的一排排书就好像穿上校服的小学生，煞是好看。

　　为了取阅方便，怎样安排层级更合理？这个问题妈妈没有直接给出答案，而是和默默一起讨论起来。

　　"不同的层级就好像是不同的年级。"默默说，"爸爸最高大，他的书可以放在最上面；妈妈的书可以挨着爸爸；我最小，书可以放在最下面。"

　　窗明几净的书房，一排排整齐的书好像是在给母子俩今天的劳动喝彩。

　　我们也来一起做：

　　1. 制订一个适合自家书橱的分类方式，和家人一起整理书橱。

　　2. 让孩子说一说整理书柜的收获，鼓励孩子用喜欢的方式记录下自己的劳动成果。

9　普通白菜不普通

今天的午饭，爸爸要指导晨晨做一道糖醋大白菜。

爸爸告诉晨晨，普通的白菜可以有很多做法，正如平凡的人生也可以有不同的实现自我价值的路径一样。

晨晨似懂非懂地点点头，心里想的却是："大白菜有什么好吃的，哪有锅包肉好吃啊……"

爸爸好像看出了晨晨的小心思，他捏捏晨晨的小鼻子说："别整天想着吃肉，荤素搭配才是健康饮食。"

晨晨盯着爸爸的大肚子撇撇嘴，爸爸摸了摸自己的肚子笑着说："晨晨，爸爸考考你，你知道糖醋大白菜需要什么食材吗？"

"当然是糖、醋、盐、葱、蒜，还有……妈妈爱吃的干辣椒。"

"别忘了最重要的——大白菜！哈哈哈！"

两人一边说着，一边开始准备食材。

晨晨细心地把白菜洗净、切好，然后把梗和菜叶分开放置。

在爸爸的指导下，晨晨在锅内倒入油，待油温微热，再放入葱、蒜、干辣椒爆香。

爸爸告诉晨晨炒白菜时，先放入白菜梗，等白菜梗软些后再加入菜叶，这样是为了熟得均匀。晨晨暗暗记下了这一点，他知道，这是做菜都会用到的知识。

翻炒片刻后，晨晨加入少许生抽和 1 大勺白糖，再加入适量的醋焖至白菜软烂，糖醋大白菜出锅喽！

"原来这就是糖醋大白菜呀，闻着就很下饭，我要给自己点个赞！"晨晨解下围裙，骄傲地扬起了头。

闻到香味的妈妈也从书房出来说："我也给我们的晨晨大厨点个赞！"爸爸也笑着为晨晨鼓掌。

"明天，咱们继续尝试大白菜的其他做法吧。"晨晨信心满满地对爸爸说。

我们也来一起做：

1. 指导孩子做一道糖醋大白菜，并把做菜的过程记录下来。

2. 白菜虽然普通，却能做出多种美味的菜肴。和孩子一起去探索更多的制作方法吧。

10   春种秋收话三餐

午饭的时候，晨晨对妈妈发脾气，还把半碗大米饭撒到桌子上。爸爸气得巴掌都举了起来，幸亏妈妈及时拦下了他。

饭后，爸爸去收拾碗筷。

"妈妈！"晨晨怯怯地钻进妈妈怀里。

"爸爸妈妈都生气了，晨晨知道吗？"

"为什么呀，妈妈？"晨晨故意问道。

妈妈没有直面回答："读完今天的绘本故事《盘中餐》，妈妈希望你能明白原因。"

晨晨不解地拿出绘本，封面上由一粒粒大米组成的精美图案立即吸引了他。

翻开绘本，晨晨看到二十四节气标注的图片，忍不住背起了《二十四节气歌》：

> 春雨惊春清谷天，夏满芒夏暑相连。
>
> 秋处露秋寒霜降，冬雪雪冬小大寒。

妈妈点点头说："今天的绘本讲的是一粒米从梯田到餐桌的传奇来历，你要好好看哟。"

刚过完年，元阳梯田的水稻耕作就开始了：雨水秧田，惊蛰播种，立夏插秧……在农民伯伯的精心照料下，水稻一天天地成长。

小满、大暑、立秋、秋分、寒露和霜降……绘本将农民伯伯种植水稻的几个主要阶段，通过日记和绘图的方式生动地呈现了出来。

晨晨一页一页地翻着绘本，小脸红了又红。一粒米的生命之旅，让他体味到悠久的农耕文化，更明白了粮食的来之不易。他终于忍不住呜咽起来："爸爸妈妈对不起，我再也不浪费粮食了。"

爸爸抱着晨晨，语重心长地说："知错能改就是好孩子。别哭啦，爸爸来给你讲一讲杂交水稻之父袁隆平爷爷和他的禾下乘凉梦吧。"

我们也来一起做：

1. 聊一聊用餐礼仪，读一读绘本《盘中餐》，和孩子一起体会劳动的艰辛和粮食的来之不易。

2. 和孩子一起在网上搜索袁隆平的事迹，了解他和水稻之间的故事，写下今天的暮省日记。

11   细品春天好味道

立春时节，妈妈为涵涵做了老北京春饼。

只见妈妈先在面粉中加入热水，再用筷子将面粉搅拌成絮状，待面粉晾凉后将其揉成光滑的面团，然后醒半个小时左右备用。妈妈一边准备往饼里夹的菜，一边给涵涵讲吃春饼的习俗。

立春吃春饼的习俗起源于唐朝。当春回大地，万物复苏，各种蔬菜发出嫩芽，古人为了尝鲜，就用面皮包着时令蔬菜，卷成卷蒸熟或者油炸，取名为春饼，寓意着五谷丰登，这也是春天的象征。大家互相赠送做好的春饼，取迎春之意。

老北京春饼与普通的烙饼不一样，讲究用热水和面。饼里夹的菜不仅有驴肉、熏肚、熏肘子、酱口条、酱小肚等肉菜，还要有炒粉丝、炒菠菜、炒豆芽等素菜。这样荤素搭配既营养又美味。老北京人吃春饼前会用羊角葱丝蘸甜面酱抹到春饼里，再夹上合子菜一卷，从一头吃到另一头，这就叫作"有头有尾"，寓意合家欢乐。

妈妈边说边把醒好的面团先搓成长条，然后用刀切成大小均匀的剂子。取一个剂子，揉圆，按扁，刷上一层植物油；再取一个剂子揉圆按在上面，使其成为两层；然后用擀面杖将其擀圆，直至薄厚均匀，这就完成了一个饼坯。妈妈打开加热好的电饼铛，刷一些植物油，再放入饼坯，待饼两面变色中间鼓起来就熟了。

涵涵早就迫不及待了，围在妈妈身边拍着小手，妈妈笑着说：

"小馋猫，别着急。"一边取出春饼，从中间撕开一个缝隙，放上涵涵喜欢吃的熏肚和小咸菜，卷好递给了涵涵。

涵涵满足地咬了一大口，春天的味道在唇齿间萦绕。

我们也来一起做：

1. 和孩子聊一聊自己小时候在立春这天吃春饼或炒合菜、咬春等趣事，了解立春吃春饼的习俗以及背后的美好祝福。

2. 帮助孩子学习制作春饼，用文字和照片记录和孩子制作春饼的过程，完成今天的暮省日记。

12   整理衣橱有方法

要出门了，妮妮钻进自己的衣柜里翻找衣服，待穿好衣服时才发现床上早已摊了一堆衣服，柜子里也一片狼藉。妈妈的眉头又皱了起来，妮妮吐了吐舌头向妈妈保证："等我回来就收拾好，一定整整齐齐！"

晚上，在妮妮的带动下，爸爸和哥哥都对自己的衣柜进行了整理。

首先用微湿的抹布把柜子里外的灰尘擦拭了一遍，直至干净为止，然后用干抹布把水渍擦拭掉。

接着，在妈妈的指导下，父子三人对衣物进行了分类。比如，外套裤子要挂起来，方便随时拿取；衬衫等容易褶皱的衣物，需要用衣架挂起来；毛衣等内搭一般都是针织材质，不易褶皱，可折叠起来放在一个区域；真丝制品的衣服，整理的时候要格外小心，防止指甲及其他物品钩挂；另外，背心、袜子等也要叠放在抽屉或收纳盒里；帽子、围巾、手套以及各种包，可以根据季节放在醒目、触手可及的地方，比如玄关柜位置等。

最后，妈妈教给大家一个叠袜子的小方法：先将两只干净的袜子叠放在一起，从袜尖开始卷，卷到袜口后，将拉开的外侧袜子口向外翻转以包住整个袜子，翻过来的袜子像包饺子一样把整个袜子包在里面。妮妮把自己的袜子通通整理了一遍，还把这个好方法分享给了自己的好朋友。

这次整理，一家人还学会了给衣物做"减法"：他们把不常穿的衣物清洗消毒后，打包捐赠给了小区的"衣物捐赠处"。相信这些衣物会送到更需要它们的地方。

世上无难事，只怕有心人。看到自己整齐的衣柜，妮妮的心情格外舒畅。

我们也来一起做：

1. 请和孩子讨论交流整理衣柜的方法。付诸行动，和孩子一起整理房间和衣柜。

2. 鼓励孩子把整理衣柜过程中有趣的事或心得，记录在暮省日记中。

13　全家动员饭飘香

最近一段时间因为天气寒冷，大家的运动量都比较小。

为了既保证家人的营养，又避免脂肪过剩，妈妈在饭菜上也是费尽了心思，她决定午饭做全家最爱喝的肉丸汤。

爸爸负责淘米蒸饭，妮妮和哥哥负责洗菜切菜，妈妈负责做肉丸。妈妈先将肉馅放入盆中，然后依次放入淀粉、盐、小葱丁、蒜姜末、十三香、料酒等，再打入几个鸡蛋，最后用筷子顺着一个方向搅拌均匀。

准备工作做好后，只见妈妈把锅烧热，倒入少许的油，用花椒炝锅，把葱白炒香，然后"嗞啦"一声倒入切碎的西红柿块，待西红柿炒烂成糊状后加水，再放入香菇、冬瓜块等烧开。接着，她戴上一次性手套，右手抓起一把肉馅，用拇指和食指轻轻一挤，一颗圆圆的丸子就躺在了虎口处，然后左手用汤匙挖起，依次放入沸腾的锅内。

妈妈的动作如行云流水，妮妮和哥哥都羡慕不已，嚷嚷着也要试一试。兄妹俩学着妈妈的样子动手尝试，不一会儿，圆的、扁的、大小不一的丸子就漂满了一锅。撒上小葱、香菜段，倒入几滴香油，一大锅飘着香味的肉丸汤就煮好了！

哥哥迫不及待地舀了几颗肉丸，却被刚出锅的肉丸烫得龇牙咧嘴，他滑稽的样子逗得大家哈哈大笑。

喝着美味的肉丸汤，妮妮眯起眼睛幸福地说："今天的饭比平常还要香呢！"

爸爸笑着说："今天的饭菜是我们一家人上下同欲，共同努力和付出的结果，当然更胜平常啦！"

想起今天晨诵的《孙子兵法·谋攻》，哥哥脱口而出："这就是'上下同欲者胜'吧？"爸爸赞许地点点头。

一家人其乐融融，享受着简单的幸福。

我们也来一起做：

1. 家人一起读一读《孙子兵法·谋攻》，理解其含义，结合身边事例与孩子交流，学习古人的智慧。

2. 和孩子合作做一顿饭，鼓励孩子把做饭的心得记录在暮省日记中，重点记录需要改进的地方。

14　　不负春天一朵花

豆丁妈妈打开窗户，雨后清新的空气扑面而来。

小区的花园里，经历了严冬的草坪虽然一片枯败，但在一场小雨的滋润下，隐隐的绿色正在悄悄地喷薄欲出。高大的落叶乔木在微风中摇摆着，泛出的生机已经肉眼可见……

午饭时，妈妈做了全家人喜欢的白菜素蒸饺，菜心却被妈妈留下来放进一个装满水的深口盘子里。妈妈说要种白菜花，让豆丁见证白菜花在春天成长的姿态。

妈妈告诉豆丁："白菜叶可以做成美味的菜；白菜根在泥土里腐

烂可以成为肥料，但如果放到花瓶里，就能开出一朵朵漂亮的白菜花。"

"真的吗?"豆丁既惊奇又期待。

爸爸笑着回应："是啊，人也一样，不管在什么环境里，都可以选择做最好的自己。"豆丁眨了眨眼睛，一副若有所思的样子。

晚饭后，全家人一起拿出笔和本，准备制作白菜花的成长日记。爸爸负责制作表格，内容分为日期、养护行为、变化、感悟等几部分；妈妈的任务是每天给菜根换水，并且定期冲洗根部，保持根部清洁；豆丁的任务则是每天拍一张照片，观察对比白菜花的变化并做好记录。

没有一粒种子会辜负春天，哪怕是一个小小的菜根，也会在春风化雨里为世界奉上一朵自己的花。

我们也来一起做:

　　1. 和孩子聊一聊，如果你用一朵花来形容自己，你希望是一朵怎样的花呢?

　　2. 记录白菜花的成长历程，也记录下培植白菜花的过程和感受。

15　岁月无波时光好

早晨,妮妮和哥哥被饭菜的香味叫醒了。

厨房里,妈妈正忙碌着:先在平底锅刷上一层油,烧热,舀一勺加入鸡蛋的面糊倒入锅中,然后拿起锅旋转一圈,面糊就成了一张圆圆的薄饼,小火加热 10 秒左右,翻面,在做好的薄饼上打上一颗太阳蛋,搅散成"晚霞",接着放入提前煎好的火腿丁和鸡柳,铺上生菜叶子,刷一点蒜蓉辣酱,最后挤上沙拉酱,一份鸡蛋卷饼就新鲜出锅了。

盘子里,金黄的鸡蛋饼卷着绿绿的生菜、鲜香的火腿丁和鸡柳,春天的气息迎面而来,有营养的鸡蛋卷饼配上香浓的豆浆,一家人吃得心满意足。

最近几天,各地气温回暖非常明显。早饭后,妮妮一家人到小区花园里散步。树枝上饱满的芽苞挨挨挤挤,好像随时都要裂开跳进这热闹的春光里。

妮妮在前面蹦跳着,一会儿蹲下惊呼:"快看快看,好漂亮的一朵花啊!"一会儿跑到路边:"快看快看,小树快发芽了!""这里有嫩叶子了……"

在明媚的春光里,爸爸牵着妈妈的手,静静地看着妮妮与小芽苞亲昵的样子,看着哥哥滑着滑板冲向春风里扬起满头的汗,他们希望这样幸福的画面可以永远定格……

看时光静好,愿岁月无波,愿我们每个人都能努力追求属于自己的幸福生活！

我们也来一起做：

1. 和孩子说一说你眼里的春天是什么样子的。

2. 和孩子试一试我们推荐的"家庭版鸡蛋卷饼"的做法，让美好的早餐唤醒一天的好心情吧。

16　日有所诵诵美好

妮妮很喜欢每天的晨诵，节奏鲜明、朗朗上口的诗歌给了妮妮无限的想象和憧憬，让妮妮觉得每天都是那么有趣和美好。

今天晨诵的是一首捷克诗人约瑟夫·拉达的儿童诗《管林人》：

森林是我家，森林遍天下。

早晨有露水，湿了我的袜。

抬头看青天，听着鸟说话。

妮妮好奇地问爸爸："爸爸，鸟儿会和管林人说什么话呢？"

爸爸眨眨眼逗妮妮："你猜猜它们会说什么？"

妮妮想了想，一本正经地说："鸟儿一定在说，早上好，管林人。"

"嗯，这是一只有礼貌的小鸟！"爸爸也一本正经地回答。

爸爸又问："森林是管林人的家，也是小鸟和其他动物的家，其他小动物会和管林人说话吗？它们可能会说什么呢？"

想起之前从电视里看到猴子、大象等野生动物频频进入村庄毁坏庄稼的画面，妮妮怪声怪气地说："大象可能说，你们破坏了我的家园，我无处可去，只好来拜访你们的村庄了。猴子可能说……"妮妮童言无忌，爸爸妈妈听得好笑之余，心情渐渐沉重起来。

"150 多年前，一位印第安酋长曾经说过，'地球不属于人类，而人类属于地球'。"爸爸无奈地说。

"森林是大家的森林，天下是大家的天下。管林人爱森林，我也爱我们的家。"妮妮说。

随后，妮妮画了一幅画，画中森林里的小动物快乐地生活在一起，妮妮告诉爸爸妈妈："人类要与自然和谐相处，我们家也要这样。"

我们也来一起做：

1. 和孩子画一幅诗歌里描述的画面，或者模仿《管林人》也写一首，记录在亲子日记中。

2. 想一想，你会用哪种方式去爱自己的孩子和自己的家呢？将感悟和收获记录在暮省日记中。

17　　大锅菜里一家亲

午饭时间，妈妈拿出大白菜、猪肉、豆腐、粉条、海带、香菇等食材，准备搭配米饭，烧一道北方常见的大锅菜。

什么是大锅菜呢？是用很大的锅来烧菜吗？妮妮好奇极了，她想起了农村爷爷家的柴火大灶台，我们家可没有那么大的锅啊！再说那得多少人才能吃完呢？妮妮把自己的担心提出来，还不放心地叮嘱妈妈："妈妈，少做点吧，吃不了会浪费的，我们要光盘行动。"

妈妈笑着说："大锅菜是将各种食材放在锅里熬煮，既美味又营养，也有人称这道菜为'一家亲'。大锅菜在北方还是喜宴上最后上的一道菜，象征家庭和睦，亲朋好友团结友爱。"

爸爸接着妈妈的话说道："大锅菜大锅做，大锅菜大伙做，有一副对联叫作'一锅熬煮天下美味，火塘撑起万物乾坤'，说的就是制作大锅菜的场景。"

热爱美食的人一定是热爱生活的人。全家一起共做"一家亲"是不是更美味呢？妮妮决定与爸爸妈妈一起做大锅菜。

妮妮负责洗菜，爸爸负责切菜、泡发香菇、泡软粉条。妈妈则把猪肉切成厚片，然后在热水中焯去血沫。妈妈告诉妮妮，一定要在油热后爆香葱花，先炒肉片，再倒入老抽、料酒，翻炒使其上色，然后依次加入白菜、香菇、豆腐、海带、粉条，放五香粉、盐等调料进行翻炒，最后加入适量开水焖煮。妈妈熟练地翻炒着，大锅菜"咕嘟咕嘟"地冒着热气和香味，妮妮迫不及待地想品尝一口。"先别急，小馋猫，焖煮20分钟就可以吃了。"妈妈摸摸妮妮的小脑袋，笑着对她说。

香喷喷的大锅菜终于上桌了，妮妮吃得津津有味，午饭实现了"光盘行动"。

✍ 我们也来一起做：

1. 还记得喜宴上这道菜的寓意吗？和孩子一起搜索美食的故事，并分享给更多人。

2. 请父母和孩子动手制作大锅菜，品尝美味，在暮省日记中记录过程。

18　歌唱春天画春天

这个周末的家庭作业是到大自然中去寻找春天。

从公园回来，妮妮和哥哥叽叽喳喳、争先恐后地说着自己的发现：风暖和了，草坪变绿了，一簇簇的桃花开了，小蜜蜂在花朵上飞来飞去，一只漂亮的小甲虫在空中嗡嗡地飞舞……他们还认真地画下了自己眼里的春天。

午读时光里，一家人阅读了朱莉·福利亚诺的绘本《接着，春天来了》。

冬天过去了，春天却没有如期而至，小男孩和他的小狗受够了漫山遍野的枯黄，他们决定播种，给自己打造一个五彩缤纷的花园。他们刨地、挖坑、埋下种子，玩啊，等啊，看啊，等啊，……直到大地悄悄发生变化，一种叫作希望的力量就要破土而出——那是春天的讯号！

当读到"请勿在此踩踏——这儿有种子，在努力发芽"时，妮妮和哥哥的心被温柔地触动了，小男孩那小小的担心与守护、那心底的期待与善良在这一刻也传递给了眼前的孩子们。在"那片枯黄，还是枯黄，但似乎有了绿色在轻轻歌唱。你能够听到，如果你把耳朵贴到地上，再闭上眼睛"的耐心等待中，生命正悄然萌发，春天已经来临。绘本讲到这儿就结束了，小男孩在春天里欢欣雀跃地荡着秋千，那些还没有长成的幼苗也纷纷随风摆动，带着破土而出的勇气奋力向上。

妮妮郑重地许下诺言："我也要陪着小男孩和小动物一起种下种子，也要在木板上画下自己的'希望'，和他们一起迎接春天的到来。"

妮妮和哥哥找来几颗向日葵种子种在阳台上的花盆里，日日观察，期待种子的萌发。在这样的守候里，春天的大门已经被悄然推开，窗外一片春光……

我们也来一起做：

1. 鼓励孩子拿起手中的画笔，画出心中的春姑娘，或者写一首小诗，读给家人听。

2. 一起种下一颗种子或一株绿植，让我们也在期待中推开春天的大门。

19　　水培蒜苗绿油油

妮妮和好朋友小棒糖决定水培蒜苗，记录蒜苗成长的样子。妮妮在厨房找来几头干瘪的大蒜，犯难地说："小棒糖只说用水培，到底怎么做啊！"

妈妈拉着妮妮坐下来："做事不要着急，一步一步来。先把大蒜剥成一瓣一瓣的样子，然后一圈一圈地摆放在盘子里，摆满后再浇上水，最后只需要等待生命的萌发和生长就好了。"

"好丑的蒜瓣，一个个又干又瘪，这能长出好吃的蒜苗吗？"妮妮嫌弃地剥着蒜瓣，忍不住嘟囔着。

妈妈笑了："不要小看任何一个生命哟，这样干瘪的蒜瓣至少可以长两茬蒜苗呢！耐心等待吧，这就是一个见证生命奇迹的过程！"

在妈妈的帮助下，妮妮把剥好的蒜瓣摆放进盘子里，倒入清水，然后将盘子放到窗台上。

一个星期后，蒜瓣已经长成了一片绿油油的"小树林"，肥嫩的叶子像要滴出水似的惹人喜爱。而蒜头下的根须密密麻麻、相互交错地平铺在盘底，就像好朋友手拉手一样亲密无间，小蒜苗身躯挺拔，在阳光下茁壮成长。

"原来只需要一点点水和阳光，小蒜瓣竟然有这么顽强的生命力。"妮妮感慨地说道。

春天是一个充满梦想和憧憬的季节，只要行动就一定会有收获！妮妮不仅吃到了香香的蒜苗炒鸡蛋，还把种植心得分享给了更多的朋友们。

我们也来一起做：

1. 你身边的春天或者记忆中的春天是怎样的呢？放飞想象，把看到的、听到的、想到的和所希望的都说一说。

2. 全家一起来水培蒜苗，并把过程中的惊喜和发现记录下来分享给更多的好朋友吧。

20　三月茵陈四月蒿

这两天天气回温，艳阳高照。奶奶找来小铲子和竹编篮子，带着妮妮去采白蒿。

"啥是白蒿？为什么要采白蒿？"妮妮追着奶奶问了一路，好奇极了。

奶奶耐心地告诉妮妮："白蒿是一种营养美味的野菜。俗话说，三月茵陈四月蒿，五月六月当柴烧。意思是说在北方，三月刚发芽的白蒿叫作茵陈，可入药；三月以后就长成蒿了，能当野菜吃；到了四月五月长出硬秆就没用了，咱们当地把长出硬秆的白蒿叫作铁秆蒿，只能当柴火烧了。"

田垄地头上，一簇簇的白蒿灰扑扑的，一点儿都不显眼。眼疾手快的奶奶一会儿就铲了一大筐。晚上，奶奶把白蒿择洗干净，晾去水分，选了一些小的白蒿芽放在通风处晾干，准备制成茵陈茶泡水喝，其余的则拌上白面，蒸了清香好吃的白蒿饭。白蒿蒸熟之后，奶奶浇上用香葱炝过后的热油，拌上蒜泥，甭提有多好吃了！

　　白蒿的清香飘在屋子里，妮妮大快朵颐。"奶奶，原来野菜这么好吃呀，真是太神奇了。""现在生活好了，人们把野菜当作营养美味的养生健康菜，在以前这可是救命的饭啊。"奶奶不禁回忆起当年的困苦日子，眼里泛起了泪花。"奶奶，我们的生活越来越好了，您应该感到开心呀。"妮妮歪着小脑袋看着奶奶说。

　　吃完饭，爸爸提议一起在网上查找白蒿的药用价值，妮妮发现原来白蒿不仅美味，还是一味中药，具有保肝利胆、降血脂、杀菌消炎、祛湿以及抗衰老等功效。

　　随着天气越来越暖和，香椿会发芽，榆钱会飞舞，槐花会飘香，春笋会在一夜之间露出头来……这些随手可采摘的天然无污染的绿色食物，可都是一道道能让味蕾瞬间惊艳的美食。妮妮已经迫不及待地想再次开启采摘之旅了。

我们也来一起做：

　　1. 你知道哪些与春天有关的谚语，和孩子说一说。

　　2. 和孩子一起到田间地头去寻找可以食用的野菜，在踏青时寻找生活的乐趣和真谛。

21　烟火味传好家风

"杨家将的故事真是太感人了!"在看书的爸爸突然发出感叹,孩子们一起抬头看向爸爸。

"想不想听听杨家将的故事?"爸爸的提议让孩子们欢呼起来。

爸爸娓娓道来:"北宋时期的杨家一门忠烈,为了保家卫国,送了丈夫送儿子,送了儿子送孙子,最后,一门女将也要挂帅出征,才有了'穆桂英挂帅'和'杨家将'的传奇。杨家一门传承的就是中国自古以来所传唱的报国情怀,他们是让子女学会通过帮助他人、服务社会,探寻生命意义的大爱。"

妈妈也有感而发道:"《三字经》里'孟母三迁'的故事也说明了传承优秀的家风才会有杰出儿郎的道理。"

妮妮抱住妈妈说:"我知道了,爸爸妈妈有时批评我们,其实是为了我们好。"看到妮妮这么懂事,妈妈欣慰地说道:"那么,让我们来聊一聊我们家的家风吧!"

知感恩、懂孝敬、爱劳动、喜读书;温和、理性、尊重、理解……妮妮和哥哥你一句我一句地说着,爸爸妈妈在一旁补充、总结,时不时还穿插一些温暖的家风家教小故事。在温和平等的交流中,一家人互相尊重,相互理解,快乐的笑声飘得很远,很远……

晚饭时,等全家人都坐好,妮妮和哥哥照例请爸爸妈妈先动筷子才开始吃饭。

家风,就是日常生活里的点点滴滴,就是一家人最好的现在。

🍂 **我们也来一起做：**

1. 从各方面想一想，你们家的家风是什么？

2. 和孩子一起制订家风准则，写下来张贴在家里的醒目位置。及时回顾和总结，将孩子成长的点滴变化记录在暮省日记中。

22　春雷一声万物长

蛰虫惊醒，天气转暖，窗外已是一派融融春光。

"惊蛰开始，种子和小虫子一起醒来，都开始成长，我也要努力才行。"依依的眼睛里闪着光。

妈妈提议："俗语道，'春雷响，万物长'，我们今天就用绿豆来泡豆芽吧！"

"太好啦，泡豆芽喽！"依依和弟弟兴奋地跳起来。

妈妈告诉依依泡豆芽的豆子要选又大又圆的，瘪了的，不要；变色的，不要；太小的，不要。依依瞪大了眼睛，一边挑选一边嘀咕着："点兵点将，骑马打仗，点到是谁，谁跟我走！""是我是我，我就是豆豆兵！"弟弟不时地捣乱。依依顺势点了点弟弟的小脑袋说："淘气兵就是你，让我大帅收了你。"惹得全家人哈哈大笑起来。

依依挑选好了一大把豆子交给妈妈，只见妈妈将豆子清洗后放在一个盆子里，然后用浸过水的纱布将盆子盖上。

"为什么要这样做呢?"依依很好奇。

"水太多豆子会烂掉,水太少又影响发芽,潮湿的纱布对绿豆起着湿润的作用,所以每天不仅要清洗绿豆,还要更换一次纱布,这样连续四五天泡好的豆芽就可以吃了。"为了避免豆芽发绿影响口感,妈妈一边说一边把盆子放在光照较少的角落。

弟弟问:"妈妈,那超市里的豆子是从哪里来的?"

"当然是从土里长出来的,农民伯伯辛勤劳作,豆苗发芽长大后,又结出了豆子。"妈妈耐心地讲解。

"豆子再种到地里,再长出豆苗,结出豆子!"依依接着说。

"对,生命就是这样循环往复,生生不息。"妈妈语重心长地说。

"我从哪里来,又到哪里去?"听完妈妈的话,依依像个小哲学家一样开始思考……

我们也来一起做:

1. 试着和孩子写一首诗歌,写出你对生命成长的思考和敬畏。

2. 和孩子一起泡豆芽,观察绿豆芽的成长过程,写观察日记,画一画绿豆生长的各个生命阶段。

23   清爽可口清汤面

惊蛰时节，饮食宜清淡。

中午，妈妈决定给全家人做简单好吃的清汤挂面。

先烧上水，然后择几棵香葱，洗净切成碎末放入碗中，放入几片紫菜，一小撮虾皮，再依次加入适量食盐、生抽、醋、胡椒粉、香油等调料，最后用刚烧开的水把料汁快速冲烫，盖上盖子放旁边备用。接下来就是开水煮挂面，煮到筷子能夹断时将面捞到碗里，清爽可口的清汤挂面就做好了。依依闻着香味，惊叹地说："这也太快了吧，几分钟咱们的午饭就做好了，妈妈太厉害了！做法这么简单，我也来试一试。"

依依小心翼翼地调汁、煮面，但捞面时不小心烫了手。听见依依一声痛呼，妈妈第一时间将依依的手伸到水龙头下进行冲洗。看到妈妈心疼的样子，依依反过来安慰妈妈："没事没事，真的不痛！"

"生活能力是一个人最基本的能力，你们总有一天会长大，会离开爸爸妈妈。今天的依依很棒、很勇敢哦！"爸爸很欣慰。

依依提议："一年有二十四个节气，以后我们都按时令饮食好吗？顺应节气，这样我们一家人的身体才能棒棒的！我们要一起幸福生活一百年哦！"

我们也来一起做：

1. 请和孩子一起读一读关于惊蛰的谚语和诗词，在二十四节气的音韵里走进春天吧！

2. 试着和孩子一起做一次清汤挂面，把制作过程拍照记录在暮省日记中。

24　春风送暖诗意浓

春天来了，天气渐渐暖和了。身上的厚衣服逐渐变得轻薄，豆包的心情随之也变得欢快雀跃起来。

吃过早饭后，豆包一家人来到门口的小公园里遛弯。

"豆包，我们来挑战背诵有关春风的古诗吧。"妈妈边走边提议。豆包先发制人："野火烧不尽，春风吹又生。"妈妈也不甘示弱："春风又绿江南岸，明月何时照我还。"

"不知细叶谁裁出，二月春风似剪刀。"豆包紧接着说。

"羌笛何须怨杨柳，春风不度玉门关。""忽如一夜春风来，千树万树梨花开。""爆竹声中一岁除，春风送暖入屠苏。"……几个回合下来，豆包和妈妈互不相让。

"古诗里的春风真是多姿多彩，令人陶醉呀！"一旁观战的爸爸由衷地说。

"是呀，春风是春天的使者，是春天的呼吸。没有一种风比春风更令人陶醉了。'春江水暖鸭先知'，春风一吹，万物焕发生机。春风带来的暖湿气流解冻了江河湖水，同时也带来了淅淅沥沥的春雨，滋养着万物。"妈妈的阐释理性而诗意。

今天晨诵的童诗是《听春》。手机里悦耳的诵读声在春天里分外和谐美好。

听　春
金　波

房檐上的积雪化了，春姑娘摇响了雨铃。

天空飞过雁阵，湖水睁开了亮眼睛。

我听见蚯蚓在耕耘，我听见蒲公英在播种。

蛋壳裂开了，小鸟呼唤着母亲。

树枝上绽开新芽，远远近近一片绿蒙蒙，

啄木鸟飞来飞去，在为每一棵大树叩诊。

在热闹中，在宁静中，我听见春天已经来临。

全家人坐在石凳上安静地欣赏聆听。妈妈说："在善于观察和发现的诗人眼里，春天是这样的美妙。仔细听，你们现在听到了什么？""我听见了小鸟在枝头歌唱，还听到了微风吹拂树枝的声音。春天已经来到我们身边啦！"豆包眼里闪烁着亮光。

我们也来一起做：

1. 关于春风的诗词有很多，和孩子一起玩一玩"春风"飞花令，增长知识，陶冶情操。

2. 把家人一起玩游戏的过程和体会记录在暮省日记中。

25　　有条不紊慢熬粥

　　窗外雾蒙蒙的，春雨淅淅沥沥地下个不停。

　　豆包早就按捺不住了，着急地穿上雨靴，撑起雨伞，跑到院子里踩水坑。水花四溅，溅湿了衣服，豆包开心极了。

　　"豆包，回来和妈妈一起熬粥哦。"妈妈温柔地说道。

　　"好嘞，这就来!"豆包欢快地应和着，还不忘快速踩几脚水花。

　　回到家锅里的水已经烧开了，豆包把妈妈淘洗好的小米和胡萝卜块儿倒进锅里，又不忘妈妈的叮嘱，拿勺子搅了搅防止粘锅。

　　看着豆包有条不紊的样子，妈妈欣慰地点了点头："大火煮开后转小火熬，熬20分钟就好了。"

　　豆包站在灶台前观察了一会儿，发现锅里的水迟迟没有动静，心想：这要等到什么时候才能煮开呀？还是先回客厅休息会儿吧。不一会儿，豆包就听见厨房里发出"噗噗噗"的声音。

　　厨房里米粥已经"咕嘟咕嘟"地顶着锅盖溢了出来。妈妈闻声赶来，快速关火把锅端下来，豆包心里也懊恼极了。

　　豆包和妈妈决定重新加水熬煮。这一次，豆包像站岗的卫兵一样目不转睛地盯着锅。刚一开锅，豆包就把大火迅速调小。20分钟后，一锅香喷喷的小米胡萝卜粥终于熬好了。看着自己的成果，豆包嘴角上扬，开心极了。

　　盛粥入碗，端粥上桌，小米胡萝卜粥滑腻的口感在豆包的舌尖萦绕。米粒的清香配上一碗咸菜，喝一口，舒服到心里。

妈妈温和地说："熬粥看似简单，实则需要严格把控，大火烧开，小火慢熬，最终才会得到香浓的小米粥。凡事不可太心急，也不能随意放任，生活也是这样的啊。"

生活如粥，有条不紊，细煮慢熬，终得芬芳，愿豆包能早日明白这个道理。

我们也来一起做：

1. 盛粥入碗，端粥上桌的过程中，你分享给孩子哪些人生的感悟。

2. 和家人一起熬一锅小米胡萝卜粥，并将自己的生活经验记录下来。

26   一园青菜成了精

今天，豆包和妈妈午间阅读的是《一园青菜成了精》。

翻开绘本，城门外生机勃勃的菜园映入眼帘。

"老爷爷去城里卖菜之后，菜园里会发生什么事情呢？"

"原来最近几天没人问，他们个个成了精……"

"妈妈，'成了精'是什么意思？是孙悟空打的那种妖精吗？"

妈妈被豆包的话逗乐了。

"绿头萝卜称大王，红头萝卜当娘娘"，妈妈一边读，豆包一边有节奏地晃着脑袋，用手指着图画说："妈妈，你看，红头萝卜坐着轿子成娘娘啦，绿头萝卜多神气，像个大王！"

图画里，豆荚小兵们抬着娘娘，大白菜护卫着大王，红萝卜敲锣打鼓吹着喇叭，大蒜韭菜跳着优美的舞蹈，土豆们列队成兵，胡萝卜是神气的大将军，小豆芽们则是王国的臣民。豆包看得兴高采烈。

"豆包，刚才的问题你有答案了吗？"

"当然了，蔬菜像神仙一样很有本领哦。"豆包嘚瑟地说。

妈妈告诉豆包："这本书源自一个北方民谣，由《东方娃娃》的主编周翔先生改编并作画。全书文字以童谣的形式展现，加上水墨写意的中国画风，让我们不仅看到中国传统的文字之美、绘画之美，还展现了中华民族的精神气质。"妈妈又给豆包普及了京剧武打知识，豆包越发对这本书着迷了。

"我爱我的国，我爱我的家。国是我的国，家是我的家。"豆包不自觉地哼起了经常听到的这首歌。

妈妈知晓，中国的模样已烙印在小小少年的心中。

我们也来一起做：

1. 绘本《一园青菜成了精》让每一个读过的大人小孩都意犹未尽，仔细观察封底的画面，与孩子一起想一想，接下来还会发生怎样的故事呢？

2. 和孩子展开想象，画一画《一园青菜成了精》封底中水世界的故事。

27   茶香一缕沁心脾

豆包一家读了毛泽东的《卜算子·咏梅》，梅花的高洁及新时代革命者的傲骨令大家敬佩不已。

诗茶不分家，妈妈提议全家人饮一杯梅花茶，在茶香中再次品味梅花的高洁。

妈妈先用开水将茶壶内外和茶杯烫了一遍，又用茶匙舀了一点梅花茶放入茶壶，接着在茶壶中倒入开水洗茶，看着豆包一脸疑惑的表情，妈妈有条不紊地做着准备工作。"这是'温杯'和'洗茶'，是为了更好地激发出茶的香味。"

"泡茶用得着这么麻烦吗?"眼巴巴等着喝茶的豆包有点不耐烦了。

"饮茶修心，品茶更在乎的是要有耐心。"妈妈告诫豆包。

妈妈将水壶提得稍高一点，开水直泻而下，茶叶活蹦乱跳，有的像惊慌的小鱼在水里乱作一团，有的像自由的小船在水里流淌。只见妈妈用力上下提拉注水，反复了三次。

妈妈告诉豆包："这个过程讲究'水声三响三轻、水线三粗三细、水流三高三低、壶流三起三落'，都是靠手腕来完成的，即所谓'凤凰三点头'，寓意是向客人致敬。"

接下来，妈妈端起茶壶，将水倒进茶杯中，每个茶杯里的水只有七分满。

"茶倒七分满，三分是人情。这样也不至于烫着客人或洒到桌子和衣服上；七分满时，茶汤的面距离杯口有一定空间，茶的芳香就不容易失散，客人在饮茶前，就能闻到浓郁的茶香了。"

此时茶色清浅，茶香氤氲。

"独天下之春是梅花的梦想，艰难坎坷在梦想面前是多么地微不足道啊。豆包，妈妈希望你能做一株傲骨的梅花！"妈妈微笑着为豆包送上一杯香茶。

我们也来一起做：

1. 和孩子聊一聊，你还知道哪些关于梅花的诗歌，哪些具有梅花品格、梅花精神的人？

2. 和孩子一起泡茶品茶，用孩子喜欢的方式把过程记录下来。

28 　一个不剩全喜欢

清晨的第一缕曙光照在厨房里妈妈忙碌的身影上，豆包一家人按时起床、洗漱整理。

今天的早餐是牛奶和火腿芝士三明治。豆包看到新鲜的扎着小刺的黄瓜、刚刚烤过的香脆的面包，激动地抱着妈妈喊道："这个黄瓜我爱吃，这个面包我也爱吃，全都是我喜欢的，我太爱你了，妈妈！"妈妈笑着说："那你和金子美玲一样，全都喜欢啊！"

妈妈一边做着早餐，一边和豆包吟诵起了金子美玲的《全都喜欢》：

> 我好想喜欢啊，
>
> 这个，那个，所有的东西。
>
> 比如葱、西红柿，还有鱼，
>
> 还有黄瓜、土豆、面包、火腿肠。
>
> ……

豆包说着笑着，蹦着跳着，中间还夹杂着自己的发挥改编着诗歌，这样的早晨连阳光也更明媚了。

妈妈把面包烤好，鸡蛋煎熟，并把配菜准备好，剩下的制作就交给了豆包。

豆包拿起一片面包，小心地在面包片上一层一层地放上煎鸡蛋、黄瓜片、芝士片、火腿片，然后挤上番茄酱，最后再盖上一片面包，并用力地用小手将面包压紧压实，一个三明治就做好了。能为家人做早餐，豆包的心情好极了。

这个世界上有许许多多美好的事物，只要我们有一颗热爱生活的心，一切便都是美好的。其实，真正的热爱，是对优点和缺点的接纳包容。豆包觉得这个世界好可爱，妈妈好温柔，早餐好美味……豆包呀，一个不剩全喜欢。

我们也来一起做：

1. 与孩子一起吟诵《全都喜欢》这首诗。

2. 了解制作三明治的方法，与孩子一起制作，注意煎制午餐肉和鸡蛋的过程中不要被烫伤。

29   我与万物同生辉

早春时节，小雨淅淅沥沥地下个不停。

今天，马老师带领大家晨诵的是《长歌行》。马老师刚说出篇名，全班同学便异口同声地读了起来，大家摇头晃脑，宛如一个个小诗人。

"你们读过这首诗吗？"马老师好奇地问道。

同学们叽叽喳喳地喊了起来。

"我在幼儿园学过。"

"我在家读过。"

"我在电视上听过。"

……

"看来这首诗还真是流传千古的经典啊！"马老师对大家说，"既然大家对这首诗这么熟悉，我们就直接诵读吧。"

大家自由读、同桌读、分组读……在窗外雨声的映衬下，诵读声格外地动听。

豆包还落落大方地走到讲台前，为同学们流利地背诵：

长歌行

汉·乐府

青青园中葵，朝露待日晞。

阳春布德泽，万物生光辉。

常恐秋节至，焜黄华叶衰。

百川东到海，何时复西归。

少壮不努力，老大徒伤悲。

同学们为豆包送上了热烈的掌声。马老师告诉大家，这是一首情景交融、内含哲理、感悟人生的诗歌。太阳给万物的温暖是一样的，如果自己不努力成长，就会一无所获。

最后，马老师布置了一项作业：为这首诗歌画一幅插图，如果把自己画进图里，你希望自己以怎样的姿态和万物一起"生光辉"呢？

豆包暗暗下决心，一定要好好珍惜时光，趁早努力，不辜负家人师长的期望。

这个伴有小雨的清晨在同学们琅琅的读书声中消逝了。时光如奔流到海的水一去不复返，同学们的生命在诗歌的润泽中更加丰盈。

我们也来一起做：

1. 和孩子一起熟读成诵《长歌行》，思考怎样做才算是努力成长？

2. 鼓励孩子发挥想象，为这首诗歌画一幅插图。

30　智慧陪伴助成长

清晨，妮妮和爸爸一起读了梁启超的《少年中国说》后，从网上找到歌曲，大声地跟着哼唱起来。

爸爸拉着妮妮坐下来，为她讲述《少年中国说》这篇文章背后的故事：梁启超是中国近代思想家、政治家、教育家、史学家、文学家。《少年中国说》写于戊戌变法失败后的1900年，是一篇振奋人心的作品。文中极力歌颂少年的朝气蓬勃，热切希望出现一个同样朝气蓬勃的"少年中国"，并认为建设这样一个少年中国的希望就寄托在中国少年的身上。而今天的中国，不负所愿，正在日益强大，实现着无数中国人的梦想。

今天的学习也让爸爸陷入了深思：作为近代史上的"最强老爸"，梁启超倡导做事"不问收获，但问耕耘"。他的九个儿女个个事业有成，创造了"一门三院士，九子皆才俊"这种近代以来难以复制的家教传奇，这都源自他独特的家庭教育方法。

梁启超认为，父母要尽力做孩子的朋友，做有趣味的人，成为孩子的榜样。对功课绝不责备，只要尽责尽力就是第一等人。他认为，教给孩子树立通达、强健的人生观，比教育他们习得具体的知识更为重要。看来，在孩子成长的路上，父母的智慧陪伴才是最大的助力啊！

先从做孩子的朋友，做有趣味的人，陪伴妮妮每天快乐地学习开始！爸爸暗暗下决心。

我们也来一起做：

1. 梁启超认为父母要尽力做孩子的朋友，做有趣味的人，成为孩子的榜样……他的教育思想对我们有什么启示和帮助？

2. 引导孩子说一说自己作为中国少年的梦想是什么，准备怎样实现这个梦想，鼓励孩子记录在暮省日记中。

31　春分竖蛋创奇迹

今日春分，妈妈和小树一起阅读了《春分·采春茶》。故事里那些好玩的活动和习俗深深吸引了母子俩，尤其是"春分竖蛋"的习俗让小树惊奇不已，小树嚷嚷着也要试一试。

小树和爸爸精挑细选出六个大小均匀的鸡蛋，开始了竖蛋比赛。

爸爸一马当先，拿起一个鸡蛋在桌子上反复找角度，不断调试，然后再轻轻松手，鸡蛋稳稳地立住了。哇，爸爸好厉害！

小树为爸爸鼓掌欢呼，也信心满满地拿起一个鸡蛋放在桌上，他小心翼翼地扶着鸡蛋，刚一松手，鸡蛋立刻倒了下来，甚至还以迅雷不及掩耳之势"啪"的一声滚落到地上，鸡蛋摔碎了。小树的脸一下子涨红了，眼里立即泛起了泪花。

妈妈看到这情景，赶忙把碎鸡蛋收拾干净，并且鼓励小树："成功哪有那么容易哟！妈妈相信你，再试一试，肯定会成功的！"

"竖蛋是有技巧的。立蛋时要将大头朝下，这样重心会比较低，容易保持平衡；鸡蛋的表面其实是高低不平的，仔细观察，你会发现有许多凸起的小点，只要找到三个合适的小点做支撑，就能使鸡蛋竖起来；最后，手要稳，竖鸡蛋时，手要尽量保持不动。做好这三点，鸡蛋就能稳稳地立起来了。小树，我们再来一次。"爸爸重新拿了一个鸡蛋递给小树，充满信任地看着他。

小树擦去泪水，接过爸爸手里的鸡蛋，手指感受着鸡蛋表面的凸起点，小心翼翼地放在桌子上。良久，他轻轻地放手，鸡蛋稳稳地立在了那里！

这一刻，一家人欢呼雀跃！妈妈赶紧用手机把这一幕拍了下来，用镜头记录小树创造的奇迹时刻！

我们也来一起做：

1. 与孩子一起竖春分蛋，认真探索鸡蛋竖起来的原理，在实验中探索其中的奥秘！

2. 阅读绘本《春分·采春茶》，注意观察图画内容；和孩子聊一聊绘本故事里的习俗，说一说南北习俗的差异；尝试玩一玩最感兴趣的活动。

32　时令野蔬益健康

正在看书的小树大声问妈妈："妈妈，这本书上说'春汤灌脏，洗涤肝肠，阖家老少，平安健康'，什么是春汤啊？"

妈妈耐心地解释："春汤，是一种用苋菜煮的野菜汤，这种野菜有人叫'春菜'，也有人叫它'春碧蒿'。每年春分前后，人们都会摘苋菜来吃。"

小树又问："好吃吗？吃这个有什么好处呢？"

妈妈在脑海里搜索了一番苋菜的相关信息说："吃春菜是一种习俗，苋菜喜热耐湿，营养价值高，含有铁、钙等多种矿物质元素和胡萝卜素、维生素 C 等营养成分，能帮助骨骼发育，常吃苋菜可以达到强身健体的作用。"

"有这么多好处呀！"小树咂吧着嘴说，"那咱们也蒸、煮、炒、拌，尝一尝这个'春菜'？"

妈妈笑了："小馋猫，一会儿妈妈就给你做好吃的凉拌苋菜！"

小树和妈妈从超市买来新鲜的苋菜，回到家小树负责择菜洗菜，妈妈准备各种调料负责烹调。

妈妈先在锅中加水，等水煮开后放入苋菜进行焯水，然后捞出过凉水，将水分挤出，接着将蒜瓣切末放入碗中，再将酱油、陈醋、糖和少许盐做成的料汁倒入苋菜里搅拌均匀。清爽可口的凉拌苋菜做好了，小米粥也飘溢着香味儿。回到家的爸爸嗅了嗅鼻子说："真香啊！"

饭桌上，爸爸品尝了苋菜后补充道："其实从广义上说，春菜指的是当地应时的蔬菜。《黄帝内经》中说养生要'食岁谷'。岁谷其实就是时令食物，最有益健康。所以人们吃春菜，祈求的也是身体健康、平安顺遂。"

小树拍着胸脯保证道："我一定要多吃时令蔬菜，多吃健康食品，让我的身体壮得像头牛。"

我们也来一起做：

1. 和孩子说一说家乡的时令野菜，顺应节气健康饮食。

2. 和孩子一起制作简单美味的凉拌苋菜，培养健康的生活方式，帮助孩子记录做菜的经过并总结收获。

33　以梦为马逐梦飞

春暖花开，小区里一株桃树开得正旺盛，一树粉红灿若云霞。
爸爸张口就来：

桃花溪

唐·张　旭

隐隐飞桥隔野烟，石矶西畔问渔船。

桃花尽日随流水，洞在清溪何处边。

读完后，爸爸卖了个关子："这首诗里还有一个故事呢！"

在小树的央求下，爸爸娓娓道来："东晋文人陶渊明写过一篇《桃花源记》。文章虚构了一个与世隔绝的地方，这个地方叫作桃花源。一位渔人偶然发现一个洞口，便从洞口进去，来到桃花源。桃花源景色美丽，田地肥沃，人们耕种劳作，怡然自乐。张旭受《桃花源记》的启发，借用陶渊明描写桃花溪和对渔人的询问，表达对世外桃源的向往和对美好生活追求的梦想。"

爸爸顿了一下，又说："你知道吗？张旭可不仅仅是个诗人啊！他还是唐代的大书法家，尤其擅长写草书，被称为'草圣'。张旭在书法上实现了自己最高的梦想。小树，你有自己的梦想吗？"

小树认真思考后，说："我的梦想是成为一名画家。"

午休后，小树从外面捡了一些花瓣枝叶，一回家就钻进自己的卧室鼓捣起来，一个多小时过去了，小树完成了自己的花瓣作品。桃花瓣和桃花枝搭配绘画，近处桃花流水，远处高山小屋，整个作品很有几分创意。

爸爸赞许地说："小树，坚持下去，爸爸相信你成为画家的梦想一定能实现。"

随后，爸爸在黑板墙上写下一句话：以梦为马，以心为轴。心存梦想，不懈前往。

小树挠了挠头，笑嘻嘻地走过去，在后面加了一句：成为画家。

我们也来一起做：

1. 和孩子聊一聊梦想是什么，帮助孩子了解《桃花源记》原文及相关故事。

2. 读《桃花溪》时，你的脑海中浮现出了什么样的场景？和孩子一起为诗歌画一幅插图，也画出自己梦想中的生活。

34　　资源有限要节约

小树冲进家门连声叫着："妈妈，妈妈，快帮我洗澡。"

看着泥猴似的小树，妈妈皱着眉头问："怎么弄成这样了？"

"我和小胖想摘果子，结果不小心从树上掉下来刚好掉在一个小水坑里，结果就弄了我一身泥。"

"赶紧去把衣服脱了，让爸爸给你洗个澡。"妈妈又生气又好笑地说。

这时爸爸慢吞吞地走过来说："小树长大了，应该学会自己洗澡了，并且这次换下来的衣服也应该学着自己洗了。"

小树耷拉着脑袋不说话。

妈妈见状说："小树，你确实长大了，应该学着动手做一些力所能及的事情了。"

见爸爸妈妈达成了统一战线，小树不情愿地说："那好吧，但是我自己洗不干净怎么办？"

妈妈笑了："没关系，多练习几次就洗干净了，要相信自己。"

爸爸也鼓励道："做好一件事需要过程，不能着急，洗的时候还要注意节约用水。"

小树迫不及待地说："老师也经常给我们讲要节约用水。一会儿我不用水的时候就把淋浴头关上，对吗爸爸？"

听了小树的话，爸爸赞许地点了点头。

小树一溜烟地冲进卫生间，只听哗哗的水声传了出来。

不一会儿，一身清爽的小树走了出来，他对妈妈说："我的衣服正好可以用刚才水盆接的水来洗。妈妈，现在您教我洗衣服吧！"在妈妈的耐心指导下，小树有模有样地搓洗着衣服，别提多认真了。

阳光明媚，晾晒好衣服后，妈妈对小树说："小树，把你今天的收获写进日记里吧，再写写你还有哪些节约用水的好方法。"

小树一跃而起，拍手说道："好主意！"说完就直奔书桌去。

自己动手，自我感悟。生命的拔节就在当下。

我们也来一起做：

1. 查询节约用水的相关知识，和孩子一起了解水资源的循环利用，提高节约用水的意识，掌握节约用水的方法。

2. 指导孩子学会自己洗澡，在洗澡的同时注意节约用水。

35   出门饺子回家面

今天的课程结束后，老师布置了一项实践作业：为家人做一次饭，并写一篇作文。

看着发愁的小树，妈妈想了想说："出门饺子回家面，今天爸爸出差回家，妈妈教你做手擀面吧。"

小树和妈妈拿出和面盆，取适量面粉倒入面盆。妈妈指导着小树和面："把准备好的温盐水沿着盆边慢慢倒进面粉里，然后不断地搅拌，一直搅成絮状。"

小树的两只手沾满了面粉，好不容易把面粉搅成了絮状。

"现在用手不断地揉压面团，揉的时候可以在手上蘸点水，一次不要沾太多，面软加面，面硬就再加点水，直到揉成光滑的面团。"

手忙脚乱中，小树终于把面团揉好了。看看小树花猫似的小脸，妈妈满意地说："现在拿一块干净的笼布把面盖好，饧面半小时左右。这个时候咱们正好来做西红柿鸡蛋臊子。"

按照妈妈的指导，小树切好葱蒜，将洗好的西红柿切成丁，在碗里打上 4 个鸡蛋搅散备用。开火热油后，小树小心翼翼地倒进鸡蛋炒熟盛出，再将葱蒜倒入锅中炒香，接着倒进西红柿，放入调料，翻炒至软烂，最后倒入炒好的鸡蛋，加水沸腾，香喷喷的臊子就出锅了。

妈妈取出饧好的面在案板上反复揉搓，增加面团的筋道，然后薄薄地撒上一层面粉，反复滚动擀面杖把面团擀成椭圆状的面片。妈妈告诉小树，把面片擀薄的过程中，要不断撒上面粉防止粘连。待妈妈把面片擀好折叠成条状，小树主动要求切面。虽然切得宽窄不均，但小树还是自豪不已。

晚上小树将写好的作文提交给老师，老师给小树的作文评了一个大大的优。

❧ 我们也来一起做：

　　1. 与孩子一起制作手擀面，并说说哪个过程是最难的，有什么收获。

　　2. 你的家乡有没有"出门饺子回家面"的说法？鼓励孩子思考记录这些习俗背后的美好祝福，并写在暮省日记里。

36　上巳春深三月三

春深花开时节，月亮大声朗诵："《和春深》，唐，白居易。何处春深好，春深上巳家。兰亭席上酒，曲洛岸边花。弄水游童棹，湔裙小妇车。齐桡争渡处，一匹锦标斜。"

"月亮，你知道吗？诗中提到的上巳节，是一个很美、很浪漫的古老节日。"妈妈笑着说。

"这个节日主要做什么呢？"月亮很好奇。

爸爸耐心地解释给月亮：“上巳节最主要的习俗就是‘兰汤沐浴’。上巳节这一天，人们会到水边用兰草、兰花等洗去冬日的积垢和陈疾，因为兰草香气怡人，古人认为它能驱除邪气，消除不祥，祈求福祉，祈福未来，这一习俗也称为‘祓禊’。”

“上巳节还有一个习俗是‘曲水流觞’，这一天文人雅士们借着‘祓禊’的机会在水边举行集会。大家享用美食，赋诗会友，尽情欢乐。”妈妈也补充道。

月亮忽然兴奋地说：“我想起来了，大书法家王羲之的《兰亭集序》就是写于上巳节这一天。原来在东晋时期，人们就开始过上巳节了。”

爸爸点头说道：“不只这些，古人还吃上巳菜呢。”

“什么是上巳菜？”月亮追问道。

“上巳菜是用荠菜做的荠菜鸡蛋汤。这道汤不仅能调理脾胃，增强体质，还能防止高血压。”

妈妈接着说：“古人在上巳节这天驱邪祈福，期盼未来。我们也效仿古人，吃上巳菜，为未来祈福，希望我们家的明天更美好。”

了解传统节日，延续传统习俗，为未来的每一天深深祈福！

我们也来一起做：

1. 查阅相关资料，帮助孩子按照“节日来源”“节日习俗”“节日诗词”的类别做一份关于上巳节的思维导图，将这个古老节日介绍给更多人。

2. 关于“三月三”的诗歌还有很多，和孩子一起选择喜欢的一首读一读，并抄写下来。

37　　甜蜜翅橙寓吉祥

吃完早饭，月亮坐在沙发上朗读古诗："《南陵别儿童入京》，唐，李白，白酒新熟山中归……会稽愚妇轻买臣，余亦辞家西入秦。仰天大笑出门去，我辈岂是蓬蒿人！"

读完后，月亮问正在看书的妈妈："妈妈，朱买臣是什么人？"

妈妈抬起头想了想告诉月亮："西汉七国之乱时，有个人叫朱买臣，他喜好读书，却不善做事，40多岁时还是个落魄儒生，连妻子都养不起，夫妻俩经常是吃了上顿没下顿，妻子苦不堪言，最后决定离开丈夫。朱买臣留不住妻子，只得写下休书。后来，朱买臣被朋友引荐给汉武帝，后得到重用，被任命为会稽太守。"

"那个朱买臣的前妻可真是没有眼光。"月亮可惜地说。

"所以，李白写这首诗就是想表明自己也像朱买臣一样不是一个平庸的人，未来一定能做出一番事业。"爸爸从房间出来说，"李白有着远大的理想和抱负，但很长时间都没有得到实现。直到42岁的时候才接到了唐玄宗召他入京的诏书，他非常兴奋，就写下了这首诗，表达自己实现未来政治理想的信心。"

"没有梦想的人生就像一条咸鱼，我要做一个有梦想的人，也希望爸爸妈妈的未来能事事如意，心想事成。"月亮眨着眼睛自信地说。

晚上，爸爸做了一道酸甜可口的"甜蜜翅橙"。

爸爸举起酒杯提议："这道'甜蜜翅橙'蕴含了我们全家对未来

的希望。为了实现理想，创造美好的未来，我们一起干杯。"玻璃杯相碰，响声清脆，悦耳动听。

未来不远，愿大家不负春光，不负韶华，向着美好的未来展翅高飞。

我们也来一起做：

1. 和孩子一起诵读《南陵别儿童入京》，边想象画面边为诗歌配画。

2. 和孩子交流读诗的收获和感悟，用他们喜欢的方式记录下来并分享给更多的人。

38　　防范危险保平安

今天的晨诵是杨万里的《舟过安仁》："一叶渔船两小童，收篙停棹坐船中。怪生无雨都张伞，不是遮头是使风。"读完古诗，月亮若有所思地对妈妈说："这首诗写得太有趣了，可是我发现这首诗里有两处危险。"

"哦，说说看。"妈妈来了兴趣，忙着追问。

"一个是小朋友自己撑船不安全，另一个是他们还拿雨伞当船帆，这也太危险了！"月亮严肃地说。

爸爸赞许地回应："说到防范危险，家里的电器有很多，你知道如何安全用电吗？"

爸爸领着月亮到电器插座前挨个看了一遍，告诉月亮："有金属外壳的电器应该使用三芯插头。因为它可以在金属外壳意外带电时提供接地保护，避免触电。而许多小型家用电器是两芯插头，没有接地线，所以在使用的时候，不要用湿手去摸，更不要随意触碰电源插口，插线、拔线时也不要用手拽线。"

"那插座脏了怎么办？"月亮问。

"擦拭时先关掉电源，用干抹布对这些电源口进行擦拭，注意不要触碰到插口，更不要湿手去清理它们。"妈妈走过来告诉月亮。

"如果你发现电源插座损坏，电线裸露该怎么办？"爸爸问月亮。

"告诉爸爸妈妈及时修理，坚决不能用手去触碰。"月亮大声回答。

爸爸笑着说："月亮真不错。用电安全是你成长中必上的一堂课。现在你就是我们家里的'小小安全督察员'，请及时发现家里的安全隐患，爸爸这个'安全维修员'一定全力配合你的行动。"

"是，保证完成任务！"月亮响亮地回答。

我们也来一起做：

1. 鼓励孩子发现生活中的安全隐患，提出疑问和孩子交流，让他们了解一些生活中的安全小常识，并主动分享给他人。

2. 鼓励孩子用自己喜欢的方式朗诵《舟过安仁》，试着把这首诗概括成一段话，并发挥想象，为诗歌配画。

39   捐赠物品尽其用

太阳跳出地平线，光芒温暖而柔和。

吃过早饭，妈妈说道："天气暖和了，咱们整理一下换季衣服吧，顺便还能把不穿的衣服捐给有需要的人。"

铃铛举双手赞成，和妈妈跑前跑后，将家里的衣柜进行了彻底清理。

当妈妈对旧衣物进行清洗消毒时，铃铛不解地问："这些衣服不是都要捐赠了吗？我们既然不穿了，为什么还要消毒清洗呢？"

妈妈耐心地回答："我们捐赠衣物是为了让受助人能够再次使用。清洗消毒是为了捐赠出去的衣服更卫生，不会危害受助人的健康。如果不加挑选和清洗就捐出去，是对受助人的一种不尊重。"

铃铛恍然大悟，继续和妈妈一起投入行动。

夕阳西下，当最后一件衣服整理归纳放入袋子里，铃铛开心地走进书房，在卡片上一笔一画认真地写下：

亲爱的素未谋面的朋友：

希望这些衣服能带给你们温暖和微薄的帮助，真心地祝福你们的生活越来越好。愿你们平安、健康、快乐，有一个美好的明天！

一个普通的小学生

当卡片塞进装满衣服的袋子里，被铃铛和妈妈郑重地放进捐衣箱里时，铃铛的心也仿佛跟着衣服飞得越来越远。

希望每个人都在心里开垦一片梦田，播种一颗善良的种子，并让它慢慢生长，成为参天大树。

我们也来一起做：

1. 带孩子一起了解当地志愿者行动，寻找适合全家人一起参与的公益活动。

2. 整理家里的旧衣服，和孩子一起查找合适的捐赠渠道。可以试着画一幅画或者写一段话，为受助人送上最美好的祝福。

40　　正是人间好时节

今天的晚饭是小米菠菜粥。

妈妈烧上水，吩咐铃铛先把小米洗干净，等水烧开再放入小米。

"小米中含有丰富的胡萝卜素，能增加抵抗力。菠菜含有大量的植物粗纤维，有促进肠道蠕动的作用，还能帮助消化。"妈妈娓娓道来。

看着妈妈把腐烂的菠菜叶子摘掉，把根切除，铃铛主动要求清洗菠菜。妈妈将清洗好的菠菜切成丝，另外起锅焯水后备用。

这时水开沸腾，妈妈放入小米，边用勺子轻轻搅动锅里的小米边对铃铛说："这道粥煮起来非常简单，但是有两个注意事项。一是煮粥的时候一定要等水开了再放小米，这样煮出来的小米粥口感好，而且可以缩短煮的时间。二是菠菜中含有大量的草酸，必须焯熟再吃。"

铃铛认真地点了点头。不一会儿，锅里水花沸腾起来，妈妈把火调小，小火慢煮。等小米煮到开花的时候，妈妈把刚才焯好的菠菜丝放入锅中，加入适量食用盐，用勺子搅匀，香喷喷的小米菠菜粥就起锅了。

爸爸告诉铃铛："古人遇到天灾人祸的时候，官府或者富庶人家往往选择施粥救助灾民，这都是在积善行德。帮助他人，内心就会得到宁静。"

"古语说，'积善之家必有余庆，积恶之家必有余殃'。持善心，行善事，是美好品德，也是一个家庭的良好家风。"妈妈感慨道。

铃铛接话说："若有善心做好事，人间处处有真情。"

一家人相视而笑。四季不停轮转，人生坦然自在。

我们也来一起做：

1. 和孩子一起讨论交流"积善之家必有余庆，积恶之家必有余殃"这句话的意义。如何坚持"日行一善，乐于助人"？思考后把自己的体会记录下来。

2. 与孩子制作小米菠菜粥，鼓励孩子把制作过程分条罗列下来。

41　生于华夏何其幸

连着下了好几天的绵绵细雨，皮宝一家原本外出郊游的计划一再被搁置。

一大早，皮宝的嘴巴就噘得高高的，妈妈无奈地盯着皮宝看了好一会儿，在心底琢磨着该如何安慰这个"小可怜"。

妈妈想了想说道："皮宝，你知道为什么在清明前后总会下绵绵细雨吗？一是因为春天过半，雨水增多，万物开始生长；二是绵绵春雨总是能引起人们对逝去亲人的怀念，中国人历来就有重孝念旧的文化传统，我们不仅要缅怀先祖，更要缅怀为了我们今天的幸福生活流血牺牲的先辈们。所以，即使我们现在不能出去郊游，但是我们一家人能在一起就是最幸福的事情啊，现在你还觉得不高兴吗？"

"我只是有些不开心，没关系的妈妈，等天放晴，我们再一起出去郊游！"皮宝慢慢放下了心事。

"是呀，我们生在红旗下，长在春风里，不经战乱，不缺衣食，何其有幸啊。我们一起来读绘本《红军柳》吧。"

皮宝和妈妈依偎在沙发上一起了解那个激情燃烧的红色岁月。

《红军柳》是"长征绘本"丛书中的一本，讲述了战火纷飞的战争年代。《红军柳》中以侯德明为代表的那些革命先辈们让皮宝深受感动和震撼。

清明时节，为了缅怀那些为国为民不畏牺牲的革命先烈，皮宝和妈妈翻出家里的皱纹纸和细铁丝，制作了手工纸花！

我们也来一起做：

1. 和孩子聊一聊古人折柳送行寄托思念和不舍的习俗。清明节快到了，你想对革命先烈们说些什么？

2. 请和皮宝一起做手工纸花，以告慰革命先辈和先烈。

42   青团飘香春水流

春天是什么样子？在江南人的眼中，映入眼帘的绿色，漫漫的青草香气，便是春的样子。可是这几天，阴雨连绵，寒气逼人，春天迟迟不肯归来。

看着怏怏的皮宝，妈妈想到了南唐后主李煜在生命的最后时刻凭栏忧国，留下了一江春水般东流不尽的愁苦——《虞美人·春花秋月何时了》。妈妈轻轻哼唱起来："春花秋月何时了，往事知多少？小楼昨夜又东风，故国不堪回首月明中。雕栏玉砌应犹在，只是朱颜改。问君能有几多愁，恰似一江春水向东流。"

皮宝懊恼地说："妈妈，问君能有几多愁，我只想出门游一游。"

妈妈笑了："皮宝，看不到春，那我们就来尝尝春的味道吧！"

"春的味道是什么？"

"最能代表春的味道非青团莫属。捣青艾草为汁，和糯米粉做团，色如碧玉，这便是青团。"

听完妈妈的话，皮宝已经迫不及待了。

下午时分，妈妈用热水焯过嫩艾叶，然后用破壁机将其打成汁后和糯米粉做团，包了红豆馅和肉松馅的青团。

蒸锅突突地冒着热气，闻着香味，妈妈提醒皮宝，青团不适合多吃，一定要趁热食用，因为青团中的糯米冷却后极不利于消化，而且其中的营养结构也会被破坏。另外，青团不要和肥肉混吃，糯米难消化，与油脂混杂在一起会加重肠胃负担。

春天是什么样子？品尝春的味道，也要注意健康哦！

我们也来一起做：

1. 查一查资料，说一说青团的由来以及饮食禁忌。

2. 试着做青团，看谁蒸的青团最好吃也最好看，记得拍照留存。

43　分担家务是本分

"今天我们的晨诵内容是王维笔下的《辋川别业》，我们一起来看一下王维笔下的欣欣向荣的自然之景，以及人与自然和谐相处的美好画面吧。"

小琦和图图来到爸爸身边，与爸爸一起朗读起来。

辋川别业

唐·王　维

不到东山向一年，归来才及种春田。

雨中草色绿堪染，水上桃花红欲然。

优娄比丘经论学，伛偻丈人乡里贤。

披衣倒屣且相见，相欢语笑衡门前。

"爸爸，这里有个词我不太理解。"小琦指了指"优娄"不解地问道。

"'优娄比丘经论学，伛偻丈人乡里贤。'这里的'优娄'，指释迦牟尼的弟子；'比丘'，佛家指年满 20 岁，受过具足戒的男性僧侣。"爸爸耐心地解释道。

爸爸问："这首诗描写的是哪个季节？"

"我知道"，图图抢答道，"分明是春天嘛。"

你瞧，春天仿佛是一种精致的染料，将小草变绿；桃花红艳似火，远看仿佛正在燃烧。春天的生机和美好在诗词中尽情展现出来，一派闲适的田园生活美景令人心生向往。

"蓝天和白云是天空应有的色彩，但因为人类不断破坏环境的行为，以及不健康的生活方式，导致环境日益恶化，灾难、瘟疫和疾病等不断侵扰我们生存的家园，对人类的健康形成了巨大的威胁。"爸爸叹了口气说。

"爸爸，您来帮我们制作家务记录表吧！保护环境，从我做起，从家务劳动开始。"小琦挥挥拳头，斗志昂扬地说。

环境保护，从娃娃抓起。有了健康的地球才有幸福的明天。

我们也来一起做：

1. 让孩子说说读《辋川别业》这首诗歌时脑海中浮现出的画面，以及自己的理解和收获。和孩子聊一聊，环境恶化让你想到了什么？现在你会怎么做呢？

　　2. 一起制作家务记录表，用孩子喜欢的方式记录制作过程和感受，鼓励孩子向身边人普及环保知识。

44　香橙蒸蛋馋煞人

　　今天，妞妞全家准备了一道香橙蒸蛋。

　　妞妞负责将橙子外皮洗净，妈妈将洗好的橙子放在桌子上反复揉捏，用水果刀在橙子的四分之一处切开，接着爸爸将橙肉小心掏出，一个橙皮小碗就做好了。

　　妈妈将橙肉放入搅拌机中做成橙汁，之后倒入碗中，加入牛奶、白砂糖搅拌均匀，再加入一个鸡蛋，搅拌后过筛，将混合好的蛋液重新装入完整的橙皮碗中，又在橙皮上附上保鲜膜，戳几个小洞，小火加盖蒸 10 分钟左右。关火取出，可以开吃喽！

　　妞妞一边用小勺吃着蒸蛋，一边对妈妈说："妈妈，您给我吃的是橙子还是蒸蛋呢？这也太美味了吧！"妞妞舔着小嘴巴，对妈妈做了个鬼脸。

　　"何止是好吃又有营养啊！从中医的角度看，橙子有润肺止咳、生津止渴的功效，而且鸡蛋含有丰富的优质蛋白，可以提高人体免疫力，对病菌有一定的抵抗作用，因此橙子蒸蛋还有治疗咳嗽的药用呢。"爸爸说道。

　　"咳咳，我现在咳嗽，就需要这个蒸蛋哦！"妞妞搞怪的样子惹得爸爸妈妈一阵大笑。

"为一株玫瑰浇过水，它就成了千万株玫瑰中最特别的一个；为一顿饭付出努力，它就成了平淡三餐里最好吃的一顿。妞妞，今天这道菜你吃出不一样的滋味了吗?"妈妈说。

"是啊，这可是凭借我们全家人的力量完成的，我们的香橙蒸蛋最香最甜啦!"全家人的笑声传遍了房间，每个人的心里都美滋滋的。

我们也来一起做:

    1. 你的家庭厨房活动，孩子有没有积极参与呢? 如果没有，是什么原因?

    2. 和孩子一起制作香橙蒸蛋，用孩子喜欢的方式记录过程。

45　亲子游戏欢乐多

今天，爸爸带小宇晨诵的古诗是《宿新市徐公店》，这是一首描写儿童快乐嬉戏的诗歌。

宿新市徐公店

宋·杨万里

篱落疏疏一径深，树头新绿未成阴。

儿童急走追黄蝶，飞入菜花无处寻。

"为什么诗歌中的小孩找不到蝴蝶了呢?"爸爸笑着问小宇。

"因为蝴蝶的颜色和油菜花的颜色相近，所以小孩分不清哪个是蝴蝶，哪个是油菜花了。"小宇觉得有趣极了。

爸爸眼里透着怀念："在爸爸的童年里，大自然是最好的游乐场，捉知了、捕蝴蝶、摸鱼、捉螃蟹……每天都像个泥娃娃。"

"爸爸，你们那时候玩什么呢?"

"丢沙包、抓石子、跳皮筋、掰手腕，特别有意思。"

小宇羡慕极了，缠着爸爸也要玩。妈妈笑着说："今天'三个三'推荐了做沙包，我们多做几个，让小宇带到学校里和伙伴们一起玩吧。"

说做就做。妈妈用碎布剪出大小一样的六个小正方形，从布的背面缝成一个正方体，待缝到最后一条边时留下一半布缝，再从刚留下的空隙处翻过来，这样就把毛边的部分翻到了里面。接下来爸爸和小宇往沙包里填少部分的沙子，妈妈则完成最后一道工序，把沙包留口的地方缝好，这样沙包就完成了。

沙包做好后，爸爸妈妈和小宇玩起了丢沙包的游戏。看着小宇开心的笑容，爸爸妈妈会心一笑，以后他们会腾出更多时间陪伴小宇成长。

我们也来一起做：

1. 和孩子聊一聊从诗歌里看到了什么，听到了什么，想到了什么? 孩子的童年又有哪些最喜欢的人、物和事呢?

2. 准备材料，根据上面的步骤，和孩子一起学做沙包，一起玩耍。鼓励孩子记录做沙包的过程和玩沙包的乐趣。

46   麻酱菠菜来一盘

放学的路上，小乐叽叽喳喳地向爸爸汇报今天在学校发生的趣事："爸爸，今天老师考我们与动物有关的歇后语呢。"

"你会吗？"爸爸问。

"那当然啦！猪八戒照镜子——里外不是人，猪八戒背媳妇——舍得花力气。我说完这两个歇后语，全班同学都哈哈大笑。"说完小乐笑得前仰后合。

"除了跟猪八戒有关的歇后语，你还知道其他的吗？"爸爸也乐得哈哈大笑。

"铁公鸡—— 一毛不拔，兔子的尾巴——长不了……"笑声洒满一路，阳光也格外灿烂。

回到家，妈妈正在做麻酱菠菜，小乐洗完手主动和妈妈做了起来。妈妈把菠菜清洗干净，然后在开水中焯烫后又在冷水中过凉。小乐赶忙把菠菜捞出挤干水分放入碗中。接下来就是小乐最喜欢的部分——搅芝麻酱了，每次把芝麻酱从稠搅到稀，小乐都觉得特别有成就感。

随后妈妈在芝麻酱里加入了酱油、芝麻油、醋、盐、白糖等调料，小乐在妈妈的指导下在芝麻酱中分次加入少量的凉开水，然后朝一个方向不停地搅动、拌匀，很快芝麻酱就变得滑溜溜，没有一点硬块了。最后小乐把拌好的芝麻酱浇到菠菜上，妈妈又放入蒜末，撒上白芝麻，好吃又好看的麻酱菠菜就做好了。

"红嘴绿鹦哥，吃了营养多。妈妈，我们以后要多吃这个菜哦!"香气四溢的麻酱菠菜，酱汁饱满，让一家人食欲大开。

我们也来一起做：

1. 你了解歇后语吗？你还知道哪些与动物有关的歇后语？快来和孩子一起说说，感受劳动人民的智慧吧!

2. 尝试让孩子学做麻酱菠菜，并将制作过程和收获记录下来。

47　劝君须惜少年时

今天的晨诵，爸爸带小琪诵读了七言乐府《金缕衣》。

金缕衣

劝君莫惜金缕衣，劝君惜取少年时。

花开堪折直须折，莫待无花空折枝。

"诗中出现了两次'惜'字，为什么一个要'莫惜'，一个又要'须惜'?"小琪有些疑惑。

爸爸耐心地解释道："这首诗在古代是被广泛传唱的歌曲。'金缕衣'是缀有金线的衣服，诗人劝导人们不要顾惜华贵的金缕衣，而要珍惜青春年少时宝贵的时间，就像那盛开的鲜花，要及时采摘。如果采摘不及时，等到春残花落之时，就只能折取花枝了。"

"这首诗是不是和'一寸光阴一寸金，寸金难买寸光阴'一个意思，都是告诉人们时间宝贵，要抓紧时间学习？"小琪似有所悟。

爸爸欣慰地点了点头。

"爸爸，我知道了，就是说我们在什么年龄就要做什么事情，青春年少的时候就要珍惜时间，用有限的时间努力学习知识和掌握尽可能多的本领。"小琪一口气说出了自己的感悟。

"爸爸，我要把这首诗抄写下来，激励自己珍惜时光。"说完小琪坐下来，开始将诗歌工工整整地抄写起来。

说起来容易做起来难，说一百遍不如做一遍，行动是最好的说明。看着女儿认真的样子，爸爸心里充满了期望。

🌿 我们也来一起做：

1. 与孩子一起制作时间安排表，合理规划每一天，让每一天都有所收获。

2. 在《金缕衣》中，诗人想用这首诗歌告诉后人什么呢？作为家长，我们应该怎样劝诫孩子"惜取少年时"？鼓励孩子为诗歌《金缕衣》配画，并将它作为自己成长过程中的座右铭，时刻谨记，每天激励自己成长。

48　春在溪头荠菜香

星期天，爸爸妈妈带小琪去田野里挖野菜。

车窗外，杨柳依依，麦苗青青。车窗内，妈妈和小琪诵读着朗朗上口的诗词。

鹧鸪天·代人赋
宋·辛弃疾

陌上柔桑破嫩芽，东邻蚕种已生些。

平冈细草鸣黄犊，斜日寒林点暮鸦。

山远近，路横斜，青旗沽酒有人家。

城中桃李愁风雨，春在溪头荠菜花。

很快到了目的地，小琪和爸爸妈妈拿出工具。"辛弃疾说'春在溪头荠菜花'，今天我们的目标就是荠菜，向着目标，出发！"爸爸一声令下，一家人欢快地奔向田野。

田间地洼，水畔渠头，绿油油的荠菜肥美多汁。小琪和爸爸妈妈很快就挖到了很多。

回家后，妈妈和小琪把荠菜择好清洗干净，然后在锅内烧水加少许盐，将荠菜稍加焯烫去除涩味，接着捞出后过凉水控干水分，准备做一道蒜泥拌荠菜。小琪把大蒜去皮后，"咚咚咚"地快速捣成了蒜泥。

妈妈鼓励小琪："荠菜有很高的药用价值，具有和脾、止血、明目的功效。这道菜的制作过程也比较简单，小琪，你完全可以自己完成。"

在妈妈期待的目光中，小琪在蒜泥中调入适量盐、鸡精、白醋、香油和生抽，然后按照妈妈的吩咐倒入荠菜中搅拌均匀。看着自己亲手制作的蒜泥拌荠菜，小琪来不及装盘，就迫不及待地尝了一口，哇，清香鲜嫩，小琪给自己打了十分，妈妈也向小琪竖起了大拇指！

我们也来一起做：

1. 与孩子交流讨论，在《鹧鸪天·代人赋》中，你读到了什么？看到了什么？想到了什么？与孩子说一说辛弃疾写这首词的背景，让孩子感受辛弃疾的家国情怀。

2. 全家出动，采摘一次野菜，品尝春天的味道。

49　亲子游戏欢乐多

"抓、抓、抓大把，不抓一个就抓俩。头场大把抓，二场小对仨，三场麦子青，四场麦子黄，五场收割麦子忙！"坐在电动车后座上的小乐陶醉地唱着儿歌。

"小乐，这是老师教给你们的儿歌吗？"妈妈问道。

"是呀，刚开始我们不知道什么是抓子儿，后来老师让我们看了视频才知道。"

妈妈说："这是我们小时候玩的游戏，好怀念啊。"

回到家里，小乐迫不及待地问爸爸："老爸，您小时候玩什么游戏？"

"弹弓、溜溜球、滚铁环、跳绳，可多啦，还经常爬树，一不小心就把裤子蹭破，回家后奶奶就会追着我打！"

"哈哈哈，这么有趣啊。"小乐捧腹大笑。

"这样吧，以后每逢周末我就带你去奶奶家，我们去河滩捡石头，教你爬树，说不定还能见到鸟窝呢！"

"老爸，您要说话算数哦！"

"那当然啦，君子一言——驷马难追嘛！"爸爸一脸笑意地保证，"对了，咱们家书柜里还有一本和游戏有关的绘本呢。"

"那一起瞧瞧——"小乐欢快地拉长了语调。

爸爸拿出《小熊和最好的爸爸——做游戏》这本绘本，和小乐一起看了起来。

故事里，熊爸爸和小熊一起玩了好多的游戏，比如推小车、踩脚丫儿等。他们还发明了好多有趣的游戏：得儿，驾；一只蜜蜂飞过来；沙子是水；草很烫……

故事里，小熊希望和爸爸的游戏永远都不结束。生活中，这也是小乐的愿望。

我们也来一起做：

1. 选择孩子最感兴趣的传统游戏，一起体验亲子游戏的快乐时光吧。

2. 鼓励孩子把快乐游戏的情景画下来、拍下来，分享给更多人。

50   拢袖观棋有所思

今天的晨诵诗与象棋有关。

春日偶吟

清·袁 枚

拢袖观棋有所思，分明楚汉两军持。

非常欢喜非常恼，不着棋人总不知。

读之前，爸爸向小强普及了一下象棋知识："具有数千年文化历史的中国象棋，由于用具简单，趣味性强，是一种流传十分广泛的游戏，属于双人对抗游戏。下棋双方根据自己对棋局形式的理解和对棋艺规律的掌握，就像将军一样，调动车马，组织兵力，协调作战，在棋盘这块特定的战场上进行着象征性的军事战斗。"

小强平时虽然和爸爸也能对战几个回合，但不知道中国象棋还有这么深厚的文化历史，更是好奇还有与象棋有关的古诗。

通读几遍后，小强尤其对诗句"非常欢喜非常恼"特别有体会，和爸爸对战的时候，自己小赢一次就沾沾自喜，输了却时常想赖棋、悔棋，那个恼羞劲呀，真是"为象棋喜，也为象棋忧"。下棋人如此，观棋人也是感同身受。

爸爸对小强说："举世共仰的周恩来总理曾说过'琴棋书画都要会一点，要成为通才'，爸爸也希望你成为'琴棋书画'的通才。"

资深棋迷小强来了兴致，拉着爸爸开始了紧张的对战……

我们也来一起做：

1. 让孩子说一说诗歌里描写的"博弈"场面，自己看到了什么？想到了什么？讨论交流"非常欢喜非常恼，不着棋人总不知"的心理感受。

2. 给孩子讲述棋盘中"楚河汉界"的渊源和"观棋不语真君子，起手无悔大丈夫"的含义。让孩子了解中国智慧，建议作为暮省日记记录下来。

51　努力耕耘愿无违

亲爱的皮宝：

展信悦！

这是妈妈给你写的第一封电子邮件，很遗憾因为工作的原因，这一年你和妈妈分隔两地，我在海角天涯，你在江南水乡，但妈妈对你的爱从未改变！

这次妈妈为你推荐了一本描写农村生活的绘本——《俺们农村》。

每个人的生活都是自己耕耘和播种的结果。无论年龄多大，我们都可以让自己生命的土地结出丰硕的果实。一位已经 70 多岁的古稀老人，为了让生活在城里的 3 岁孙女了解农村生活，于是拿起画笔，创作了百余幅农村题材的作品。她就是河南南阳方城县，人称"凡·

高奶奶"的常秀峰。

常秀峰出生于1936年，在离开农村前，她不会写字，不会画画，更不知道什么是"后印象派"，但她却用媲美印象派画家凡·高的画笔，为孩子们打开了乡村春夏秋冬的四季画卷。用清澈澄净、充满田园诗意的语言，为孩子们讲述了母鸡带小鸡、蚕宝宝、割麦子等趣味生动的故事。

皮宝，你知道今天我们迎来了二十四节气中的什么节气吗？"谷雨前后种瓜点豆"，此时的农民正在耕耘土地，等待秋天的收获。妈妈在海南支教，耕耘我的教育土壤，皮宝你呢？你想耕耘什么，播种什么呢？希望你认真阅读《俺们农村》，去感受绘本里农村生活的美丽景象。

期待你的回信，妈妈爱你，吃饱睡足，身体棒棒！我们一起加油！

妈妈

我们也来一起做：

1. 给孩子介绍自己的职业，引导孩子思考当下的学习生活与未来职业发展的关系。引导孩子按照自己的意愿做好阶段性目标规划，努力耕耘，过好每一个当下。

2. 阅读《俺们农村》，去感受绘本里的农村生活。如果有机会一定要带着孩子到农村去感受当下乡村振兴的新面貌。

52   水培豆苗溢满盆

亲爱的皮宝：

展信悦！

你知道吗？听着你给我科普各种农作物时，我在痴痴地笑，谢谢你——我的"小小植物学家"，让我学到了很多哦！作为回报，妈妈给你讲讲谷雨吧。

谷雨是二十四节气里的第六个节气，属于春季的最后一个节气，与雨水、白露、小雪、大雪一样，都是反映降水现象的节气。谷雨是"雨生百谷"的意思，此时降水明显增加，田中的秧苗初插，作物新种，最需要雨水的滋润，正所谓"春雨贵如油"。

"栽插种管事诸多"，谷雨节气，农民伯伯开始为农事忙碌起来了，咱们也得有自己的"耕耘"啊！

妈妈教你种豌豆苗吧。晚上睡前，你把豌豆种子放入清水中浸泡6到8个小时，第二天一早，把浸泡好的种子用清水冲洗两三遍，再把豌豆种子放到铺有保湿纸的育苗盘中。注意要均匀铺开，一次不要铺太多。还要定时淋水，一般一天要淋2到3次。

注意，前两天要放在遮阴处，3到4天后就要保证光照了，这时候豌豆苗会渐渐变成绿色。等豌豆苗长到15厘米左右，也就是差不多7到10天的时候，就可以采摘了。采摘的时候，要留两三厘米的根，不能连根拔起。这样的话，继续种植还可以再采摘两三次。

皮宝，你可以和爸爸一起设计一张豌豆苗的成长记录表，观察并记录豌豆苗每一天的生长情况。有条理的生活和学习习惯都是从小事开始养成的，妈妈期待看到你每天的点滴成长！

妈妈

我们也来一起做：

1. 与孩子一起搜索关于谷雨节气的谚语，鼓励孩子说一说从这些谚语中知晓的农事活动。

2. 也来尝试种植豌豆苗或其他绿植，观察其萌芽抽枝的细微变化，从中领悟生命成长的奥秘。

53   铁杵成针功夫深

亲爱的皮宝：

展信悦！

伴着春天的脚步，我们又一次迎来了莺歌燕舞、草绿花红的春天！

今天的晨诵，妈妈想给你诵读一篇文言文《铁杵成针》：

磨针溪，在象耳山下。世传李太白读书山中，未成，弃去。过是溪，逢老媪方磨铁杵。问之，曰："欲作针。"太白感其意，还卒业。

传说李白在山中读书的时候，没有完成功课就出去玩了。他在一条小溪边见到一位老妇人在那里磨一根铁棒，于是就问这位老妇人在干什么。老妇人说："我要把这根铁棒磨成针。"李白十分惊讶这位老妇人的毅力，于是就回去把自己的功课完成了。这就是"只要功夫深，铁杵磨成针"的典故。人们常常用它来比喻只要有决心，肯下功夫坚持，再难的事也能做成。

皮宝，你是否想到了那只名叫"陶陶"的乌龟？再去读一读这本米切尔·恩德的经典作品《犟龟》吧。妈妈相信，你肯定会有不一样的收获！

每天紧张学习、积极阅读，和伙伴们一起快乐长大，你感到幸福吗？妈妈又开始想念你的絮絮叨叨了，我们身处异地却在共同成长，你有什么想和妈妈说的吗？期待收到你的语音哦！

为了美好的生活，我们一起加油吧！

妈妈

我们也来一起做：

1. 带着孩子一起思考《铁杵成针》的启示，引导孩子思考在今后的学习生活中，你会怎么做？

2. 和孩子一起阅读《犟龟》，想象一下，假如犟龟没有坚持走下去，故事的结局会是什么？鼓励孩子试着把这个不一样的结局写下来。

54   椿芽炒蛋春味浓

亲爱的皮宝:

展信悦!

虽然妈妈远在天涯支教,我们不能天天见面,但是通过"'新家庭,心行动'——亲子日常生活'三个三'"的活动,我们相互伴读、伴行、伴成长,仿佛日日生活在一起。

活到老,学到老,只有不断地学习,才可以变得更加优秀。荀子认为,持之以恒、坚持不懈是正确的学习态度,学习要做到"不舍",要不断积累,那就必须专一,不能浮躁。妈妈不在家的这段时间里,在学习上,你为自己制订了哪些目标? 坚持的如何呢?

皮宝,你知道吗? 谷雨前后,田间有一种时令蔬菜——香椿。香椿一般在清明后发芽,第一次采摘的,称头茬椿芽,不仅肥嫩,而且香味浓郁,它的黄金搭档就是鸡蛋,你可以和爸爸一起做一道香椿炒蛋,期待收到你的美食照片哦!

这里妈妈要重点提醒,香椿中亚硝酸盐含量较高,因此必须在开水中焯一下。香椿具有滋阴润燥、泽肤健美的功效,适用于虚劳、目赤、营养不良、白秃等病症。但是对于像奶奶那样过敏体质的人来说,是不适合吃香椿炒鸡蛋的。

购买香椿的时候千万别马虎,有一种外形上和香椿有很多相似之处的"臭椿",可千万别买错了哦。

期待你能讲一讲香椿的营养价值、功效与作用,还有如何区别

"香椿"和"臭椿"。皮宝，加油！静候佳音！

　　　　　　　　　　　　　　　　　　　　　　妈妈

我们也来一起做：

1. 你如何理解"活到老，学到老"这句话？和孩子讨论交流制订短期或阶段学习目标有什么好处，该如何坚持。

2. 和孩子一起买香椿芽，做一次香椿炒鸡蛋，品尝时令野菜的鲜美。

55　　爱与尊重护梦想

今天晨诵的是李白的《上李邕》。

爸爸问雨婷："李白'大鹏一日同风起，扶摇直上九万里'的梦想遭到了别人的嘲笑，他对那些人说了什么？"

"李白说'宣父犹能畏后生，丈夫未可轻年少'，这是什么意思呢？"雨婷反问道。

"大鹏鸟，是中国神话传说中最大的一种鸟，由鲲变化而来。当时的李邕在今天的重庆任刺史。李白游重庆时拜见李邕，李邕自负好名，对年轻人的态度'颇自矜'。李白对他很不满，在临别时写了这首《上李邕》回敬李邕。"爸爸这么一说，雨婷一下子明白了。

"你看李白以大鹏自比，描写了传说中的神鸟大鹏起飞、下落时的景象，可以看出诗人李白此时豪情满怀的青云志向。雨婷，每个孩子都是有梦想的，爸爸尊重你的梦想。当你心中有了梦想的时候，希望你能够尽自己所能用心守护。"爸爸意味深长地说。

今天是家庭影院开放日，雨婷和爸爸妈妈一起观看了《海蒂和爷爷》这部电影。

影片中爷爷对海蒂说：如果做某件事会让你开心，那么你就只管去做，无论别人说了什么。看到这个场景时，妈妈真诚地对雨婷说："今天的诗和电影，都在提醒爸爸妈妈要尊重并守护好你的梦想。"此时的雨婷感到无比幸福。

我们也来一起做：

1. 鼓励孩子大声朗读今天的晨诵词，把朗读后的感受写成一段话，或者画一幅画记录下来。

2. 与孩子一起观看《海蒂和爷爷》这部影片，思考爷爷的话，感受海蒂的纯真善良带给这个世界的快乐和温暖。

56   蝉声高歌表予心

暮春时节，绿树葱葱，气温也逐渐升高。

雯雯读了绘本《真实的大自然》中的《蝉》之后，每天都念叨着："夏天啥时候才到，到时候我就能听到蝉的歌唱了。"

爸爸问雯雯："你对蝉有多少了解呢？"

"爸爸，我以前不喜欢蝉，觉得蝉的叫声太扰民了，简直就是魔音。这几天看书才知道，蝉的鸣叫是为了吸引异性，繁衍后代。而且幼年的蝉要在地下待好几年，等到它成年后爬到树上，距离生命的终点也就不远了。"想到蝉的一生如此短暂，雯雯有些伤感。

爸爸告诉雯雯，唐代诗人骆宾王也曾写过一首《在狱咏蝉》诗，借着蝉咏诗，表达自己哀怨悲伤的心情和期待昭雪沉冤的愿望。

在狱咏蝉

唐·骆宾王

西陆蝉声唱，南冠客思深。

不堪玄鬓影，来对白头吟。

露重飞难进，风多响易沉。

无人信高洁，谁为表予心。

爸爸告诉雯雯，骆宾王天生一副侠骨，爱打抱不平，后来还被扣上了"贪赃"与"触忤武后"的罪名，被关到了监狱。"骆宾王在自己的高洁'无人信'的情况下，该怎么做呢？是继续守护初心，还是放弃妥协呢？"爸爸问雯雯。

"我想骆宾王是不会放弃的，他以蝉来自喻，就是希望能像蝉一样高洁，像夏花一样绚烂绽放。"雯雯认真地说。

蝉的一生是不是要告诉我们，要有足够的耐心去坚持做我们应该做的事呢？雯雯赶紧把自己的感悟记录下来。

我们也来一起做：

1. 和孩子聊一聊，读《在狱咏蝉》这首诗时脑海里浮现的画面。

2. 和孩子一起了解蝉的有关知识，想一想蝉的短暂一生给我们的启示，支持孩子记录感悟收获。

57　高山流水觅知音

亲爱的皮宝：

展信悦！

孟子云："人之相识，贵在相知；人之相知，贵在知心。"诗人王勃作诗："海内存知己，天涯若比邻。"贝多芬曾说："友谊的基础在于两个人的心肠和灵魂有着最大的相似……"

妈妈在读《伯牙绝弦》时，为俞伯牙和钟子期之间深厚的情谊而动容不已。俞伯牙琴艺精妙，钟子期音律娴熟。后钟子期因病亡故，伯牙悲痛万分，认为这世上再也不会有知音了，天下再不会有人像钟子期一样能体会他演奏的意境了。所以俞伯牙就把自己最心爱的琴摔碎，挑断琴弦，终生不再弹琴。真正的朋友是相互理解、相互欣赏的。这也是"知音"一词的由来。

你怎么理解他们之间的这份友谊？妈妈期待你的回复哦！

最近有没有和好朋友交流各自的学习和生活呢，把布丽吉特·威宁格的《了不起的新朋友》讲给你的好朋友听听吧，妈妈好想知道你会给谁打电话呢？会跟他聊一条腿有点短，总是摔跟头的小老鼠麦克斯；眼神不太好，却能做到别人做不到的事情的小鼹鼠莫莉；还是总是听不清别人在说什么，但也有十分值得骄傲的本领的小青蛙弗雷迪……

皮宝，友谊需要彼此用心呵护。回忆你与朋友之间的故事，想一想朋友为自己做过什么，真诚地对朋友说声"谢谢"，然后想想自己能为朋友付出点什么。妈妈希望你能用行动去呵护你所珍视的那份友谊，小伙子，加油！你可以的！

妈妈

我们也来一起做：

1. 与家人一起欣赏古琴曲《高山流水》，读一读《伯牙绝弦》，和家人一起交流你对这份友情的理解和感受。

2. 和孩子聊一聊谁是你的知心朋友，你们之间为对方做过哪些事？怎样做才能获得真正的友谊？

58　　哪有田中谷自生

亲爱的皮宝：

展信悦！

今天是 5 月 1 日，我们迎来了第 69 个劳动节，这也是全世界劳动人民共同的节日。高尔基曾说过："我们世界上最美好的东西都是由劳动、由人的聪明的双手创造出来的。"在这个特殊的日子里，让我们向每一位劳动者致敬。

唐代颜仁郁的《农家》诗里写道："时人不识农家苦，将谓田中谷自生。"妈妈不希望你成为这样的人。古往今来，每个人的成功与收获无不是脚踏实地、辛勤劳作得来的。今天是劳动节，你准备怎么度过呢？妈妈觉得，你作为家庭的小主人，是否可以用自己的双手为我们的家做点什么呢？

今天就跟着爸爸一起擦玻璃吧！

擦玻璃时，先用湿抹布擦一遍玻璃，把灰尘浸泡一下，再反复冲洗湿抹布。对于灰尘比较多的地方，清洗抹布时可以在水中加点洗洁精，这样擦起来会容易得多。等灰尘擦干净后，再用一块干抹布擦干水渍。注意边角的地方要擦干净。

妈妈相信你和爸爸肯定能合理分工，相互配合，将我们家的玻璃擦得锃光瓦亮。

皮宝，做一个勤劳的人也是需要智慧的。比如今天擦玻璃的过程，你学到了什么劳动技巧？不勤擦拭，再明亮的玻璃也会蒙上灰尘，这让你明白了什么道理呢？把你的收获写在暮省日记里吧。

亲爱的皮宝，期待看到你的收获！

妈妈

我们也来一起做：

1. 《农家》这首诗让你想到了什么？你有过"田中谷自生"的时候吗？和孩子一起聊一聊吧。

2. 五一劳动节你会怎样度过？鼓励孩子一起合作擦玻璃，为家的整洁干净献出自己的一份力量。

59   新闻日新又日新

亲爱的皮宝：

展信悦！

春日稍纵即逝，感觉从冬一下子走进了夏。这段时间，每一个看似重复的日子其实都是新的，因为你和妈妈一起学新的诗歌，看新的故事，做新的劳动任务，还学着做新的菜肴。在世界的每一个角落，每一天也都在发生着新的故事。我们每个人也应该在每一天都有新的成长、新的收获。正如《礼记·大学》中的"苟日新，日日新，又日新"。

今天，妈妈想给你推荐唐朝诗人岑参的《走马川行奉送封大夫出师西征》。

当时西北边疆一带战事频繁，岑参怀着建功立业的志向两度出塞，先后共有长达 6 年的边疆军营生活。"君不见走马川行雪海边，平沙莽莽黄入天。轮台九月风夜吼，一川碎石大如斗，随风满地石乱走。"这段经历让他深刻体会到了战士们在塞外征战的艰辛。"将军金甲夜不脱，半夜军行戈相拨，风头如刀面如割。马毛带雪汗气蒸，五花连钱旋作冰，幕中草檄砚水凝。"岑参的边塞诗让人们通过诗歌了解了冰天雪地环境的恶劣和战争的残酷，但所幸"虏骑闻之应胆慑，料知短兵不敢接，车师西门伫献捷"。战争的残酷和胜利的喜悦在这首诗里展现得淋漓尽致，这首诗是不是有点类似今天"战地记者"的报道呢？

皮宝，今天是世界新闻自由日。面对每天更新的新闻信息，记得要好好关注哦，把你看到的新现象、新变化、新成果，以及新闻事件带给你的感触都记录在你的暮省日记上吧！

妈妈

我们也来一起做：

1. 和孩子一起诵读岑参的《走马川行奉送封大夫出师西征》，感受岑参的爱国情怀。

2. 和孩子一起了解世界新闻自由日的由来，增强孩子对记者这一职业的认知，鼓励孩子把关注到的新闻信息和感受分享给更多人。

60　　时至立夏尝三鲜

亲爱的皮宝：

展信悦！

今天是立夏。这一天，我们即将告别春天，迎来崭新的夏天。妈妈给你推荐一首唐朝元稹的《咏廿四气诗·立夏四月节》。

"欲知春与夏，仲吕启朱明"，妈妈希望你积极查找"仲吕"和"朱明"两个关键词的典故，下次来信，把你的发现告诉妈妈哟！

古人很重视立夏节气，会举行各种迎接夏天到来的仪式，这就是"迎夏节"。古代民间有立夏"尝三鲜"之说，三鲜分"地三鲜、树三鲜、水三鲜"。"地三鲜"包括茄子、土豆和青椒，是东北传统名菜。今天妈妈教你一道改良版的"地三鲜"，使这道菜避免高温油炸，味道不变，健康食用。

先把茄子去皮切成块，放 1 小勺盐搅拌均匀，腌制 20 分钟左右；再把土豆去皮切成和茄子差不多大小的块，将其浸泡在水中；青椒去蒂后清洗干净，切成小块，将胡萝卜切成片，然后准备葱花、姜末和蒜片；将生抽、耗油、甜面酱、番茄酱、玉米淀粉、白糖、盐混合搅拌均匀，调成汤汁备用。

将腌制好的茄子挤去水分，炒锅烧热，倒入少量食用油，放入茄子开小火翻炒至软；盛出茄子，再用小火将土豆慢慢煎至金黄，青椒块、胡萝卜片煎熟盛出；炒锅重新烧热，把调好的汤汁倒进去，大火烧开后转为小火，把汤汁熬至黏稠；迅速把茄子、土豆块、青椒、胡萝卜片放进去翻炒均匀，出锅装盘即可。

皮宝，为什么茄子放盐腌制沥水后就会少吸油？期待你的回复哦！

妈妈

我们也来一起做：

1. 陪孩子一起诵读《咏廿四气诗·立夏四月节》，交流诗歌中初夏来临时万物的状态。

2. 与家人一起了解"地三鲜、树三鲜、水三鲜"，尝试制作美食，迎接夏天的到来。

第二部分
夏夜星歌

61　布谷声中夏令新

立夏一过，就意味着正式进入夏季了。迪迪的爸爸一大早就去菜市场买菜了。妈妈和迪迪起床后，开始了今天的晨诵。

今天的晨诵内容是陆游的《初夏绝句》。

初夏绝句

宋·陆　游

纷纷红紫已成尘，布谷声中夏令新。

夹路桑麻行不尽，始知身是太平人。

诵读完后，迪迪对妈妈说："妈妈，我发现这首诗好像和陆游的其他诗不太一样。""你觉得哪里不一样呢？""我觉得这首诗不仅轻松，还有点惬意呢。""纷纷红紫已成尘，布谷声中夏令新。"在万紫千红的春天里，那纷飞的花瓣都已经化成尘土。读到后两行，妈妈问迪迪："你现在有什么感受呢？"迪迪说："我好像走在了郁郁葱葱的田间小路上！""是啊，在这样的夏天里，听着布谷鸟的叫声，诗人的心情也愉悦起来，暂时忘记了烦恼，忘记了乱世。"妈妈耐心地给迪迪讲解着。母子俩又一次诵读着诗歌，沉浸在诗句描写的夏景中，感受着诗人细腻的情感。

午休时间到了，迪迪和爸爸妈妈读了曹文轩的绘本《夏天》，这是一本关于爱与分享的绘本。读完后，迪迪和爸爸妈妈还猜测了故事的结局。下午，爸爸和迪迪一起去公园寻找夏天的踪迹。回来后，迪迪把今天的发现和读书的思考写在了暮省日记上。

我们也来一起做：

　　1. 家乡的初夏时节有哪些美景让你陶醉？带着孩子一起去感受一下吧！

　　2. 一起去寻觅夏天的踪迹，鼓励孩子在暮省日记里记录下自己的收获和感悟。

62　　昆虫世界学问多

　　晚饭后，妈妈和夏青一起诵读了王安石的《初夏即事》。

　　读完诗，夏青的小伙伴来找他玩，夏青忙不迭地跑下楼，一直玩到很晚才回家，进门后发现已经九点了。

　　爸爸严肃地对夏青说："怎么玩了这么久，你忘记咱们今天的读书任务了吗？"夏青调皮地做了个鬼脸表示自己错了。爸爸语气温和地说："在夏天，不仅草木繁盛，连昆虫也活跃起来，它们让这个世界变得更加热闹了。今天我们就来读一本有趣的科普读物《昆虫记》吧。《昆虫记》的作者是法国昆虫学家法布尔。这本书被誉为描写昆虫的世界文学巨著，咱俩先查一查作者的资料吧。"

　　夏青从网上查到了法布尔的资料，资料上介绍法布尔为了研究昆虫，献出了一生的精力和时间。夏青不由得赞叹起来："法布尔真了不起啊！"

　　妈妈提议："夏青，咱们做个阅读计划吧，这样才能保证每天完成阅读任务。明天如果完不成就不能出去玩了。"夏青点了点头，认真地做起了阅读计划。爸爸还建议，读书的同时不妨观察一下楼下的蚂蚁。

在随后的一周里，夏青一家人在饭桌上分享各自觉得有趣的章节内容，过得充实而快乐。夏青还抽空写了观察日记，他也学着法布尔的写法，把小蚂蚁当成一家人来写，老师还在课堂上朗读了他的日记，夏青觉得很开心。

我们也来一起做：

1. 你和孩子还读过哪些关于动物的书呢？你从书中得到什么启示呢？

2. 帮孩子制订阅读计划，和孩子一起共读并且随时讨论书中的内容。

63　凿开混沌得乌金

昨天，万欢和爸爸读了白居易的《新制布裘》，感受了白居易的抱负和志向。今天的晨诵时间，妈妈和万欢要读明朝诗人于谦的《咏煤炭》。

咏煤炭

明·于　谦

凿开混沌得乌金，藏蓄阳和意最深。

爝火燃回春浩浩，洪炉照破夜沉沉。

鼎彝元赖生成力，铁石犹存死后心。

但愿苍生俱饱暖，不辞辛苦出山林。

万欢的奶奶家就在矿区。小时候，爸爸就告诉他，煤炭是由远古植物遗骸埋在地层下，在地壳隔绝空气的压力和温度条件作用下产生的碳化石矿物。万欢还知道，在这首诗中，古人对"铁石"有一种误解，以为是铁石藏在地下变成了煤炭。因为知道了很多关于煤炭的知识，这首诗万欢读起来很有感觉。读了几遍诗句，万欢已经读懂了诗人对煤炭的赞颂。是呀，这出自山林的煤炭，给人们带来了光明和温暖，所以诗人才称它为"乌金"。

妈妈问万欢："欢欢，诗人只是为了赞美煤炭吗？"万欢想了想，说："我以前读过《石灰吟》，于谦借助石灰表达自己洁身自好、不畏艰险的志向。这首诗也是诗人在表达自己的情感吧！"

妈妈向万欢竖起了大拇指："欢欢，你说得对！这首咏物诗是诗人借煤炭来写自己，抒发自己为了'苍生俱饱暖'，甘愿为国为民鞠躬尽瘁、死而后已的抱负。妈妈希望你也做一个有担当的人，心中装着天下！"欢欢一脸严肃地看着妈妈说："妈妈，我长大了就当这样的人！"妈妈摸摸万欢的头说："咱们一起学习这首《听我说谢谢你》，用歌声和舞蹈致敬那些把爱洒满人间的人们吧！"

这真是一个快乐的晚上，万欢全家都上台表演，爸爸做的动作很滑稽，逗得万欢哈哈大笑。

我们也来一起做：

1. 在生活中，父母应该怎样引导孩子做一个有担当，心中装着天下的人？

　　2. 和孩子一起查阅资料，了解煤炭的形成和用途。

64　　乌米圆子味馋人

　　今天，妈妈和浩然决定做一道既可以强身健体又清香扑鼻的时节美食——乌米圆子。妈妈先从网上搜索了制作步骤，然后叮嘱浩然将需要准备的食材写在纸上：糯米 80 克，肉末 150 克，咸蛋黄 4 个，盐一小勺，小葱 2 根，乌米汁适量，料酒少许，姜末少许。

　　浩然先用网筛洗净糯米，然后取出咸鸭蛋中的咸蛋黄。浩然一边做，一边对妈妈说："妈妈，今天不用你帮忙，一会儿你品尝美食就行了！"妈妈乐呵呵地说："好啊，期待你的成果哦。"

　　接着，浩然往准备好的肉末中放入盐、料酒、小葱末和姜末，按照顺时针方向搅拌均匀，然后取出一点肉末将其压成圆形，包上咸蛋黄。接下来就是用肉末包裹住咸蛋黄，把肉圆揉成球状了。这一步妈妈和浩然一起合作。全部做完后，浩然将肉圆均匀地裹上浸泡过乌米汁的糯米，用手指轻轻按压表面，使糯米黏附住肉圆尽量不脱落。

　　浩然在蒸锅中放入水，看着大火煮开了，他把摆放好乌米圆子的盘子放进蒸锅。妈妈对浩然说："美食马上出锅了，你该整理操作台了！"浩然这才注意到，操作台上的餐具、食材摆得乱七八糟。妈妈提醒道："下次做饭的时候，用完的东西要及时整理，收拾得干净利索。"

　　浩然手忙脚乱地收拾完东西，嘴里一边答应着妈妈，一边跑到蒸锅前等着乌米圆子出锅。他几次想打开蒸锅看一看，妈妈都制止了。妈妈耐心地说："如果提前打开会让蒸汽跑掉，影响乌米圆子的味道。"浩然只好眼巴巴地等着。

等了 10 分钟，乌米圆子终于出锅啦！得到妈妈的允许后，浩然迫不及待地打开锅盖，一股米香扑鼻而来，尝一口，满嘴是米香，配上咸鸭蛋黄的味道，真是人间美食。

我们也来一起做：

和孩子一起制作乌米圆子，提醒孩子制作完美食后收拾餐具，养成良好的收纳习惯。

65   夏日消暑快乐多

快要过节了，妮妮的妈妈到乡下看姥爷。五月的乡下可真好，天气不冷不热，到处是绿草和鲜花。大人们在聊天，妮妮和弟弟捉蚂蚁，玩得好开心。

玩累了，妮妮来到屋子里喝水。她看见姥爷家客厅的墙上挂着一幅画，画上有一个正在捕鱼的人，旁边还写有一首诗。妮妮正看得出神，爸爸走过来告诉妮妮："这首诗是南塘后主李煜为这幅画写的题画诗，咱们一起念一念吧。"

渔　父

南唐·李　煜

一棹春风一叶舟，一纶茧缕一轻钩。

花满渚，酒满瓯，万顷波中得自由。

妮妮读了几遍，爸爸问妮妮："你感觉诗中写了哪些景物呢？"妮妮说："写了春风、小船、鱼钩、花、酒，还有一望无际的水波。"爸爸指着这幅画对妮妮说："你看，渔夫趁着春风，划着小船，随意钓鱼，累了便停留在湖中鲜花盛开的小岛上，斟满一壶酒来畅饮一番，多么快乐呀。这样的自由才是心灵的自由。"妮妮歪着脑袋说："爸爸，姥爷住在乡下一定也是想过属于他的自由生活吧。"爸爸笑着说："你自己去问姥爷吧。"妮妮一溜烟地跑到菜园里问正在忙碌的姥爷，姥爷笑眯眯地说："妮妮，这就是姥爷喜欢的生活呀，姥爷退休了，能过自由的生活最开心了！"

姥爷菜园里的菜正长得旺盛，妈妈提议："菜园里的苦瓜长得不错，妮妮，咱们用苦瓜来做一道夏日清凉美食吧！"妈妈摘了一根苦瓜，指导妮妮动手做了一道凉拌苦瓜的消暑菜。

中午全家人坐在桌前，妮妮的这道消暑美食赢得了大家的称赞。

我们也来一起做：

1. 你会怎样引导孩子想象诗中的场景，感受李煜的自由？

2. 和孩子说说自己朗读诗句时的感受，一起动手做一做凉拌苦瓜这道菜。

66　　喜看日月换新天

今天的晨读内容是毛泽东的《七律·到韶山》。

七律·到韶山

毛泽东

别梦依稀咒逝川，故园三十二年前。

红旗卷起农奴戟，黑手高悬霸主鞭。

为有牺牲多壮志，敢教日月换新天。

喜看稻菽千重浪，遍地英雄下夕烟。

爸爸先跟迪迪一起大声朗读了这首诗，接着给迪迪讲了残酷的战争年代，爸爸告诉迪迪，今天的美好生活是无数革命先辈经过艰苦卓绝的奋斗才换来的。这时，妈妈把香喷喷的饭菜端上了桌，爸爸一边盛饭一边说："迪迪，咱们现在过得这么幸福，这幸福的生活可是来之不易哦。将来创造美好未来的任务，就交给你们来完成了。"迪迪问："爸爸，你和妈妈现在也在创造美好生活吗？"妈妈说："对呀，爸爸妈妈努力工作，就是在创造美好生活。你们努力学习，也是在为创造美好生活做准备呢。"迪迪听着妈妈的话，用力地点了点头。

午睡之前，迪迪和爸爸妈妈一起读罗伦斯·安荷特的绘本故事《我为什么快乐》。妈妈根据绘本提出的 10 个问题来问迪迪，迪迪边读绘本边回答问题。读完绘本，妈妈问迪迪："迪迪，你有什么心里话想和妈妈分享吗？"迪迪高兴地和妈妈说了很多埋在心里的小心思，妈妈认真地听着，还告诉迪迪，她愿意每个星期抽出一天时间和迪迪分享心里的小秘密。

1. 想一想，怎样让孩子感受到自己身边也有很多人在努力创造美好的新生活。

2. 让孩子做一件有意义的事情，为自己的生活创造美好。

67   一花一叶总关情

一大早，爸爸就掀开嘟嘟的被子大喊道："儿子，快起床，太阳要晒到屁股啦！"嘟嘟的上下眼皮好像被胶水粘住一样，迷迷糊糊又要睡去。妈妈也推门进来："嘟嘟，今天我们要去郊游，再不起来就不带你了！"嘟嘟已好久没有和家人一起去郊游了，听到妈妈的话，他兴奋得从床上跳了起来。

妈妈说："咱们今天去植物园收集植物的叶子，然后制作成树叶标本，把大自然搬回家里。"到达植物园，嘟嘟迫不及待地冲在前面。新鲜的空气扑鼻而来，温暖的阳光照在身上，耳边传来鸟儿的歌唱，大自然太神奇啦！嘟嘟看见了慌忙逃窜的小松鼠，看见了各种各样的植物。各种植物的叶子千姿百态，嘟嘟越看越惊奇，每一片叶子他都想收集起来。最后，嘟嘟一家收集了两大袋叶子满载而归。

吃过晚饭，妈妈先找到一株完整的苜蓿枝，小心地擦拭干净，然后将其轻轻地摊开在 A4 纸上，接着又在上面盖了另外一张 A4 纸。嘟嘟也照着这样做，不过他选的是蒲公英。

　　妈妈将标本小心地移入报纸中，把报纸两端的开口钉上，又把一本厚厚的大字典压在标本上。嘟嘟问："为什么要把字典压在上面呢？"妈妈说："字典的重量可以帮助标本成型呀。"嘟嘟也找了一本厚厚的百科全书压在蒲公英标本上。妈妈叮嘱嘟嘟，不要频繁移动上面的书，这样会影响标本定型。

　　10 天以后，植物标本就制作完成了。在这个过程中，嘟嘟每天都把标本的变化记录下来。当他看到自己制作的蒲公英标本后，别提多开心了！

我们也来一起做：

　　1. 带孩子到野外收集植物的叶子，亲手制作标本，分享彼此的收获。

　　2. 和孩子去野外亲近大自然，观察大自然，采集花或者叶子，制作植物标本。

68　金黄枇杷味鲜美

晚饭过后，冉冉和爸爸一起诵读宋代诗人戴复古的《初夏游张园》，感受古人在初夏时节踏青游玩的快乐。

初夏游张园
宋·戴复古

乳鸭池塘水浅深，熟梅天气半阴晴。

东园载酒西园醉，摘尽枇杷一树金。

读完古诗，妈妈对冉冉说："今天大姨买了枇杷，给咱们带来一些尝鲜呢！"冉冉还没有见过枇杷，看着枇杷金黄金黄的，真惹人馋。她尝了一口，满口都是又甜又酸的汁水，味道美极了！妈妈对冉冉说："古人拿枇杷下酒，我们今天拿枇杷做好吃的果酱吧！"冉冉听妈妈要做果酱，乐得拍手叫好。

冉冉和妈妈在网上查找枇杷果酱的做法，开始备料。

冉冉把枇杷、苹果洗净去了皮和核，拿起刀就要切丁。妈妈赶紧对冉冉说："冉冉，枇杷中间的白色黏膜要撕掉，不然会影响果酱的口感。"这层白色黏膜撕起来有点麻烦，费了不少功夫，但是冉冉还是耐心地完成了挑战。接下来就是把果肉切成丁了，这次她有点儿着急，切出来的果丁有大有小，和妈妈切的放在一起差别很大，不过妈妈还是夸奖冉冉能干。切完果丁，冉冉又把冰糖加入其中，然后将柠檬切成片，倒入矿泉水泡制成柠檬水。

妈妈将腌制好的果丁放入锅中，加入柠檬水，用小火开始熬，不一会儿，锅里咕嘟咕嘟开始冒气泡了，一股酸甜的清香飘进屋里。冉冉等不及，拿小勺偷偷尝了一口，烫得她咝咝直吸气。妈妈笑着说："小馋猫，果酱熬得黏稠一点味道才是最好的！"冉冉做了个鬼脸，放下小勺，继续听果酱在锅里咕嘟。

终于熬好了，妈妈把果酱晾凉，倒入洗净的玻璃瓶，还不忘帮冉冉冲了一杯，冉冉喝着自己亲手制作的枇杷果酱水，甜甜地笑了。

我们也来一起做：

做好果酱的关键步骤有哪些？鼓励孩子动手独立完成果酱的制作。

69　一起分担才幸福

一下班回到家，多多妈妈就冲进厨房开始做饭了。她让多多帮忙剥葱捣蒜，多多忙着玩组装玩具，妈妈在厨房喊了好几遍多多也没有回应。妈妈只好找爸爸帮忙，可是爸爸坐在沙发上看手机，完全没听见。妈妈叹了口气，只好手忙脚乱地洗菜、择菜。

吃过晚饭，在妈妈的催促下，爸爸慢吞吞地去洗碗，边洗边小声嘀咕："忙了一整天，回家也休息不好。"

妈妈委屈地说："我也忙了一整天啊！"爸爸看见妈妈不高兴了，赶忙说："好好好，我洗！别为了一点家务活闹得不开心。"妈妈则和多多一起读起了绘本《朱家故事》。

爸爸洗完碗，也来一起听。故事真有趣，多多读到爸爸和儿子都变成了猪时，不由得哈哈大笑。读完故事，妈妈问："你俩觉得他们为什么会变成猪？"爸爸笑着说："这个故事是批评爸爸和儿子不干活呀。我懂了，今天的绘本其实是要教育我俩的，对吗？"妈妈说："家里每一个人都应该劳动，我们要一起分担，这样的家才是温暖的。"爸爸连连点头，说："我检讨自己，确实做得不好。多多，你也说说自己吧。"多多想起妈妈每次让他做什么，他都磨磨蹭蹭的，不好意思地脸红了。多多对妈妈说："妈妈，我也做得不好。"

妈妈听了爸爸和多多的话，乐呵呵地说："也不能光怨你俩，我也应该多和你们沟通。"

爸爸提议："咱们今天把家务活做一个分工，每人承担一点，好吗？"妈妈和多多愉快地同意了。多多把全家人商定好的家务分工做成了一张表，贴在了墙上。

这真是一个幸福、温馨、美好的夜晚。不知不觉，夜深了，一家人进入了甜美的梦乡。

我们也来一起做：

1. 对照故事进行反思，自己在家庭中分担家务了吗？如何让家庭成员都承担家务？

2. 制作家庭成员家务分工表，和孩子互相监督执行。

70 相亲相爱一家人

晚饭过后，爸爸去厨房洗碗，妞妞帮忙擦桌子，妈妈坐在沙发上一边翻着妞妞的作业本，一边问："妞妞，老师布置的作业都完成了吗？"妞妞噘着嘴说："今天是周五，我能放松一下吗？"

爸爸从厨房走出来，宠溺地看着妞妞说："可以，今天咱们一起看个电影吧！"妞妞激动地跳了起来："我来选！"

妞妞选好电影后，一家三口窝在沙发上，看起了妞妞期待已久的电影《哪吒》。

看到电影里妈妈找哪吒踢毽子，小哪吒特别开心的样子，妞妞扭头看看爸爸妈妈，小声说："爸爸妈妈，我也喜欢你们陪我一起玩。"爸爸握着妞妞的小手，点点头说："以后爸爸多陪你做游戏！"

看到李靖决定舍身救儿子的时候，妞妞忍不住用小手抹眼泪，妈妈拿着纸巾擦着眼角，爸爸的眼睛也湿润了……

电影结束了，爸爸把妞妞抱在怀里，抵着妞妞的额头说："妞妞，你永远是爸爸妈妈的宝贝，我们爱你！你有什么不开心都可以和爸爸妈妈讲，我们一定会陪着你！"

妈妈拉着妞妞的小手，含着泪说："宝贝，妈妈有时候对你大喊大叫，你能原谅妈妈吗？"

妞妞点点头，张开双臂抱住爸爸妈妈说："爸爸妈妈，我爱你们！"

我们也来一起做：

1. 如何营造温馨的家庭氛围，鼓励孩子敞开心扉和父母交流？

2. 和孩子一起探讨幸福家庭的模样，以及家里的每个成员应该为彼此做些什么。

71   消暑美食绿豆粉

快到中午了，爸爸说："今天是我和妈妈的结婚纪念日，咱们在家里做点什么呢？"妈妈提议："天气这么热，不如我们来做绿豆凉粉吧。"

说干就干，妈妈准备食材，爸爸和东东帮忙剥葱蒜。只见妈妈将一碗绿豆淀粉倒入一个盆里，加入5碗清水，再放入一些盐后开始将其搅拌成面糊。

接着，妈妈在锅里加入清水开火加热，等水沸腾的时候再把面糊倒入热水中，然后不停地搅拌。等面糊慢慢变成透明状，妈妈把火关了，然后把透明的面糊倒在盆里。

东东好奇地问："凉粉做好了吗？"妈妈看着迫不及待的东东温柔地说："我们现在开始准备蘸料吧，等盆里的凉粉晾凉了就可以吃了。"

爸爸拿来大碗，把葱蒜切碎放入大碗里，又加入生抽、酱油、香油、盐、辣椒油、醋，最后倒入纯净水。东东忍不住拿小勺舀了一点，尝了一口说："真香！现在可以吃了吗？"妈妈笑着说："小馋猫，凉粉还没有晾凉呢。"

过了一个多小时，妈妈把凉粉倒扣在一个大盘子里切成细长条，然后分成三份分别放入三个小碗里。爸爸将调好的料汁加了进去，赶紧招呼东东："小馋猫，搅拌均匀就可以吃了。"

东东一边吃一边说："妈妈，你做的绿豆凉粉太好吃啦。"看着还在厨房忙碌的妈妈，爸爸说："你赶快过来吃吧，待会儿我来收拾厨房。"

这时门铃响了，爸爸赶忙去开门。原来是爸爸订的鲜花送到了，爸爸将鲜花递给妈妈，笑着说："老婆辛苦了！"东东高兴地拍着小手说："祝爸爸妈妈结婚纪念日快乐哦！"

我们也来一起做：

1. 和孩子一起制作一道消暑美食。

2. 想一想，和孩子一起做美食对家庭的幸福和孩子的成长有什么意义？

72　　儿童散学归来早

　　"小娃撑小艇，偷采白莲回。不解藏踪迹，浮萍一道开。"浩浩坐在桌前摇头晃脑地读着古诗。不一会儿，浩浩说："妈妈，我背会啦。"妈妈走过来问："浩浩，你喜欢诗中的小朋友吗？"浩浩咧着嘴说："喜欢呀，这个小孩太有意思了，我也想和他一起划着小船去采白莲呢。"

　　妈妈笑着说："在古代，虽然没有现在那些新奇的玩具，也不能去游乐园玩耍，但他们的生活一样丰富多彩。我们一起从背过的古诗中找找他们都在玩什么吧！"

　　看着低头思考的浩浩，妈妈接着说："'儿童散学归来早，忙趁东风放纸鸢'描写的是春天放风筝的孩子们。"浩浩听了，眼前一亮，急忙说："'儿童急走追黄蝶，飞入菜花无处寻'写的是正在捉蝴蝶的孩子们！"

　　爸爸补充道："'蓬头稚子学垂纶，侧坐莓苔草映身'，你们看这钓鱼的孩子不也很快乐吗？"妈妈不甘示弱，马上接了一句："'日长睡起无情思，闲看儿童捉柳花'，我觉得捉柳絮的孩子也很开心。"浩浩灵机一动："瞧！吹短笛的牧童来了——'牧童归去横牛背，短笛无腔信口吹'。"妈妈笑着说："还有这句呢，'归来饱饭黄昏后，不脱蓑衣卧月明'。"爸爸说："我也想起一位牧童，'意欲捕鸣蝉，忽然闭口立'。"浩浩笑着说："原来在古代小孩的生活也这么有趣啊！"

我们也来一起做：

1. 这段时间，你和孩子一起感受到了夏天的哪些乐趣？最喜欢和最难忘的是什么？

2. 和孩子一起读一读、背一背这首晨诵诗歌，写一写、画一画夏天有趣的事情。

73　　使用空调有讲究

中午吃饭的时候，乐乐一边擦着额头上的汗，一边说："太热了，爸爸打开空调吧！"爸爸刚拿起遥控器，妈妈就冲乐乐说："乐乐，赶快去关窗户。"爸爸不紧不慢地对乐乐说："不急！先让空调吹一会儿再去关窗户。"乐乐疑惑地问："爸爸妈妈，我到底该听谁的？"爸爸笑着说："我们要等空调里面的污染物释放以后，再关闭门窗，这样就可以避免很多呼吸道疾病。"

爸爸一边设置空调温度，一边对乐乐说："夏天室内的空调温度设置成26℃是最合适的，这样既凉爽又不费电，还不容易生病。"

果然，空调开了后不一会儿屋里就凉爽了，乐乐闭着眼睛晃着脑袋说："啊，开空调真是太舒服了。夏天要是没有空调可怎么受得了啊？"妈妈却摇着头说："乐乐，夏天不能常吹空调，这样对身体不好。现在屋里不热了，让爸爸把空调关掉吧，过一会儿温度高起来再开。"

爸爸摆摆手说："夏天也不能频繁开关空调，这样不仅费电，还会缩短空调的使用寿命。空调使用三个小时后我们开窗通风一会儿。"

爸爸又对乐乐说："你去卫生间打一盆水放到空调下面的出风口。"妈妈看着爸爸："你这又是唱的哪一出啊？"

爸爸耐心地说："夏天长期待在空调房里，冷空气会带走皮肤和呼吸道中的水分，使皮肤干燥，嗓子也会觉得干痒。所以在出风口放一盆水，能有效地缓解眼干和皮肤干燥的症状。"

乐乐瞪大了眼睛，说："原来使用空调还有这么多讲究啊！"爸爸摸着乐乐的小脑瓜说："对呀！你还可以查一查空调制冷制热的原理。"

听了爸爸的话，乐乐高高兴兴地端来一盆水，放到了空调的出风口下面，然后跑去查找空调制冷制热的资料，并把今天的收获写在了暮省日记中。

我们也来一起做：

1. 使用空调需要注意哪些事项？和孩子一起讨论一下吧。

2. 和孩子一起学习空调的正确使用方法，掌握生活中节约用电的小知识。

74   凉拌秋葵促食欲

"懒摇白羽扇，裸袒青林中。脱巾挂石壁，露顶洒松风。"丫丫坐在桌前懒洋洋地读着诗。妈妈提醒丫丫："丫丫，打起精神来，好好背诗。"丫丫撇撇嘴说："李白都'懒摇白羽扇'，干吗要我好好背啊，我也想偷偷懒。"妈妈听了哭笑不得："你可真会挑字眼，你知道这首诗讲的是什么吗？"

"我知道，因为天太热，他撸起袖子，撩起衣襟，将头巾摘掉挂在了石壁上，李白可真会享受啊。"说完，丫丫调皮地躺在沙发上，跷起二郎腿，逗得爸爸也笑了。

傍晚，丫丫和妈妈一起准备晚饭。妈妈提议："丫丫，我来熬粥、烙饼，你做凉拌秋葵吧！"

丫丫按照妈妈的吩咐，洗干净秋葵，剥好蒜。妈妈不忘提醒丫丫："等水开的过程中，你可以把蒜和小米椒都切好。记得切的时候一定要小心哦。"丫丫小心翼翼地切好了小米椒和蒜末。

这时锅里的水开了，妈妈指挥丫丫把洗干净的秋葵放进去，焯水一分钟后将秋葵捞出来，再切成厚片。看着手上和刀上粘的黏糊糊的东西，丫丫好奇地问妈妈："这黏糊糊的是什么呀？"妈妈说："这是秋葵特有的黏蛋白，它能保护胃壁，还能促进胃液分泌，提高食欲，改善消化不良，秋葵可是营养保健蔬菜呢。"

丫丫把切好的秋葵放到碗里，又按照妈妈的提示依次加入小米椒、蒜末，又加入生抽、醋、盐、鸡精和辣椒油。丫丫一边搅拌，一边嗅了嗅鼻子说:"真香啊。"

饭菜刚刚端上桌,爸爸正好下班回来了。丫丫赶紧拉着爸爸来到餐桌旁说:"爸爸,快来尝尝我做的凉拌秋葵。"爸爸尝了一口,冲丫丫竖起了大拇指,丫丫高兴地笑了。

我们也来一起做:

1. 想一想,还可以和孩子做哪些让炎热的夏天变得更加舒适惬意的事呢?

2. 选择一处清凉景点,做一个出行攻略,带着孩子一起出行避暑。

75   蜂舞鸟鸣夏日长

吃完午饭,妈妈拿来一本绘本说:"今天我们来读绘本故事《夏天来了》"。乐乐拿过书,咯咯地笑出声来:"妈妈,小蜜蜂是落在小猫咪的嘴巴上了吗?"妈妈看着封面也笑了:"那是小猫咪在看小蜜蜂在空中飞舞呢!"

轻轻地翻开绘本,乐乐和妈妈认真地读了起来。看到鸟儿在唱歌这一页,乐乐抬起头说:"我也常常听到鸟儿在树上唱歌呢。"当妈妈读到"你能像蜜蜂一样发出'嗡嗡'的声音吗"时,乐乐一边发出"嗡嗡"的声音,一边挥着手臂,边跑边说:"妈妈,我也会像小蜜蜂一样'嗡嗡'地叫,我还要去采蜜呢。"

乐乐直到"飞"累了才坐下来。看着看着，乐乐又激动地叫了起来："我也想去海滩上玩儿，光着脚丫去海边走走，还要去挖沙子、堆城堡，我还要去捡贝壳呢。"妈妈摸着乐乐的脑袋轻声说："你可以把自己的想法画下来。"

当妈妈读到"你能像光线那样伸展自己的身体吗"一句时，乐乐马上张开双臂，高高地踮起脚尖说："我能！我能！"

乐乐最感兴趣的是"冰岛的夏天非常有趣，几乎整整一个晚上，太阳就是迟迟不肯落山"。他睁大眼睛，好奇地问妈妈："为什么太阳一晚上也不落山呢？"妈妈说："这种现象叫极昼，也叫白夜。只有南极和北极才会看到。你感兴趣的话还可以查一查相关资料哦！"

晚上，乐乐抱着自己的画本说："我要画一本《我的夏天》。"

我们也来一起做：

1. 孩子眼中的夏天是什么样子的？在夏天孩子最想做什么事情呢？

2. 鼓励孩子试着创作自己眼中的夏天，画一画，写一写。

76　　接天莲叶无穷碧

　　清晨，洋洋和爸爸去公园锻炼。看着满池盛开的荷花，爸爸笑着问洋洋："洋洋，你还记得咱们背诵的描写荷花的诗吗？"洋洋歪着脑袋想了想，眼睛一亮："接天莲叶无穷碧，映日荷花别样红。"紧接着，洋洋兴奋地说："泉眼无声惜细流，树阴照水爱晴柔。小荷才露尖尖角，早有蜻蜓立上头。"爸爸也跟着说道："荷叶罗裙一色裁，芙蓉向脸两边开。"说完，父子俩会心一笑。

　　站在荷塘边，爸爸说："今天我们再来学一首李清照的词《如梦令》，'常记溪亭日暮，沉醉不知归路。兴尽晚回舟，误入藕花深处。争渡，争渡，惊起一滩鸥鹭。'"

　　洋洋跟着爸爸读了两遍，爸爸告诉洋洋："李清照有'千古第一才女'之称，这首词是她年轻时的作品，写她在一个盛夏的傍晚，醉酒后乘着小舟，误入藕花深处的事情。"洋洋笑着说："还惊起了藏在池塘中的水鸟呢！"

　　午睡后，妈妈提议一起折纸蝉。洋洋和妈妈每人准备了一张彩色的正方形纸。妈妈先将正方形纸沿着任意一条对角线对折，洋洋也跟着对折起来。接着，妈妈又将下边的两个角分别向中心折起，然后再把两个角折下来，洋洋一步步地照着折好。看着洋洋额头、鼻尖上都渗出了汗，但还是耐心地折着，妈妈竖起大拇指夸赞道："洋洋真棒！"跟着妈妈的节奏，洋洋折得越来越熟练了，很快蝉的形状就出来了，妈妈告诉洋洋："现在我们只需画上眼睛，一只蝉就折好了。"

洋洋拿来彩笔，迫不及待地画上了眼睛。

这个夏日里，读诗词、做手工，洋洋过得很充实。

我们也来一起做：

1. 想一想，如何让孩子发现夏天那些奇妙的事物？

2. 陪孩子背诵有关"荷花"的诗词，或者折一个纸蝉送给家人。

77　冰粉清凉又爽口

今天的晨读内容是苏舜钦的《夏意》，丁丁读了两遍古诗，又完成了计算和读书作业。她觉得好无聊，妈妈提议一起做冰粉，丁丁兴奋地跟着妈妈进了厨房。

妈妈找来一袋冰粉，吩咐丁丁拿出家用电子秤，先称出 15 克冰粉。"接下来还需要准备 1000 毫升的水，我们用两瓶纯净水吧。"妈妈从冰箱里拿出两瓶水放在灶台上。

丁丁打开火，往锅里倒入纯净水。水开了，妈妈让丁丁小心地把水倒入盆里，然后把冰粉一点点倒进开水里，还嘱咐丁丁拿着小勺不停地搅拌。搅拌均匀后，丁丁问妈妈："接下来做什么？"妈妈回答："先放到一旁，晾凉后再放进冰箱。"丁丁好奇地问："妈妈，冷藏多长时间才能吃啊？"

看着丁丁一脸的馋样，妈妈笑了："还得一个多小时呢！现在你也不能闲着，我们开始做下一步工作。"

丁丁遵照妈妈的吩咐，先烧一点开水备用，然后在碗里放入 1 勺红糖，倒入半碗开水，红糖水就做好了。妈妈又准备了枇杷果丁和薄荷水。

看着准备好的食材，丁丁迫不及待地问："妈妈，现在可以吃了吗？"妈妈笑着说："冷藏的时间还不够，再等等。"

终于等到妈妈把冰粉端了出来，真神奇，之前还是一盆水，现在却变成了果冻状。丁丁将准备好的辅料加进去搅拌了几下，舀一勺放进嘴里："哇，清凉可口，太美味了。"

晚上，丁丁拿出暮省日记本，把做冰粉的过程和感受记了下来。

我们也来一起做：

1. 怎样才能和孩子做好冰粉？需要注意什么？
2. 和孩子做一道夏天的清爽美食。

78   田野举行演唱会

晚饭过后，爸爸妈妈带着妞妞下楼散步。他们手牵手漫步在月光下，花园里的人很少，妞妞一家三口坐在凉亭里，看着天上繁星点点，听着草丛里蝉儿鸣叫。忽然，妞妞激动地指着草丛里的亮光大叫："妈妈，快看，好多的萤火虫！"妈妈拿出手机，边拍照边说："那首有趣的儿歌《夏夜演唱会》，你还记得吗？"

妞妞背了起来："夏夜里，风儿吹，田野举行演唱会。萤火虫，提灯飞，要把会场来点缀。青蛙歌星歌声美，蟋蟀伴奏当乐队。星星粉丝真陶醉，整整一夜都没睡。"

爸爸听了，打趣地说："妞妞，你能说一下这首儿歌的内容吗?"妞妞开心地说："夏夜的演唱会上，萤火虫是灯光师，青蛙当了大歌星，乐队伴奏的却是蟋蟀，最有趣的是粉丝竟然是星星。"爸爸问："这夏夜的演唱会还有谁来参加?"妞妞歪着脑袋，掰着手指说："还有蚂蚱、蜘蛛、猫头鹰……"妈妈笑着说："妞妞你也来当小歌星参加夏夜演唱会吧，我和爸爸给你伴奏，星星也是你的忠实粉丝啊。"妞妞听了，高兴地唱了一首《小星星》。

回到家里，爸爸打开电视说："我们来看电影《龙猫》，一起感受电影中那个美丽的夏天吧。"一家人安安静静地坐在沙发上，陶醉在这个温馨的故事里。

我们也来一起做：

1. 与孩子读一读这首儿歌，想一想还有哪些地方可以启发孩子去想象?

2. 让孩子把自己的感受写成一段话，或者画一幅画记录下来。

79   跟着音乐动起来

吃过晚饭，豆豆帮妈妈收拾桌子，洗了碗筷。妈妈拿出 4 个盘子放在了餐桌上。豆豆好奇地问："妈妈，您摆盘子干什么呀？"妈妈说："咱们玩音乐节奏游戏。你去找 4 块红色的积木，4 块绿色的积木。"豆豆兴冲冲地找来积木坐在妈妈的对面。

妈妈打开手机播放音乐，示意豆豆跟着节奏打节拍。豆豆跟着节奏时而拍手，时而拍腿。音乐播放完了，妈妈示意豆豆："下面我要增加游戏的难度了。我们用红色积木表示拍手，绿色积木表示拍腿。我跟着节奏往盘子里放积木，你跟着节奏做动作。如果盘子里什么也不放，你就空手指着盘子。我们先来试一试吧。"

豆豆目不转睛地盯着盘子，妈妈笑着摇了摇头说："不用这么紧张，跟着音乐的节奏做动作就可以了。"音乐响起来，妈妈跟着节奏放积木，豆豆有时候拍错了手，有时候又忘了指盘子。音乐结束了，豆豆不好意思地看着妈妈，妈妈摸了摸豆豆的小脑袋说："我们再练习一遍。"两遍过后，豆豆就跟上了妈妈的节奏。

伴随着轻快的音乐，豆豆的节奏掌握得越来越好，动作也越来越协调了。后来他们互换角色，豆豆来摆放积木，妈妈来打节奏。不知不觉一个小时过去了，妈妈提醒豆豆："我们该休息了。"豆豆还意犹未尽，他边帮妈妈收拾东西边说："明天爸爸回来，我们带他一起玩！"

我们也来一起做：

1. 想一想，亲子游戏可以给家庭带来哪些益处？

2. 鼓励孩子将亲子游戏的过程和收获在暮省日记中记录
下来。

80　欢声笑语读童谣

　　午饭后，妈妈找来一本有趣的童谣《外婆桥》，一家三口坐在沙发上轮流读了起来。翻到《看谷佬》这一页，乐乐指着图片上的稻草人说："原来看谷佬就是稻草人啊。"妈妈说："是啊，每到秋天，农民伯伯为了赶跑来田里偷吃粮食的麻雀，总要扎个草人。你听我和爸爸给你读吧。"听到爸爸妈妈用方言读着《看谷佬》，乐乐笑得在床上直打滚。爸爸妈妈读完了，乐乐嚷着要和妈妈一起读，读完后又缠着和爸爸一起读。爸爸拍拍他的背，说："好了好了，今天就读到这儿吧！"

　　妈妈看着意犹未尽的乐乐说："我再来读一首《小孩儿》。"乐乐听到"又打醋，又买盐，又娶媳妇，又过年"这一句，捂着嘴笑了起来。"哎呀，谁编的这首儿歌呀，太好笑了。爸爸，下一首该你读了。"爸爸故意一本正经地读道："杨树叶儿，哗啦啦，小孩儿睡觉找他妈。乖乖宝贝儿——你睡吧，麻胡子来了我打他！"读完后，爸爸也忍不住笑着说："好啦，你该找妈妈睡觉了，麻胡子来了我打他。"乐乐又忍不住哈哈大笑起来。

一本童谣在笑声中不知不觉读完了，妈妈摸着乐乐的头说："好啦，我们该午休了。"乐乐抱着书说："妈妈，明天我们再读一遍《外婆桥》，不对，每天睡觉前我都要读一遍，太有趣了。"

我们也来一起做：

1. 和孩子诵读童谣时，你回忆起了什么？联想到了什么？
2. 和孩子共同创编一首童谣。

81　开开心心焗番茄

最近乐乐迷上了童谣，每天早晨起来都会读童谣。

早上，妈妈对乐乐说："今天妈妈又找了一首新的童谣，快来读一读吧。"乐乐跑到书桌旁读起来："小姑娘，荡秋千，一荡荡到云里边。摘朵白云当裙子，摘朵红云当披肩，摘朵黑云做什么？做双皮鞋翘上天。"乐乐边读边露出神往的表情："妈妈，我也想把秋千荡到云朵里去，我也想摘到云朵，我要摘朵白云做成棉花糖，摘朵红云做一束漂亮的花儿。"看着乐乐兴致勃勃的样子，妈妈说："行，星期天你就约上好朋友去荡秋千。现在赶快读熟童谣，待会儿妈妈要教你做一道好吃的菜——焗番茄。"乐乐好奇地盯着妈妈："焗番茄好吃吗？做起来难吗？"妈妈笑着说："不难，待会儿你跟着妈妈一起操作吧！"

妈妈和乐乐先准备好了食材：番茄、培根、洋葱、鸡蛋、盐、黑胡椒碎和奶酪丝。妈妈把番茄顶部切去一小块，乐乐用勺子将番茄掏空。妈妈把洋葱切碎，乐乐也切了培根。看着妈妈切的洋葱碎大小均匀，自己切的培根有大有小，乐乐不好意思地吐了吐舌头，又耐心地将培根丁重新加工了一次。

在妈妈的指导下，乐乐先把鸡蛋打散，然后把洋葱碎、培根丁、盐和黑胡椒一同搅拌均匀。妈妈提醒乐乐："把蛋液倒入掏空的番茄中时，不能倒得太满哦！"乐乐手忙脚乱地完成了任务，妈妈又在上面填满奶酪丝，小心地将番茄放进烤箱里。

焗好的番茄从烤箱里端出来了，乐乐拿着小勺，边品尝边赞不绝口："妈妈，这个比番茄炒蛋好吃多了！"

我们也来一起做：

1. "焗"和"蒸"不同，想一想还可以用"焗"这种方法做哪些食物？

2. 和孩子一起做一道好吃的菜——焗番茄，让孩子把制作的过程和感受写在暮省日记里。

82   江南芒种田家候

诵读时间到了，豆豆揉着惺忪的睡眼坐在桌前。爸爸走过来说："今天是芒种，时间过得可真快啊！"豆豆不解地看着爸爸："'芒种'是什么呀？"爸爸说："'芒种'是二十四节气中的第九个节气，也称为'忙种'。'芒种'的到来预示着农民伯伯开始了忙碌的田间生活。

今天我们就来读一首有关芒种的诗歌吧。"

五律·芒种节

芒种忙忙割，农家乐启镰。

西风烘穗海，机械刈禾田。

税赋千年免，粮仓万户填。

麦收秧稻插，秋囤再攀巅。

豆豆好奇地问："爸爸，你割过麦子吗？"爸爸说："我十几岁的时候就和爷爷奶奶下地割麦子了。天气很闷热，火辣辣的太阳在头顶烤着，割一会儿麦子，身上的衣服就都被汗浸湿了。"豆豆说："天那么热，为什么不穿短裤短袖啊？"爸爸摇着头说："我们宁可被捂得一身汗，也不能露胳膊露腿，被麦芒划伤会更难受。"豆豆继续追问："'麦芒'是什么？很可怕吗？"爸爸说："麦芒就是麦子上的细刺，扎在身上可疼了，芒种时节正是地里最忙的时候。那时候为了抢收麦子，我和爷爷奶奶中午都不回家，带着烙好的饼子在地里啃几口，喝点凉水就接着干活。"豆豆听了惊叹道："你们可真辛苦啊！"爸爸说："是呀，我们的幸福生活其实需要很多劳动者的辛勤付出，我们要懂得感恩和珍惜啊。"豆豆在心里默默地记住了爸爸的话。

晚上，豆豆把今天的收获记录在了暮省日记上。

我们也来一起做：

1. 想一想，我们应该怎样让孩子懂得生活中的事物来之不易，以及如何尊重辛勤付出的劳动者呢？

2. 以身作则，在生活中勤俭节约，用自己的行动影响孩子，尊重辛勤的劳动者。

83   知了声声唱童年

阿明放学一回到家就听到客厅里有歌声传来：

池塘边的榕树上，知了在声声叫着夏天。

操场边的秋千上，只有蝴蝶停在上面。

……

原来是刚下班的老爸在唱歌。别说，虽然是老歌，但挺好听的。阿明问爸爸这是什么歌，爸爸说："阿明，这是爸爸小时候听的歌，叫《童年》。"

阿明点点头说："爸爸，您能教我唱这首歌吗？"

"当然可以喽！"爸爸笑着说。

一个小时过去了，阿明还没学会，唱得走调不说，连歌词都唱不通顺。

正在阿明灰心丧气时，爸爸鼓励道："阿明，我们可以先理解歌词，体会情感，最后再带着情感唱。"

"来，第一句'池塘边的榕树上，知了……'。"

阿明突然问："爸爸，'知了'是什么？"

"怪不得你理解不了，你们这个年代的小孩在城市里连'知了'都见不到了。爸爸的童年有趣多了，有跳皮筋，滚铁圈，斗蛐蛐……"

"那是些什么游戏，怎么玩呀？"阿明有点疑惑。

爸爸摸摸阿明的脑袋，笑着说："阿明，坐下来，我慢慢讲给你听……"

听完爸爸的介绍，阿明羡慕地说："爸爸，我真想不到您的童年竟然有那么多好玩、有趣的游戏！"爸爸说："你猜不到的事情还有很多呢！"

"爸爸，我好想玩您童年的游戏呀！"阿明一脸期待地看着爸爸。

"行，等周末爸爸就陪你体验一下。"爸爸笑着回应。

《童年》的旋律缓缓地响了起来，阿明在悠扬的歌声中进入了梦乡……

我们也来一起做：

和孩子聊一聊自己的童年趣事，学唱歌曲《童年》，感受美好的童年时光。

84   蜗牛黄鹂对话忙

吃过早饭，窗外阳光正好，鸟儿在树枝上歌唱。这场景一下子把妈妈拉回了童年，她记得小时候最爱听的儿歌是《蜗牛与黄鹂鸟》，就忍不住哼了起来。

嘟嘟对妈妈说："妈妈，您唱的这首歌可真好听呀。"

妈妈对嘟嘟说："嘟嘟，你想学这首歌吗？""当然了，我想很快学会。"嘟嘟响亮地回答。

妈妈先把这首儿歌编成故事给嘟嘟讲了一遍：春天来了，葡萄树发芽了，黄鹂鸟从远处飞来，落在葡萄树上叽叽喳喳地聊起天来……嘟嘟打断妈妈的话问："妈妈，黄鹂鸟是不是在问葡萄什么时候才能吃呀？"

看着好奇的嘟嘟，妈妈笑着继续讲故事："两只黄鹂鸟正开心地聊天，突然看到一只小小的蜗牛背着重重的壳正沿着葡萄树的根部，一步一步艰难地向上爬。黄鹂鸟特别好奇，就问蜗牛：'小蜗牛，葡萄树才刚刚发芽，你现在爬上来干什么？'"一旁的嘟嘟同样好奇，这时爸爸模仿着蜗牛的语气说："我和你们不一样，我爬得比较慢，等我爬上去的时候，葡萄就会成熟了。"嘟嘟笑着说："小蜗牛好聪明呀！"妈妈回应道："是呀，小蜗牛知道自己爬得慢，所以它提前出发，一步一步地向上爬。只要小蜗牛坚持向上爬，就一定能吃到葡萄。"

嘟嘟激动地拍着手说："我相信小蜗牛一定可以成功的！"妈妈知道嘟嘟已经听懂儿歌中蕴含的道理后，就陪着她一句一句地学起来。

不一会儿，嘟嘟就能顺利地跟着唱了，妈妈高兴地为嘟嘟鼓掌！

我们也来一起做：

和孩子一起唱这首歌，给孩子传递儿歌中的哲理，为《蜗牛与黄鹂鸟》配上插图，表达出自己的理解和收获。

85   绕池闲步看鱼游

早晨，妈妈邀果果晨诵时，果果的兴致并不高。果果好像对古诗不感兴趣，妈妈决定从《观游鱼》这首诗入手，培养果果对古诗的诵读兴趣。

"果果，你还记得咱们去海洋馆的事吗？"妈妈问。

果果立即回答："当然了，海洋馆可好玩啦！那里有各种各样的小鱼，还有海豚呢！"妈妈看着果果的兴致正高，就说："果果你知道吗？有一天白居易闲来无事也去看鱼了呢！"果果一脸惊讶地问："妈妈，古代也有海洋馆吗？"妈妈笑着告诉果果："不是只有海洋馆才有鱼哦。"果果一听立马来了兴趣，于是妈妈和果果读起了白居易的《观游鱼》。

果果看到不认识的字又不想读了，妈妈鼓励果果："咱俩一起读，你可以在任何一个地方停下来，只要你停我就接着读，如果我停你就接着读可以吗？"果果点头答应。刚读完第一句，果果就高兴地说："原来白居易是在池塘边观赏小鱼呀。"妈妈答道："是呀，果果真聪明！"听到夸奖后的果果对古诗诵读的兴致越来越高，就这样果果和妈妈顺利地读了好几遍。

读完后，妈妈问果果："你喜欢鱼吗？""喜欢呀，鱼小小的，全身滑溜溜的。"果果答道。妈妈继续追问："你是给小鱼喂食物呢，还是把它钓上来呢？"果果说："我会给它喂食物，让它在自己的家里吃饭，这样小鱼吃饱后就可以在家里玩了。"听了果果的回答，妈妈笑了。

我们也来一起做：

　　和孩子一起读一读今天的古诗和故事，鼓励他（她）把自己的收获写下来。

86　彩色太阳照大地

　　早晨，乐乐刚醒来，便看见一缕阳光从窗帘的缝隙里照了进来。这缕阳光太刺眼，乐乐连忙让妈妈拉上了窗帘。

　　这时，乐乐突发奇想，他问爸爸妈妈："太阳究竟是什么颜色？"

　　爸爸妈妈也被乐乐问得摸不着头脑了。于是，妈妈随口说："应该是红色的吧。"乐乐眼睛一转，又问："红色是这个样子吗？我彩笔盒里的红色不是这样啊。"

　　爸爸接着说："不是红色的，太阳是黄色的。"乐乐又提出疑问："我见过黄色，国旗上的五角星是亮黄色的；我们家窗台上的菊花是浅黄色的；我们吃的蛋黄是深黄色的；稻谷成熟是金黄色的，太阳的黄色是哪一种呢？"

　　这时，爸爸灵机一动，对乐乐说："乐乐，遇到不懂的问题我们就要去探究，和爸爸一起在网上查一查吧！"乐乐拉起妈妈的手，和爸爸一起围坐在了电脑前。"爸爸找到了一篇散文诗《四个太阳》，我画了个绿绿的太阳……"爸爸率先读了起来，乐乐也忍不住跟着读了起来。

乐乐读得高兴极了，边读边把彩笔拿出来，当爸爸和乐乐读到"我画了个绿绿的太阳"时，乐乐就在纸上画个绿色的太阳；当读到"我画了个金黄的太阳"时，乐乐就在纸上画个金黄色的太阳……

爸爸见乐乐饶有兴趣，便问："乐乐，现在你觉得太阳是什么颜色？"乐乐自信地说："我喜欢什么颜色，它就是什么颜色。"随后，乐乐和爸爸妈妈哈哈大笑起来。

我们也来一起做：

和孩子拿起手中的画笔，尽情画出自己想象的世界，和孩子一起重温美好的童年。

87　文言文中悟童趣

豆豆一觉醒来已经八点了，妈妈笑着问豆豆："昨天下午在外边玩什么了？累的我们豆豆回家倒头就睡，一觉睡到大天亮。"

豆豆说："昨天，我和小伙伴磊磊、轩轩、依依去屋子后面的草地上捉蚂蚱、吹蒲公英。"

妈妈又问道："玩得怎么样啊？"

豆豆一脸兴奋地说："太好玩了，就是磊磊老往我脸上吹蒲公英，怪痒痒的。"

妈妈摸了摸豆豆的头说："磊磊一定也玩得很开心，觉得蒲公英的绒毛很有趣，想和你一起分享。"

妈妈牵着豆豆的手坐到书桌前，翻开《童趣》一文读了起来，开启了晨诵之旅："余常于土墙凹凸处，花台小草丛杂处……"

豆豆读的时候磕磕巴巴的，有好多句子也不明白，他嘟着小嘴问妈妈："这篇文章和我平时学的不一样啊，太难读了。"

妈妈解释道："这是文言文，和白话文有所不同，读的时候需要注意停顿。"于是，妈妈又和豆豆一起给文言文划分了节奏，还耐心地给豆豆解释这篇文言文的意思。

豆豆恍然大悟，想起昨天和小伙伴捉蚂蚱的场景跟这篇文言文描写的有相似之处，豆豆高兴地和妈妈说："这篇文言文里讲的趣事与昨天我和磊磊、依依捉蚂蚱的经历一样。"

我们也来一起做：

和孩子边读文言文边想象其中描写的画面，鼓励孩子把和小伙伴一起玩耍时的快乐情景记录下来。

88   色彩运动玩起来

"佳佳，去动物园的东西准备好了吗?"晚上，妈妈边收拾厨房边问佳佳。

"全都收拾好了。"佳佳拍了拍自己的书包说。

明天一早全家人要去动物园，晚上佳佳早早地就进入了梦乡，生怕明天起晚了耽误自己和动物见面。

第二天一大早，佳佳第一个起来，可是拉开窗帘一看，发现天阴沉沉的，还下着小雨。

"不好了，不好了，今天下雨了！"佳佳大声喊道。

爸爸妈妈被佳佳的喊叫声吵醒，爸爸打了个哈欠说道："怎么回事，昨天天气预报明明说今天是大晴天呀。"

"这可怎么办啊，我早就盼着要去动物园了！"佳佳都快急哭了，眼里泛起了泪花。

可窗外的雨越下越大，这时妈妈安慰佳佳："我们做个家庭小游戏——色彩匹配运动吧！"说着便行动起来。

妈妈和爸爸找来各种颜色的卡纸，将它们剪成了三角形、方形、圆形、五角形等各种形状，然后让佳佳把这些卡纸摆放在客厅的地板上。佳佳不解地看着妈妈，妈妈笑着说："你脱掉鞋子，从方阵的这一边跳到那一边，但是只可以踩相同颜色或形状的卡纸哦。也可以爬行，用手去触摸相同色彩或形状的卡纸。"佳佳听后兴冲冲地脱掉鞋子，高兴地叫着："那我先跳红色的卡纸，爸爸妈妈你们也来跳！"爸爸笑着说："待会儿听我口令，你要跟着口令跳，敢接受挑战吗？"佳佳大声回答："没问题。"

一家三口玩了整整一上午，屋里充满了欢声笑语。

我们也来一起做：

引导孩子把和爸爸妈妈一起玩游戏的过程，用喜欢的方式记录下来，并把自己的感受写在暮省日记里。

89　水果拼盘有创意

午饭后，妈妈提议："今天我们一起学做一个水果拼盘吧。"诗诗激动地拍手叫好。

妈妈从冰箱里拿出甜瓜、火龙果、杧果、樱桃、油桃，让诗诗把水果洗干净，再用挖勺器将甜瓜挖成一个个小球。诗诗觉得这项任务简单又好玩，便迫不及待地做了起来。妈妈则在一旁将樱桃切成两半，去掉果核。爸爸拿着火龙果问："这个需要怎么切？"妈妈笑着说："一部分果肉切成小三角形，另一部分果肉挖成球形。哦，外面的叶子不要弄坏，一会儿还要用呢！"

"诗诗，现在我们就来开动脑筋，摆出漂亮的图案吧。"妈妈递给诗诗一个盘子，然后将油桃切出两小片叶子形状，用六个甜瓜球摆出花朵的形状，接着将火龙果叶子修剪之后，取半颗樱桃当花心，一朵漂亮的花就呈现了出来。诗诗惊叹道："妈妈真是太厉害了，我也要试试！"她用三颗火龙果球摆成一朵花，用樱桃当花心，也学着妈妈的样子拿火龙果的叶子当花茎，用切下来的油桃当叶子，爸爸看了竖起大拇指夸赞道："诗诗摆的花也好看。"说完，爸爸用圆形杧果做成一朵向日葵，诗诗看了连连拍手叫好，妈妈又将三角形的火龙果放在盘子底部做装饰。

看着大家精心制作的果盘，诗诗感叹道："原来做水果拼盘并没有想象中那么难，只要开动脑筋，每个人都可以做出既好看又好吃的美食，下周我们再来做一次。"爸爸妈妈欣慰地点了点头。

我们也来一起做：

　　家长和孩子一起完成今天的水果拼盘，鼓励孩子以日记的形式把制作过程记录下来。

90　夏日美味冰激凌

　　从早晨醒来，米豆就一直惦记着制作冰激凌的事。吃完午饭，米豆催着爸爸妈妈赶快制作凉爽可口的冰激凌。妈妈先准备了一大堆食材：鸡蛋、细砂糖、低筋面粉、黄油、黑巧克力、鲜奶油、草莓、炼乳、盐。米豆吃惊地说："做冰激凌需要这么多东西吗？"妈妈边打鸡蛋边说："今天做一次你就知道做美食的艰辛了。"妈妈让米豆把草莓洗干净，又吩咐爸爸把草莓切片，熬制一些草莓酱。

　　米豆看着妈妈将搅拌好的面糊在平底锅中摊成薄饼，又趁热卷成圆筒状，放在一边的小玻璃瓶上。他好奇地问这是为什么，妈妈告诉米豆这就是冰激凌外面的脆皮筒。接着，妈妈递给米豆一把刷子，让他把刚刚融化的黑巧克力刷到脆皮筒的里面。看着米豆疑惑不解的眼神，妈妈解释道："刷上巧克力之后，会隔绝空气中的湿气，脆皮筒吃起来会比较脆一些。"

　　爸爸把熬制好的草莓酱加进炼乳和盐中搅拌均匀，做好后放在一边晾凉。妈妈把打好的鲜奶油和晾凉的草莓酱混合在一起，米豆小心地把这些搅拌好的糊糊装进做好的脆皮筒中。妈妈说："放到冰箱冷冻 6 小时后，咱们就可以享用美味的草莓冰激凌了。"

晚上，一家人边看电影边吃着美味的冰激凌，米豆舔舔嘴唇说："好吃的东西真是不好做啊！"妈妈笑着说："好吃的东西也不能贪吃哦！"

我们也来一起做：

和孩子一起制作冰激凌，感受亲子活动的乐趣。

91　心中藏着小秘密

早晨，妈妈在厨房做早餐，突然听到"啪"的一声，花盆摔到了地上，这已经是这个星期静静第二次把妈妈心爱的花盆打碎了，阳台上满地狼藉。

妈妈看到这一幕生气地说："我当时就不应该把你从垃圾桶里捡回来！"

静静立刻反驳道："不对，不对，妈妈，您上次说我是从花盆里长出来的，所以我想看一下这么小的花盆，我究竟是怎么长出来的？花盆里会不会有我的弟弟妹妹，我想……"妈妈看着一脸天真的静静无奈地笑了。

在书房的爸爸听到后，悄悄地把静静拉到房间里，小声地对静静说："你是我们的宝贝女儿，怎么会是捡来的呀！我来告诉你一个秘密。咱家只有妈妈和我们不是一个姓，你说谁是捡来的？这个秘密可不能告诉妈妈哦。"

　　静静听了爸爸的话，觉得妈妈好可怜啊。她走出房门，发现妈妈正在阳台处理"残局"。

　　"妈妈，我保证再也不调皮了，以后也会帮着您一起做家务。"看着静静认真的样子，妈妈觉得有些不可思议，气一下子全消了，问道："爸爸和你说了些什么？"静静拉着妈妈的手，对妈妈说："爸爸告诉我一个秘密，现在我要把这个秘密讲给您听。"妈妈听了静静的讲述，笑得直不起腰来。

我们也来一起做：

　　和孩子一起交流藏在心中的小秘密，增进亲子之间的感情。

92　"父爱之花"表真情

　　今天是父亲节，亮亮想给爸爸一个惊喜，可是送爸爸什么好呢？爸爸平时喜欢什么呢？要不给爸爸写一封信吧，亮亮坐在书桌前，找出了信纸和铅笔，信是这样写的：

亲爱的爸爸：

　　您好！我是您的宝贝儿子亮亮，今天是父亲节，我想给您准备一个惊喜……

　　不对，不对，哪有人会把惊喜说出来呀，亮亮将写好的信撕下来扔到了垃圾桶。又开始思考起来：爸爸看到什么会很开心呢？想着想着，他眼睛一亮赶忙去找材料。

"父亲节当然要送给爸爸一朵特别的花啦!"亮亮边说边做了起来。

亮亮先在蓝色卡纸上画了一个花盆的轮廓，又细心地用胶水把瓜子一个一个粘到"花盆"里，慢慢地，"花盆"粘好了，亮亮满意地笑了。他又剥了一些瓜子壳，用瓜子壳在"花盆"上面摆出花瓣的形状，接着用胶水小心翼翼地粘好，最后用彩笔给花瓣涂上漂亮的颜色。

中午，爸爸刚下班回家，就被亮亮拉到了书房。亮亮拿出自己做的瓜子花兴冲冲地对爸爸说:"爸爸，这可是我用了一上午时间做好的，祝您父亲节快乐。"爸爸拿着亮亮送的"父爱之花"，高兴地搂着亮亮亲了又亲。

我们也来一起做：

引导孩子理解爸爸的辛苦付出，让孩子试着自己制作"父爱之花"，并把制作的过程和感受写在暮省日记里。

93   写首小诗也不难

今天，老师布置了一项作业：以《我的妈妈》为题写一首小诗。这可把梦梦难住了。

"妈妈，什么是诗呢？"梦梦问正在厨房做饭的妈妈。

"诗？你不是会背很多古诗吗？"

梦梦小声嘟囔着："我是一个小学生，怎么会写诗呢？"

妈妈把梦梦拉到书桌前，鼓励道："你还是坐在这里好好想一想吧！"

梦梦只写了标题，可是内容还是想不出来，当她闻到从厨房里飘出来的阵阵香味后，一心只想着妈妈今天做了什么晚饭。于是她在作业本上又写了几句：

我有一个特别厉害的妈妈，

她做饭很好吃，

每天都会制造很多惊喜。

不知道，今天

妈妈会不会给我做……

梦梦将写好的诗递给妈妈，妈妈看了笑着问："梦梦，你是不是饿了？"

"妈妈，你到底做了什么好吃的呀？我都等不及了。"

"我今天做了鸡腿南瓜煲，还有几分钟就熟喽！"

梦梦一听，忍不住咽了咽口水，妈妈又说："做美食需要的不仅是方法，更重要的是妈妈对你浓浓的爱！"梦梦眨了眨眼睛，"哇，妈妈你太厉害了，我知道今天的诗该怎么写了！"

梦梦立刻跑回房间，改了一下她写的小诗：

我的妈妈

我亲爱的妈妈，我知道你有多爱我，
可你不知道我有多爱你。
天有多高，我就有多爱你；
火车有多长，我就有多爱你；
热气球飞得有多高，我就有多爱你；
妈妈做的饭有多香，我就有多爱你。

我们也来一起做：

读完故事，引导孩子体会生活中处处饱含妈妈的爱，让孩子把妈妈的爱写成一首小诗记录在暮省日记里。

94　五色新丝缠角粽

今天就是中国的传统节日端午节了。妈妈给阳阳讲了为什么端午节要吃粽子，南方和北方的粽子有什么区别等知识。阳阳听得津津有味，随口问："妈妈，我们今天也要包粽子吗？"

妈妈拿出前一天已经泡好的糯米和粽叶，还有用饮料瓶改造的漏斗，准备包粽子。

开始包粽子了，妈妈指导阳阳将粽叶的中部对折，然后放在事先准备好的漏斗里，并提醒阳阳底部要严实，不能漏米。

阳阳学着妈妈的样子把粽叶放在漏斗里，但是看上去很容易的事情，做起来怎么就这么难，粽叶一点儿也不听话，急得阳阳不知道该怎么办。妈妈耐心地给阳阳做了示范，并且一步一步地指导阳阳手指怎么捏、怎么放。阳阳终于在妈妈的指导下把粽叶放进漏斗里了，然后放入红枣，再把糯米盖在红枣上。好在糯米没有漏下去，这让阳阳信心倍增。最后妈妈指导阳阳把粽叶盖上，然后翻过来，把漏斗拿下来。看到粽子的形状已经出来了，阳阳咧开嘴笑了。妈妈帮助阳阳给粽子捆上绳，粽子就包好了。

尽管第一个粽子不漂亮，但是看着自己包好的粽子，阳阳还是忍不住向爸爸炫耀一番。得到了爸爸的表扬，阳阳信心倍增，一个又一个地包着粽子，随着试验的次数越来越多，阳阳包的粽子也越来越漂亮了。

最后，妈妈把包好的粽子放进高压锅煮了 20 分钟，香喷喷的粽子出炉了。吃着自己亲手包的粽子，阳阳的脸上露出灿烂的笑容，他还把自己包好的粽子分享给了爷爷奶奶呢！

我们也来一起做：

带着孩子了解端午节的文化，和家人学着包粽子，也可以根据喜好选择粽子的口味，教给孩子更多包粽子的方法。

95　阴天有时下肉丸

不知不觉中，夏天悄然而至。夏雨，骤然而作，戛然而止，交织成了一首动听的交响乐。

早上，阳阳和妈妈一起诵读了苏轼的《有美堂暴雨》，妈妈领读一遍，阳阳跟读一遍，他们在一遍遍的诵读中感受着暴雨由远而近、横跨大江、呼啸奔来的壮观景象。

午读时间到了，爸爸乐呵呵地拿着一本书来到阳阳的卧室，对阳阳说："阳阳，天上除了下雨，真的会掉'馅饼'。不可思议吧，在吧唧吧唧小镇，下雨的时候不下雨珠，下雪的时候不下雪花，从天而降的是各种美味的食物。你相信吗？"阳阳半信半疑地看着爸爸，他迫不及待地走向爸爸，想知道爸爸说的是不是真的。

爸爸故作神秘地对阳阳说："要想知道答案，我们一起来读《阴天有时下肉丸》吧。"

一看到书的封面，阳阳就打开了话匣子："这位叔叔拿着盘子接的是肉丸吗？阴天还会下什么，会下玩具吗？"带着这些问题，阳阳和爸爸边读书边交流，笑声不时从卧室传到家里的每个角落。

恰逢周末，读完书后，阳阳和爸爸妈妈又享受了一场电影盛宴，他们看的就是由《阴天有时下肉丸》改编的电影《天降美食》。

阳阳和爸爸妈妈一边看电影，一边还讨论着书和电影的不同之处。阳阳靠在妈妈怀里，笑眯眯地对爸爸说："周末咱们一起看喜欢看的电影，真是太幸福了！"

一边看电影，一边和爸爸妈妈聊着其中的精彩片段，一家人说说笑笑，好不热闹。连窗外的蝉儿都不叫了，仿佛它们也被阳阳一家吸引了……

我们也来一起做：

　　和孩子一起读诗歌《有美堂暴雨》、绘本《阴天有时下肉丸》，一起观看由绘本改编的电影《天降美食》，聊一聊自己的感受，鼓励孩子在暮省日记里记录下来。

96　　一步一步向前走

　　早晨，阳阳刚起床就听到爸爸哼着歌，他奇怪地问："爸爸，您唱的是什么歌啊？"爸爸说："马上就是建党日了，我唱的是《没有共产党就没有新中国》，今天爸爸就教你唱这首歌。"爸爸很认真地一字一句教着，阳阳摇头晃脑、有模有样地学着。功夫不负有心人，不知不觉，阳阳也能像模像样地唱出来了。

　　阳阳学会后，热情地邀请爸爸妈妈和他一起唱起来，唱完后，妈妈给阳阳讲起了中国共产党的故事。阳阳听着妈妈的介绍，似懂非懂，握着小拳头说："长大后，我也要当一名优秀的共产党员！"爸爸笑着说："那你可要加油了！"

　　晚上，爸爸给阳阳讲了中国共产党的历史，还讲了优秀共产党员的动人故事，他们不怕困难和挫折，在逆境中的坚持与勇气给了阳阳前行的力量。

我们也来一起做：

　　学唱歌曲《没有共产党就没有新中国》，和孩子一起了解中国共产党的历史，有机会去红色教育基地参观一下，渗透革命传统文化教育。

97　蓑衣黄瓜不简单

　　今天，妈妈问阳阳，想不想用黄瓜做一道菜。阳阳心想，不就是黄瓜吗，还能做出什么新花样？他跟着妈妈来到厨房，看见妈妈已经准备好了食材。

　　妈妈说："先将黄瓜切成薄片，但是不能切断。这可是个技术活，可以找两根筷子放在黄瓜两边，这样就不用担心把黄瓜切断了。"

　　只见妈妈飞快地切着黄瓜，切完一面然后翻到另一面，刀与黄瓜成45度，又斜着切。切完后，妈妈轻轻地把黄瓜提起来，一片片薄薄的黄瓜连在了一起。"哇，真的没有断！"阳阳惊呼道。

　　阳阳也迫不及待地想试一试。于是妈妈又找来一根黄瓜，洗净后把刀递给阳阳，可是这把刀就好像专门和阳阳做对似的，根本不听阳阳指挥。总算把黄瓜切完了，阳阳想提起来看看，可是还没等提起来黄瓜就断了，妈妈安慰道："因为你用力不均，黄瓜片薄厚不一样。要切好蓑衣黄瓜，必须得好好练刀工。"

　　妈妈将切好的蓑衣黄瓜放到盘中，均匀地撒上一些盐，腌制十几分钟，析出水分后挤干；然后把大蒜切成碎末状，把干辣椒切成小段，去掉辣椒籽，再把炸好的花生米擀成花生碎。

妈妈说："接下来需要调个料汁。"她先在凉白开里加入一些生抽、蚝油、香醋，搅拌均匀调成汁，然后将料汁倒入盘中，撒上蒜末和花生碎。

接着，妈妈在锅里加入适量油，放入辣椒段和干花椒，香味散发出来关火，然后将热油均匀地淋入盘中。闻着扑鼻的香味，阳阳不住地咽着口水。

看着妈妈变戏法似的做出这道菜，阳阳真是感慨万千呀！刀在妈妈的手里怎么就那么听话呢！阳阳心想，我得好好练习刀工，多向妈妈请教，总有一天，我也会像妈妈一样，做得棒棒的。

我们也来一起做：

和孩子一起走进厨房，动手制作"蓑衣黄瓜"这道菜，可以用相机记录孩子的成长。

98　我们去走这条路

今天的晨诵，阳阳和妈妈诵读了金子美玲的《这条路的尽头》。

这条路的尽头

金子美玲

这条路的尽头，　　　　　　　这条路的尽头，
会有一片广袤的大森林吗？　　会有一座繁华的都市吗？
孤单的朴树呀，　　　　　　　寂寞的稻草人呀，
沿着路一起去看看。　　　　　沿着路一起去看看吧。

这条路的尽头，　　　　　　　这条路的尽头，
会有一片广阔的大海吗？　　　究竟会有什么呢？
莲花池里的小青蛙呀，　　　　大家一起去看看吧，
沿着路一起去看看吧。　　　　沿着路一起去看看吧。

伴随着轻柔的音乐，阳阳和妈妈一人一小节地读着。阳阳眨着大眼睛问妈妈："这条路的尽头会有什么呢？"妈妈认真地告诉阳阳，这条路的尽头会有无限的奥秘。阳阳认真地想了一会儿，说："这条路的尽头会堆满各种好玩的玩具吧！""也有可能是朋友们在举行聚会。"妈妈和阳阳边聊边读，一起朝着这条路"出发"了。

听着妈妈和阳阳读得兴致盎然，爸爸也迫不及待地加入了。爸爸提议："我们来一场诵读比赛吧，看看谁读得最好。"阳阳想也没想就

答应了，因为他在和妈妈的诵读中已经完全理解了这首诗，最后当然是阳阳获胜了。

这时的阳阳别提多开心了，他在这首诗的旁边整整齐齐地写下了两小节小诗，写完后兴冲冲地读给妈妈听。妈妈听了直夸阳阳写得好，阳阳还不忘在小诗旁边工工整整地写上自己的大名。

我们也来一起做：

和孩子一起诵读金子美玲的《这条路的尽头》，鼓励孩子尝试续编诗歌。

99   全力以赴为梦想

午读，同样是阳阳一家最幸福、最快乐的时光。阳阳最喜欢听故事，尤其是听爸爸给他讲的故事。午饭过后，阳阳迫不及待地拉着爸爸回到卧室。今天的午读时间，阳阳和爸爸读的是《鞋子里的盐》，刚看到书，阳阳就被封面吸引住了。封面上乔丹投篮的姿势太酷了，他怎么这么厉害呢！阳阳翻开书读了起来。读着读着，阳阳发现原来乔丹的身体素质并不出色，他是如何成长为一个出色的全能篮球运动员的呢？阳阳继续认真地读着。

阳阳问爸爸："乔丹获得成功的原因有哪些？""为什么只要往鞋里放盐就能长高？"爸爸为了更好地解答阳阳的问题，便和阳阳一起查找了更多关于乔丹的资料，结合查找的资料，以及爸爸给阳阳讲的关于乔丹的事迹，阳阳了解到乔丹的成功绝非偶然。

现在的阳阳已经越来越会读书了，不光读书中的故事，也会思考文字背后的故事，还时不时地提出自己的想法。

晚上散步时，爸爸问阳阳："乔丹的故事给你带来怎样的启发和思考？你的'鞋子里有盐'吗？你有愿意为之拼尽全力的事情吗？"阳阳思考着爸爸的问题，认真地回答："每天的坚持、从不放弃的决心和全力以赴的做事态度是这个故事给我的最大启发。"回到家，阳阳把自己的想法写到了日记中，他还在日记的最后写道：我也会为自己的梦想坚持、全力以赴。

我们也来一起做：

和孩子聊一聊近期的愿望，以及实现愿望的方法。

100　小小苔花也盛开

阳阳一家每天的生活井然有序，除了晨诵、午读，亲子制作也是必不可少的一项。做手工也是阳阳的最爱。

因为坚持做手工，阳阳的动手能力越来越强了。为了让阳阳得到多方面的锻炼，爸爸妈妈可谓绞尽脑汁。今天爸爸要教阳阳亲手编织草鞋，这可是一项富有挑战性的任务啊！

首先要编鞋底。阳阳学着爸爸摆放横秆、竖秆，既要把握好距离，还要交叉编织。"好难啊！"阳阳有点手忙脚乱，面前的麦秆乱作一团。爸爸放下手中的麦秆过来指点帮忙，阳阳费了九牛二虎之力总算编好了鞋底，此时阳阳已经累得满头大汗。妈妈走过来说："我也来帮忙！"有了妈妈的帮助，阳阳轻松多了。全家人跟着教程一步步编好了鞋头、鞋身，最后还要用胶水固定粘牢，妈妈还找来麻绳制作了两个小蝴蝶结粘到鞋子上做装饰。看着编好的草鞋，阳阳感叹："这也太难了吧！"爸爸摸摸阳阳的小脑袋，语重心长地说："阳阳，做任何事情都不能轻易放弃，坚持下去才能成功。"阳阳郑重其事地直点头。其实，对阳阳来说，锻炼动手能力固然重要，更重要的是，一家人在制作过程中的互相鼓励和相互配合。虽然制作草鞋耗时耗力，但看到自己的杰作，阳阳感到满满的成就感。

我们也来一起做：

搜集孩子喜欢的手工教程，和孩子一起完成制作，体验手工制作的乐趣吧。

101　吹尽狂沙始到金

要想实现人生理想，唯有自己努力拼搏。

今天，阳阳和妈妈一起晨诵唐代刘禹锡的《浪淘沙·其八》：

浪淘沙·其八
唐·刘禹锡

莫道谗言如浪深，莫言迁客似沙沉。

千淘万漉虽辛苦，吹尽狂沙始到金。

妈妈对阳阳说："这首诗告诉我们，是金子总会发光，不管是浪涛的冲击还是泥沙的掩埋，都不会改变它的本质。"爸爸补充道："阳阳，一定要努力拼搏，是鹰就要搏击长空，是虎就要咆哮山林，是鱼就要畅游四海。"阳阳听了，郑重其事地点了点头。

午读时间到了，阳阳和妈妈选了一本绘本《妈妈的红沙发》。读到"家里发生了火灾，东西都被烧光了"的时候，阳阳的眼眶红红的，他担心地说："她们一家怎么办啊？"值得庆幸的是，外婆和猫咪安然无恙，并且外婆总是说："幸好我们还年轻，可以从头开始。"当她们搬新家的时候，街坊邻居都来帮忙，有的送窗帘，有的送地毯，有的送餐具，还有的送玩具……看到这样的场景，阳阳的脸上浮现出了笑容。

故事读完了，阳阳还沉浸在故事当中，他拿起笔开始完成写绘作业。阳阳画了一座又大又温馨的房子，房子里边摆满了各式各样的沙发，姥姥躺在沙发上看电视，妈妈在沙发上织毛衣，小女孩坐在沙发上安静地看书，旁边还有一只可爱的小猫咪。

晚上，阳阳告诉爸爸，他想当一名航天员，去探索其他星球的奥秘，爸爸举双手赞成。就像绘本《妈妈的红沙发》一样，有了愿望，并且努力地去付诸行动，终有一天会实现。

我们也来一起做：

和孩子一起阅读绘本故事，完成写绘作业。引导孩子思考：怎样才能实现自己的人生理想？

102　长风破浪会有时

早晨，爸爸打开音频打算和思嘉读李白的《行路难》。"这首诗好难理解，我读不明白。"思嘉难为情地说。爸爸安慰道："不着急，我们先来查阅资料，了解一下李白写这首诗的背景。"

"李白怀有伟大的政治抱负，受诏入京后却不被重用，最后'赐金还山'，被撵出了长安，所以他感到压抑郁闷。"思嘉看完资料对爸爸说。

"对呀，就像是遇到了冰塞黄河、雪拥太行，但是李白性格倔强，从'拔剑四顾'开始，他就表现出不甘消沉，要继续追求。"

"了解了李白的经历，对你的生活和学习有没有启发呢？"爸爸紧接着问道。

"有，最近我练琴时，总是弹得不流畅，真的想放弃。现在我改变主意了，面对困难不应该屈服，练得烦了就读一读：行路难，行路难，多歧路，今安在？长风破浪会有时，直挂云帆济沧海！"看着思嘉自信的样子，爸爸笑了。

爸爸提议思嘉练完琴和妈妈一起玩保龄球的游戏。"太棒了！"思嘉高兴得手舞足蹈起来。

游戏时间到了，爸爸准备了 6 个装着少许水的矿泉水瓶，1 个皮球。爸爸说："我们制订个比赛规则吧，击倒一个瓶子得 1 分，看谁击得准，得分多的获胜。"他指导思嘉把瓶子摆成三角形，然后拿着皮球站在距瓶子 3 米远的地方，模仿打保龄球的动作，对准瓶子，用力将皮球沿地面抛出去。一家人轮流抛球，玩得不亦乐乎。

我们也来一起做：

　　帮助孩子制订一个目标，鼓励孩子坚持下去，培养其克服困难的品质。

103　努力拼搏不服输

　　吃过午饭，妞妞和爸爸翻阅着安东尼·布朗创作的绘本《魔术师威利》。妞妞边看边给爸爸讲威利的故事，爸爸微笑着问："威利得到了梦寐以求的足球鞋，在球场上像有了魔法一样，掌控着整个足球场。你觉得威利的'魔法'来自哪里？真的是来自足球鞋吗？"

　　妞妞思考了一会儿说："威利的足球踢得好，主要是他刻苦练习球技。"

爸爸和妞妞一起回忆之前读过的关于威利的故事：在《威利和朋友》里，他很孤单，因为个子小，大家都叫他"小废物"，没人愿意和他一起玩。在《胆小鬼威利》里，他总是受小混混的欺负，因为他很善良，甚至连只苍蝇都不忍心伤害，因此被大家称作"胆小鬼"。

妞妞接着说："在《魔术师威利》里，由于买不起足球鞋，无论他怎样努力，都不会有人把球传给他，他也一直都没能进入球队参加比赛。"

"威利遇到这么多挫折，但是他并没有灰心，最后竟然获得了大家的认可，他靠的是什么呢？"爸爸追问道。

妞妞想了想说："威利不服输，有拼搏精神。"爸爸听了，伸出大拇指，给了妞妞一个大大的"赞"。

我们也来一起做：

读一读安东尼·布朗的"威利"系列故事，引导孩子把从阅读中得到的启发记录下来。

104　　别开生面蹴鞠赛

妙妙最喜欢的运动是踢足球。

清晨，爸爸打开电脑看到晨诵诗《蹴鞠》，眼前一亮，赶紧冲正在洗漱的妙妙说："妙妙，晨诵时间到了。"

妙妙问爸爸："今天读什么诗呢？"爸爸大声地朗读起来。

"蹴鞠是什么意思呢？我猜是踢足球。"妙妙眼里闪着兴奋的光。爸爸把诗的意思讲给妙妙听："这首诗描写的是一场别有情致的女子足球运动，展现出了古代女子巾帼不让须眉的气势。"妙妙惊讶地说："哇，原来古代女子也会踢足球呀！"

"对呀，早在战国时期，中国民间开始流行的较量游戏叫'蹴鞠'，就是足球的雏形。"爸爸和妙妙一起读了几遍后，妙妙越读越起劲，妈妈也被妙妙的诵读声吸引了。

"妙妙，你读这首诗时仿佛看到了怎样的场面？"妈妈问妙妙。"我觉得古代女子踢球比男子更有气势。"妙妙歪着脑袋看着妈妈。爸爸接着说："妙妙说得好，中国古代的女子就是敢于'较量'的人。这是敢于挑战、无所畏惧的态度。妙妙想要踢好球，也要有这样的态度。"

午休后，爸爸妈妈陪妙妙到公园练习"颠球"。看着妙妙专注地练习，爸爸夸赞道："妙妙，再练几天就可以和爸爸较量一下了！"

暮省时间，妈妈陪妙妙认真回忆并记录了今天的收获。

我们也来一起做：

与孩子一起了解蹴鞠的发展史，引导孩子为《蹴鞠》这首诗配图，并将收获记录下来。在生活中培养孩子勇于挑战的品质，使其成为一个敢于"较量"的人。

105   敬畏规则去博弈

今天的晨诵诗是唐代白居易的《和春深二十首（其十七）》。一家人吃过早饭，爸爸和妙妙开始晨诵。

"何处春深好，春深博弈家。"妙妙声情并茂地朗读着，爸爸接着读"一先争破眼，六聚斗成花"，两人异口同声读"鼓应投壶马，兵冲象戏车。弹棋局上事，最妙是长斜"。

读完，妙妙不解地问爸爸："爸爸，'博弈'是什么游戏呢？""'鼓应投壶马，兵冲象戏车'，这是起源于中国的象棋游戏。"爸爸给妙妙介绍完，两人又诵读了一遍。"为什么是博弈游戏呢？"妙妙不明白，爸爸耐心地告诉妙妙："人的一生其实就是一个不断博弈的过程。"

午觉前，妙妙和妈妈读了有趣的绘本故事《我的幸运一天》：糊里糊涂的小猪犯了致命的错误，他居然把狐狸的家误当成了小兔子的家。狐狸一打开门大叫起来："这真是我的幸运一天，什么时候午餐竟然自己送上门来了！"

妙妙伤心地说："那只可怜的小猪为了讨好狐狸先生，使自己变得更卫生、更可口。""这只不过是小猪的一种策略：用来拖延时间，麻痹敌人。"妈妈说，"妙妙，这是一场对比悬殊的斗争，也是一场智慧的博弈。聪明的狐狸为什么会被小猪玩弄呢？"

妙妙想了想："我猜是狐狸想吃肉。"

"妙妙说得有道理，贪念之下，狐狸败给了小猪。博弈最终考验的不仅仅是智慧，还有始终如一的善念和对规则的敬畏。"

妙妙点点头说："要想获胜首先需要遵守规则，就像踢足球不能犯规一样。"

看着妙妙从绘本、古诗中悟出了新的收获，妈妈欣慰地笑了。

我们也来一起做：

　　和孩子交流生活中的"博弈"，引导孩子思考并写下自己的感受。

106　　报纸拔河乐趣多

　　清晨，妙妙打开电脑准备诵读，最近几天的诵读全是关于博弈主题，妙妙特别积极。

　　看了今天的晨诵诗，妙妙面露难色："爸爸，诗中有几个字太难读了。"爸爸走过来说："别担心，我们可以查字典来解决。"爸爸和妙妙一起查字音和字义。"'岌嶪'（jí yè），指山高峻貌；'稔'（rěn），指庄稼成熟。"妙妙反复读了两遍说："爸爸，我可以完整地读下来了。"爸爸先给妙妙范读了一遍，妙妙跟着爸爸又读了几遍。

观拔河俗戏

唐·李隆基

壮徒恒贾勇，拔拒抵长河。欲练英雄志，须明胜负多。

噪齐山岌嶪，气作水腾波。预期年岁稔，先此乐时和。

读熟整首诗后，妙妙挠挠头说："这首诗写的是拔河，可是内容太难懂了。"爸爸耐心地向妙妙讲解起来："'拔河'是双方各执绳的一端进行的博弈。举办这项民俗活动，也寓意着人们对农业丰收的祈求和祝福。"

"咱们的小打卡还有一个活动——报纸拔河，就是在报纸上剪两个洞，两个人分别把头穿过去，不许用手等任何外部力量，只能用脖子来拉报纸，哪边的报纸先裂开则输，要不要挑战一下？"爸爸提议道，妙妙一下子来了兴致。

父女俩马上行动起来，爸爸找报纸，妙妙找剪刀。爸爸在报纸上剪了两个能穿过头的洞。妙妙跑到卧室，喊正在整理衣柜的妈妈当裁判。

爸爸和妙妙分别从报纸上的两个洞钻出来开始"拔河"。连续比了两次，妙妙因为急于取胜反而输了，妙妙着急地说："妈妈，您和爸爸比一比。"

这次换妙妙当裁判，只见妈妈和爸爸相持不下，难分胜负，妙妙灵机一动，悄悄地走到爸爸身边，朝爸爸的胳肢窝挠了几下，爸爸忍不住大笑起来，最后报纸被爸爸扯破了。

欢声笑语在家里久久回荡着……

🌿 **我们也来一起做：**

　　和孩子一起诵读《观拔河俗戏》，交流诵读时浮现出的画面。
做一做"报纸拔河"的游戏。

107　　心花怒放荡秋千

　　昨晚，豆豆和妈妈去附近的公园散步，发现公园里新装了木板秋
千，豆豆坐在秋千上，妈妈轻轻一推，豆豆像只快乐的小鸟一样飞起
来，开心极了。

　　今天的晨诵诗《荡秋千》，豆豆读起来格外轻松，他坐在小板凳
上，嘴里念着："一块木板两条链，一上一下荡秋千，你像鱼儿钻水
下，我像鸟儿飞上天。"当读到"飞上天"时，豆豆便张开双臂像小
鸟一样飞起来，在客厅里转了一大圈。

　　妈妈问："豆豆，你坐在秋千上看到了什么？有什么感受呢？"

　　豆豆高兴地说："我看到小花小草都在我的脚下，感觉自己轻飘
飘地飞上了天。"

　　妈妈满含笑意地说："公园里面小秋千，豆豆坐上妈妈推。"

　　豆豆笑了："小花在我脚下笑，我像小鸟轻轻飞。"

　　午读时间，豆豆和妈妈选择了绘本《鼠小弟荡秋千》，妈妈把豆
豆搂到怀里读了起来。

　　读完后，妈妈问豆豆："很多动物都想坐一坐这个秋千，如果你
是小鸟，你会让谁来荡秋千？"

　　豆豆想了想说："我会让善良的小动物，比如小狗、小鸡、小兔子，不让像老猫那样霸道的动物荡秋千……"

　　妈妈满意地合上书，说："好了，这就是《鼠小弟荡秋千》的故事，你喜欢吗？"豆豆笑着点了点头，从妈妈手里拿过绘本，意犹未尽地翻看着……

我们也来一起做：

　　鼓励孩子发挥想象，续编《鼠小弟荡秋千》这个故事。

108　　大家一起踢毽子

　　晨诵时间到了，小燕的爸爸看到今天的晨诵内容是绕口令《踢毽子》，就笑着说："今天的晨诵内容是绕口令，说的是小燕踢毽子。"小燕一听可来劲儿了，赶紧坐到爸爸身边一看究竟。

　　小燕听爸爸读了两遍，也能熟练地读下来了："绕口令太简单了，一读就会。"爸爸说道："绕口令是一种中国传统的语言游戏，要求吐字清楚，一气呵成。"

　　"接下来，咱俩比一比谁读得又准又快。"小燕认真地练习起来，爸爸也不甘示弱。

　　妈妈听到俩人读得起劲儿，也加入其中。小燕拉着妈妈说："正好让妈妈当评委。"

　　准备就绪，比赛开始。爸爸每局都以微弱的劣势输给了小燕，小燕手舞足蹈地庆祝胜利。看着兴致正高的小燕，妈妈向小燕发起挑战："妈妈小时候毽子踢得特别好，一次踢一百多个，你敢不敢和妈妈比一比踢毽子？"

这可为难了不喜欢运动的小燕："我不会踢呀。""赢了爸爸的小燕，一定也能赢了妈妈。"爸爸在旁边鼓励小燕。小燕终于被爸爸妈妈说服了："好吧，我和妈妈学习踢毽子。"

妈妈先带着小燕用布头、铜钱和彩色的塑料条做了一个毽子。妈妈一边缝一边笑着说："我们小时候的毽子用的都是公鸡尾巴上最漂亮的翎毛呢！"

做好毽子后，妈妈领小燕来到楼下的空地，先给小燕介绍毽子的踢法：将毽子抛起后，当毽子下落到与膝同高时，右腿迅速抬起，小腿向里摆，用脚内侧将毽子踢起。看着妈妈的示范，小燕发自内心地羡慕："妈妈踢得真好，我一定要学会踢毽子。"

我们也来一起做：

与孩子一起策划家庭踢毽子比赛，全家总动员，养成良好的运动习惯。

109   横渡长江如信步

今天晨诵的是一首豪迈的词，爸爸笔直地站着，高声诵读给沙沙听。

才饮长沙水，又食武昌鱼。万里长江横渡，极目楚天舒。不管风吹浪打，胜似闲庭信步，今日得宽馀。子在川上曰：逝者如斯夫！

风樯动，龟蛇静，起宏图。一桥飞架南北，天堑变通途。更立西江石壁，截断巫山云雨，高峡出平湖。神女应无恙，当惊世界殊。

爸爸问沙沙："这是毛泽东的一首词，你猜猜都写了什么地方？"

沙沙说："有长江和大桥。"

爸爸提示道："《水调歌头·游泳》。""我猜'水调歌头'是词牌名，和'清平乐'一样。"沙沙仰起头对爸爸说。

"沙沙真会思考。"

"爸爸，这么长的词我估计读不好，能换一首吗？"

爸爸也觉得这首词对二年级的沙沙来说确实难了点，想了想说："爸爸先给你讲个故事，1956年毛泽东爷爷到南方视察长江大桥施工，这是当时60多岁的毛主席第三次畅游长江时写下的。毛主席说喝了长沙的水，吃了武昌的鱼，在万里长江上横渡，眺望舒展的长空。不管是风吹还是浪涌，就像在院子里悠闲地散步。""毛主席好厉害呀！"沙沙说。"毛主席喜欢游泳，沙沙也喜欢游泳，爸爸带你读，沙沙肯定能学会。"爸爸将沙沙揽在怀里给她鼓劲。

爸爸读一句，沙沙读一句；爸爸读上句，沙沙接下句……慢慢地沙沙能读熟整首诗了。

沙沙跑到妈妈身边抑扬顿挫地读了起来。"沙沙真努力，妈妈给你做一道美食，叫'蚂蚁上树'。""这道美食的名字真有意思，妈妈，我来给您做帮手。"沙沙有条不紊地剥葱蒜，看着妈妈娴熟地剁肉丁、烹炒、装盘，沙沙连连惊叹！

我们也来一起做：

与孩子一起讨论词中的"风""浪"还指什么？词人只是在说横渡长江的事情吗？将收获记录在暮省日记里吧。

110　映日荷花别样红

今天，三月一家人去公园赏荷花。妈妈拉三月坐在公园的长椅上边赏荷花边聊天："莲花，又称'荷花''芙蓉'。中国文化中常以'碧水清莲'形容一个人的品格高尚。今天，我们在荷花池边读一首李群玉的《新荷》吧。"

三月先读："田田八九叶，散点绿池初。嫩碧才平水，圆阴已蔽鱼。"

妈妈接着读："浮萍遮不合，弱荇绕犹疏。增在春波底，芳心卷未舒。"

"'圆阴已蔽鱼'是不是说荷叶能遮住鱼儿的身影？"三月指着荷叶问妈妈。

"是啊，碧绿的荷叶圆圆的，确实可以遮住玩耍的鱼儿。"

三月又指着另一片荷叶说："妈妈，这片叶子还没有展开，所以诗中说'芳心卷未舒'。"妈妈搂住三月笑着说："是呢，诗人在这首诗里描写了姿态各不相同的荷叶，咱们三月真会观察和思考呀！"

回到家，爸爸陪三月读著名散文家及画家熊亮的《荷花回来了》。

"三月，小时候爸爸家乡的荷塘特别多，我们除了赏花，还采莲藕……"爸爸滔滔不绝地讲述着小时候的快乐，三月听得津津有味。

"你能想象一下故事的结局吗？"爸爸问。

"我觉得人们这次盖房子，肯定会留下荷花生长的地方，他们不仅住在温暖的房子里，还可以随时观赏荷花。"三月看看爸爸，接着说："我们应该保护环境，不要破坏植物。"

爸爸亲了亲三月可爱的小脸，开心地笑了。

我们也来一起做：

和孩子聊一聊，大自然带给了我们哪些美好？你希望自己生活在一个什么样的环境里？我们应该怎样做？

111　　自是莲花最高洁

　　今天，天气特别热，清早就有蝉在树上不停地叫着，小小和爸爸一大早就出门到附近的公园散步了。小小仔仔细细把荷花看了个遍："爸爸，这几天晨诵读了两篇关于荷花的诗，古人为什么这么喜欢荷花呢？"

　　爸爸指着池塘里的荷花说："荷花历来被人们当作高洁、圣洁的象征，是神圣净洁之花。"小小不住地赞叹："荷花真了不起。"

　　"今天我们诵读一首唐代诗人孟浩然的《题义公禅房》。"爸爸坐下来对小小说。机灵的小小读了几遍高兴地跳下长椅说："爸爸，我知道孟浩然为什么喜欢莲花了。'看取莲花净，方知不染心'说明莲花在孟浩然心中是清洁的，没有污染。"

　　"小小说得好！诗中义公高僧将禅房修在空寂的树林之中。静静诵读《莲花经》，他有一颗一尘不染的虔诚之心……"爸爸和小小一边读今天的晨诵诗，一边踏上回家的路。

　　"小小，从古到今，有好多像莲花一样廉洁、高尚的人，爸爸希望你也能做这样的人。"爸爸一边帮小小擦汗，一边语重心长地说。"当然了，我也想做这样的人。"听了爸爸的话，小小似懂非懂，他觉得像莲花一样高尚的人一定的是最好的。

　　一进家门，妈妈端出准备好的食材，问爸爸和小小："猜猜，今天做什么好吃的？""有莲子，有山药，我猜是莲子山药粥。"爸爸一猜就中。

妈妈摸摸小小沁着汗珠的额头说："今天气温高,我准备给大家做开胃的食疗粥——莲子山药粥。"

我们也来一起做:

想一想诗句"看取莲花净,方知不染心"的意思。再次诵读近几天的晨诵诗,和孩子一起交流对荷花的品性的认识和理解。

112   小小纸球"玩"起来

清早,强强赖在床上不想起,妈妈便打开《健康歌》。听到音乐,强强迷迷糊糊睁开眼睛,"左三圈右三圈,脖子扭扭屁股扭扭,早睡早起,咱们来做运动……"音乐声不断传入强强的耳朵里。

"这首歌真好听,歌词也简单。"喜欢音乐的强强被欢快的音乐唤醒了。"强强如果要学,准能学会。"妈妈趁热打铁鼓励强强。洗漱好后,强强随着音乐边唱边跳,妈妈则在厨房边做饭边应和着。

爸爸晨跑回来,一家人吃过早饭。强强高声宣布:"我会唱《健康歌》了。"爸爸装作半信半疑的样子:"你可以给我们表演一遍吗?"

强强随着音乐舞动起来,歌声和动作融合在一起,赢得了爸爸妈妈热烈的掌声。

妈妈提议:"晨读一个小时后,咱们全家人和强强一起学《健康歌》。"

阅读、唱歌、练字,上午的快乐时光转瞬即逝。

午觉起来，爸爸对强强说："今天强强克服'瞌睡虫'，把自己的生活安排得井井有条。接下来我们一起做个亲子体育游戏，名字叫'小小纸球玩起来'。"

强强拍手叫好，父子俩迅速行动起来。爸爸先将几张废旧报纸揉成一个圆球，又找来一个菜篮子，让强强向篮子内投球，然后爸爸不断增加投球的难度，一会儿让强强面对面投球，一会儿让强强背过身投球，强强累得满头大汗。不过他和爸爸乐在其中，还想出了不少的玩法呢！

我们也来一起做：

和孩子一起玩投纸球的游戏，并探索新的玩法，体会其中的乐趣。

113　养成自律好习惯

早晨起来，妈妈打开窗户，清新的空气扑面而来。妈妈准备好早餐后，就去叫"大懒虫"王晓起床了。在妈妈的催促下，王晓终于从被窝里钻出小脑袋，开始洗漱吃早餐。

上午，王晓和妈妈诵读完宋代杨万里的《角抵诗》，在妈妈的催促下，王晓慢吞吞地去写作业。他写作业时注意力总是不集中，一会儿看看窗外的小鸟，一会儿玩玩手中的文具，快中午了，王晓终于把作业写完了。

午读时光，妈妈准备了有趣又有意义的绘本《巧克力哪去了》。读到绘本的最后，王晓发现，原来小奥弗特和妈妈商量了一个对策，每天只吃一块巧克力，如果实在忍不住了，就通过看漫画、堆积木，和小伙伴们赛跑转移注意力，这真是一个不错的方法。

王晓灵机一动，对妈妈说："妈妈，我想吃巧克力的时候，也可以用这些方法来转移注意力。"妈妈听了很是欣慰，对王晓说："晓儿，妈妈要为你点赞，因为你在绘本中懂得了道理，那么你是不是在学习和生活方面也可以做得更好呢？你很机灵，可是写作业的效率有点儿低，如果你能认真写半个小时作业，爸爸妈妈就带你看一场你喜欢的电影。"

王晓的心里别提多激动了，因为他最喜欢看卡通电影了。王晓在心里暗暗下定决心：一定要认真写作业，认真读书，这样就可以看更多的电影了。

我们也来一起做：

鼓励孩子制订假期的学习、读书、运动计划，帮助孩子养成自律的好习惯。

114　"两人三足"须合作

最近一段时间，爸爸妈妈发现豆丁不懂得为他人着想，在学校也不和其他同学分享、合作。正值小长假，爸爸妈妈想趁此时间帮豆丁初步建立合作的意识。

晨读时间，爸爸决定诵读西汉刘安的《淮南子·主术训》，解读古人是如何看待"合作"的。

吃过午饭，爸爸决定带着豆丁和邻居家的弟弟妹妹一起玩一个有趣的体育游戏——"两人三足"。

爸爸先将比赛规则告诉大家，然后豆丁和爸爸一组，邻居家的弟弟妹妹一组。因为爸爸和豆丁的步伐始终不能保持一致，导致两个人东倒西歪，速度就像蜗牛一样慢。再抬头一看，邻居的弟弟妹妹早就在终点等着他们呢。

豆丁垂头丧气地坐在地上，爸爸看到后，蹲在旁边说："豆丁，回忆一下我们早上读的晨诵内容，再想一想刚才弟弟妹妹为什么比我们跑得快？"

豆丁说："因为他们配合得好。"

"对啊，我们现在就是在合作，只要我们配合好就一定能赢，加油，爸爸相信你。"听了爸爸的话，豆丁站起来，准备再试一试。

这一次豆丁似乎懂得了如何去合作。听到比赛的口令，豆丁喊起了"一、二""一、二"的口号，爸爸边跑边露出了欣慰的笑容。不出所料，这次豆丁和爸爸赢得了比赛的胜利。豆丁高兴地在场地上蹦蹦跳跳。

第二天，豆丁拿着比赛赢得的奖励，开心地将昨天发生的事情告诉了自己的小伙伴。假期过后，在学校的运动会上，豆丁和同学们获得了第一名的好成绩。

我们也来一起做：

给孩子讲一讲古代或者身边关于合作的故事，和孩子参加一些户外实践活动，帮助孩子初步建立合作的意识，培养孩子的合作能力。

115   团结起来力量大

又是一个星期天，妈妈刚从菜市场买回来水灵灵的生菜，就听见晓晓欢快的声音传来。

"妈妈，快来，今天的晨诵要开始了，我和爸爸已经准备好了。"

"今天我们要读孟子的《得道多助，失道寡助》。"

"来了，来了！"妈妈放下手中的生菜笑着走过来。

"'天时不如地利，地利不如人和'这句话的意思是有利于作战的天气、时令，比不上有利于作战的地理形势，有利于作战的地理形势，比不上作战中的人心所向、内部团结。"爸爸沉稳的声音在房间里回荡。

"那是说'人和'最重要吗？"晓晓疑惑地问。

"是啊，行军作战之中人心所向、内部团结是最重要的，比如赤壁之战、抗日战争都是因为'人和'而胜利的经典案例。"爸爸笑着摸了摸晓晓的头。

"大到行军作战，小到做一盘菜，团结都至关重要。"妈妈接着说，"不如我们今天就来合作做一道蚝油生菜吧！"

不一会儿，蚝油生菜就做好了。"在我们三个人的共同努力下，这盘菜做起来就是这么快。"妈妈说。

"所以人们常常说'团结就是力量'，'人和'最重要！"晓晓若有所思地说。

"是啊，晓晓真聪明。只要我们团结一致，同心同德，任何强大的敌人，任何困难的环境，都会向我们投降。"妈妈笑着回答。

"我明白了，只要我们团结起来，任何克服困难的结果都会像这盘菜的味道一样圆满。"晓晓夹了一根生菜，边吃边说道。

"你这个小机灵鬼！"妈妈点了点晓晓的额头，欢声笑语不时地从房中传出。

我们也来一起做：

和孩子合作做一道菜，交流生活中借助合作取得成功的事情，分享自己的感受，引导孩子懂得团结的意义。

116   夏日读书乐趣多

早饭后，爸爸读起了今天的晨诵诗："夏读书，日正长，打开书，喜洋洋。田野勤耕桑麻秀，灯下苦读声琅琅。荷花池畔风光好，芭蕉树下好乘凉。农村四月闲人少，勤学苦读把名扬。"

晨诵诗读熟后，爸爸和涵涵聊起了读书的话题："这首《四季读书歌（节选）》是湖北儒医熊伯伊所作，写读书给人带来的乐趣。"涵涵点点头说道："我读出诗中写的是夏季农民伯伯忙着农活，读书人也要勤学苦读。"

爸爸欣慰地说："对了，读书就像种田一样，勤于耕种才会有好的收成。"涵涵拍手称赞："熊伯伊真有才，我喜欢读他的诗。"

午读时间，妈妈又找来一本与阅读有关的绘本《我讨厌书》：米娜生长在一个书堆成灾的家庭里，父母嗜读如命，偏偏米娜就是不喜欢读书。

但是，一场意外却改变了她。有一天，为了拯救心爱的小猫，米娜打翻了高耸入云的书堆，一时群书应声而倒，包括许多故事书。从飞扬的书页间，书中的主角也跟着跌出来，挤满了整个房间，又蹦又跳，吓坏了米娜。

米娜必须想办法让这些主角回到他们各自的故事里，只是她不知道他们谁是谁，更惨的是他们也不知道自己该回哪里。米娜只得硬着头皮拿起一本一本的书来读，好帮主角找到他们的"家"，读着读着，米娜开始喜欢上阅读。

涵涵和妈妈边读边交流："太好玩了，书读多了就会爱上阅读……"

我们也来一起做：

和孩子一起用多种方式阅读，引导孩子从阅读中获得快乐，培养孩子自主阅读的兴趣。

117　　一道菌汤寄真情

"咱当兵的人，有啥不一样，只因为我们都穿着，朴实的军装，咱当兵的人，有啥不一样，自从离开了家乡，就难见到爹娘……"

果果哼着歌一路小跑回家，刚进家门就大声问："爸爸妈妈，哥哥是不是今天回来呀？"

"是啊，等哥哥回来，你把咱们昨天学过的《咱当兵的人》唱给他听。"爸爸笑着回答。

"我们一起来给哥哥做道菌菇汤吧，等哥哥回来就能喝。"妈妈提议。

"好啊，那我们要怎么做？"果果迫不及待地说。

"先把三种菌菇浸泡在淡盐水中 10 分钟。"

果果重复着妈妈的话，还把闹钟拿过来，目不转睛地盯着。

"10 分钟到了！"果果大声喊道。

"然后把它们洗净，切去根部，杏鲍菇切成小段。"妈妈把切好的菌菇递给爸爸，"接下来就该爸爸大显身手了！"

"小菜一碟！"只见爸爸把锅烧热，倒入少量油，爆香姜片，又倒入洗净沥干后的菌菇，淋入半勺料酒，翻炒了几分钟；接着把炒好的菌菇倒入砂锅中，加入两碗水，盖上盖子。

"这就好了吗？"果果看着砂锅好奇地问。

"等水煮沸后，调至小火继续煮半小时，然后加入调料就好了。"爸爸说。

"那时候哥哥也回来了！太棒了。"

"是啊，《咱当兵的人》还会唱吗？"

"当然了。'咱当兵的人……'"

稚嫩的歌声伴着菌菇汤的香味传出很远，一直飘到了全家人的心里。

我们也来一起做：

引导孩子理解军人为我们的幸福生活承担着非常重要的责任，和孩子共同做一件事情，为军人献上一份真情。

118　　流水高山心自知

"我再也不喜欢夏夏了，明明说好了一起玩，我等了他好久，他都不知道去哪了。"冬冬边说边委屈地落下泪来。

"冬冬，你可是个小男子汉。来，咱们一起读一读绘本《高山流水》。"妈妈温柔地揽着冬冬开始读书。

"伯乐和子期的故事好感人啊。"读完故事，冬冬感叹道。

"是啊，除了故事，还有一首曲子《高山流水》和一篇古文《伯牙绝弦》，它们都与伯牙、子期有关。我们一边听音乐，一边听爸爸给你读一读。"

爸爸读完古文后，又把这个故事讲给冬冬听。

"他们的情谊可真深厚啊！"冬冬沉浸在故事中，歪着头说道。

"是啊，他们之间的情谊是如此的深厚，就像你和夏夏之间的情谊一样。"妈妈笑着说。

"嗯……夏夏和我关系确实很好。夏夏知道我怕狗，所以每次出去玩只要看到狗都是夏夏护着我；每次有好吃的，夏夏也是最先分给我。"冬冬小声地说。

"那刚才是谁说不跟夏夏玩的？刚刚夏夏的妈妈给我发消息了，说夏夏让我赶紧转告某个小朋友，夏夏一家是临时决定回老家才没来的。"妈妈调侃道。

"真的吗？那我原谅他了，他还是我最好的朋友。"冬冬立刻笑逐颜开。

爸爸妈妈对视了一眼，妈妈笑着说，"那你可得给夏夏道歉呀，你是不是误会他了？"

"知道了，我还要和他分享伯牙和子期的故事呢！"

我们也来一起做：

1. 作为家长，如何让孩子对"朋友"的意义理解得更深刻？

2. 让孩子说一说与自己"相知"的好友在什么事情上最称得上"相知"。

119   孤帆远影碧空尽

两天前，小满最好的朋友小叶一家搬到另外一个城市，他俩再也不能一起上学，一起玩耍了。

看着无精打采的小满，爸爸妈妈决定带着小满学习古诗《黄鹤楼送孟浩然之广陵》："故人西辞黄鹤楼，烟花三月下扬州。孤帆远影碧空尽，唯见长江天际流。"

"唐代大诗人李白和孟浩然也是相知多年的好友。孟浩然即将启程南下扬州，李白在黄鹤楼送别好友，当好友渐行渐远时，李白用一句'唯见长江天际流'写尽了对好友的依依不舍。"爸爸语重心长地说。

小满若有所思："广陵就是扬州，广陵离黄鹤楼很远吗？"

"那时没有汽车、火车、飞机，也没有电话。如果通过通信可能要好几个月才能收到。"妈妈接着爸爸的话说道。

小满有所触动："那他们还是好朋友吗？"

"当然了。我们小满很幸运，可以和小叶发视频、打电话，坐车不到一个小时就能见到对方了，多好啊！"妈妈温柔的声音渐渐抚平了小满心中的沮丧和不安。

"对，就算我和小叶不能常见面，我俩也要做最好的朋友！"小满打起精神地说。

"在古代，古人常常通过写信交流，他们会豢养信鸽。而在今天，我们可以通过邮局传递信件，这也是好朋友之间交流的一种方式！"爸爸接话道。

"那我也要给小叶写信！"小满兴冲冲地跑进书房，坐在书桌前认真地写了起来。

我们也来一起做：

鼓励孩子试着给自己最好的朋友写一封信。

120　　相知无畏万里远

"送客南昌尉，离亭西候春。野花看欲尽，林鸟听犹新。别酒青门路，归轩白马津。相知无远近，万里尚为邻。"涵涵稚嫩的声音传来。

"涵涵太棒了，这首张九龄的《送韦城李少府》你已经掌握了！"妈妈鼓励道。

"可是妈妈，最后一句'相知无远近，万里尚为邻'应该怎么理解呢？"涵涵歪着头，有些不解。

"这句话的意思是只要彼此相知，哪怕相隔万里也像是在近旁一样。"听了妈妈的话，涵涵若有所悟地点了点头。

"诗诵读完了，我们来做早餐吧！做妈妈最爱吃的蒸茄子怎么样？"爸爸提议。

"好啊，我也喜欢吃蒸茄子！"涵涵说完便冲进厨房当起了爸爸的小帮手。

蒸茄子做好了，一家人围着餐桌有说有笑。"其实，妈妈最爱吃的这道蒸茄子是有故事的。"妈妈缓缓开口，仿佛陷入了久远的回忆。

涵涵立刻直起了身子，认真地听着。

"妈妈有一个特别好的朋友，她十几年前就在国外定居了。她走的时候给妈妈做了蒸茄子这道菜，这道菜是她最爱吃的，从那以后，妈妈也最爱吃这道菜了。"

"那妈妈您和那个朋友还有联系吗？"

"有啊，妈妈和她现在关系还特别好呢！"

"这就是'相知无远近，万里尚为邻'吗？"涵涵感叹道。

爸爸惊讶地看向涵涵："涵涵还会活学活用呢！太棒了。"

妈妈也笑着说："或者也可以说是'海内存知己，天涯若比邻'。"

"我明白了，妈妈！"涵涵依偎在妈妈的怀里，甜甜地说。

我们也来一起做：

鼓励孩子搜集关于送别的诗句，选择喜欢的读一读、背一背，聊一聊诗歌背后的故事，体会诗人表达的情感。

第三部分
秋风飒爽

121　友谊就在我身边

　　这几天妮妮总是闷闷不乐，吃完早饭，爸爸拿着绘本《友谊就在我身边》走进妮妮的房间，说："这本书真有意思，妮妮要不要听一听呢？"正在床上翻来覆去睡不着的妮妮，撒娇地依偎在爸爸怀里要听故事。

　　"杜新月是一个性格内向的女生，她和林一暖是一对非常要好的闺蜜。她认为，友谊是彼此'唯一'的。因此，当孟小猛出现并和林一暖成为好朋友时，她觉得遭到了'背叛'，认为是孟小猛抢走了她的好朋友……"

　　妮妮红着眼睛："小棒糖也是这样，天天跟刚刚一起玩，都不带我。"爸爸抱了抱妮妮，继续讲故事："后来在孟小猛和林一暖的共同帮助下，她才真正认识到了友谊不应该是自私的占有，而是敞开心扉去共同分享。""我没有自私占有，是他们不和我玩的。"妮妮委屈地大哭起来。爸爸温柔地说："爸爸给妮妮念一首诗吧。"

　　"'独坐幽篁里，弹琴复长啸。深林人不知，明月来相照'。也许在我们眼中，王维此时是孤独的，其实王维很喜欢这样的时刻，有琴声明月、竹林风声就够了。有时候，许多问题不需要纠结，答案会自然而然地浮现。"爸爸低语着，像在说给妮妮听，也像在说给自己听一样。

　　"咚、咚……"，妮妮被敲门声吓了一跳，只听见小棒糖在门外着急地喊着："妮妮，我们去玩过家家吧。"妮妮听后，穿上外套一个箭步地冲到了门口。

看着妮妮兴冲冲的样子，爸爸笑了，雨过天晴了。

我们也来一起做：

1. 读一读绘本《友谊就在我身边》，想一想该以什么方式告诉孩子真正的友谊是怎样的，让孩子重新审视和好朋友的关系。

2. 请和孩子一起诵读王维的《竹里馆》，体会诗人当下的内心感受，试着把诗中的情景在暮省日记上画一画。

122　知音难觅当珍惜

与爸爸妈妈听故事、读古诗是妮妮最喜欢的时刻。妮妮可以依偎在爸爸妈妈的怀里听，也可以边玩积木边听，还可以躺在床上边玩布娃娃边听……总之，这是妮妮最放松、最舒服的时刻。

爸爸充满磁性的声音开始了：孟浩然青年时好节义，隐居在鹿门，一心作诗。当他出山时，已是名满天下。他开始游历京师，去考进士，落第后又决定归隐山林，但不忍心与朋友分别，就写下了这首《留别王侍御维》。

留别王侍御维

唐·孟浩然

寂寂竟何待，朝朝空自归。

欲寻芳草去，惜与故人违。

当路谁相假，知音世所稀。

只应守寂寞，还掩故园扉。

"知音世所稀"，人生的旅途就是一次次的相遇，又一次次的别离，所以，珍惜和朋友之间的情谊，过好当下才是我们应该做的。

妮妮皱着眉头说："古人真不嫌麻烦，动不动就写诗，见面高兴写诗，分别不见写诗，难道表达情谊就没有别的方式了吗？"爸爸哈哈大笑："还真有，可以写信啊！在漫长的历史进程中，书信经历了很多演变的过程，其中也发生了很多有趣的故事。为了更好地取信于对方，同时也为了避免遗忘和差错，人们曾经创造了一种特殊的'实物信'，如贝壳信、结绳信等，不如我们一起上网查查吧。"

在爸爸的指导下，妮妮发现原来有这么多与书信有关的古老而有趣的故事，她决定将今天的收获记录在暮省日记上。

我们也来一起做：

1. 反复诵读今天的晨诵诗，谈谈你对孟浩然诗中的"知音世所稀"的理解。

2. 8月8日是全民健身日，引导孩子思考用什么物品给好友写一封"实物信"来表达自己的感想。在暮省日记上写下你们的创意吧！

123　温暖相伴岁月长

　　爸爸好奇地看着捧着书咯咯笑的妮妮，妮妮乐呵呵地将《红豆与菲比》分享给爸爸：小猫菲比与小狗红豆这对朋友过着快乐而平静的生活，它们兴趣爱好不同，一个喜欢出去野，一个喜欢宅在家，但是这丝毫不阻碍它们在享受了各自的娱乐时间后，一起排排站，吃饭饭，享受平静恬适的时光。

　　父女俩一起看书，一起猜测：红豆会不会吃掉那条鱼呢？菲比会不会吃掉那份火鸡肉三明治呢？菲比和宝宝在家都会玩些什么呢？妮妮奇思妙想不断，把自己逗得哈哈大笑。

　　《晏子春秋·杂篇》中有"圣贤之君，皆有益友"之说。晚饭后，爸爸带着妮妮回顾了今天的晨诵《宿赞公房》，说到了杜甫与赞公的友情。赞公这个出家人在遇到不公正待遇时还能坦然面对，"放逐宁违性，虚空不离禅"，杜甫敬佩这样的人，再次相逢夜宿时，圆圆的月亮挂在天上，他们相互欣赏，相谈甚欢。什么是益友？对自己的思想、工作、学习有帮助的朋友就是益友。赞公之于杜甫，即是益友。

宿赞公房
唐·杜甫

杖锡何来此，秋风已飒然。
雨荒深院菊，霜倒半池莲。

放逐宁违性，虚空不离禅。

相逢成夜宿，陇月向人圆。

说到好朋友，妮妮想到了小棒糖，想到自己平时做什么事，就让小棒糖也跟着做，好像有点霸道哦！好朋友应该像红豆与菲比那样相互支持，一起去做他们喜欢的事才对，妮妮决定明天为之前的霸道行为向小棒糖道歉，和小棒糖做相互支持的好朋友。

我们也来一起做：

1. 和孩子聊一聊，什么样的朋友才能称得上是益友呢？

2. 与孩子一起在暮省日记上记录交朋友的妙招。

124   交友逊己不如无

《增广贤文》中的交友之道朗朗上口，简单易懂。今天的晨诵，爸爸特意节选了其中几句："结交须胜己，似我不如无。但看三五日，相见不如初。"妮妮嘴里念叨着，担心地对爸爸说："为啥交朋友要胜过自己呢？他要是比我好，别人只喜欢他不喜欢我怎么办？"这真的是小孩子成长中的烦恼哦！

爸爸意识到妮妮的不安，拉着妮妮说："你的好朋友是谁？"

"小棒糖，还有小美……"妮妮掰着手指头认真地说。

"你为什么喜欢和小棒糖、小美他们玩呢？"

"小棒糖会跳绳，会讲好听的故事。小美画的画好看，还爱笑……我就是和小棒糖学会的跳绳呢！"妮妮一脸骄傲地说。

"对呀，在运动方面，小棒糖是你的小老师，她比你厉害，那别的小朋友有没有只喜欢她不喜欢你呢？"

"我也很棒的！"妮妮急了，"我爱帮助人，会和他们分享我的玩具，小朋友们也喜欢我！"妮妮好像明白了"交友逊己不如无"的道理。

爸爸告诉妮妮，与比自己强的人为友，最能激励自己，因为在优秀的小伙伴身上，我们可以学到很多东西，成为更好的自己。这就是"伙伴效应"。

我们也来一起做：

1. 你交的朋友，是超过自己的人吗？他们在哪方面超过了自己？谁把你当益友，他们觉得你哪里超过了他们呢？结交益友，努力成为益友，大家都会越来越好。你准备好为此努力了吗？和孩子聊一聊吧。

2. 诵读晨诵诗，和孩子聊一聊朋友之间的故事。与孩子一起将这几天感触最深的内容，在暮省日记上用画画或者日记的形式记录下来。

125　古人以物传离情

在爸爸的启发下，妮妮读了很多的古诗，也学会了从诗词中熟悉的字词入手，了解诗词大意的方法。今天的晨诵古诗是李白的《沙丘城下寄杜甫》。

沙丘城下寄杜甫
唐·李白

我来竟何事？高卧沙丘城。

城边有古树，日夕连秋声。

鲁酒不可醉，齐歌空复情。

思君若汶水，浩荡寄南征。

爸爸很高兴妮妮能主动学习探索，便和妮妮一起用表格的方法厘清古诗脉络，妮妮兴趣特别高，一边梳理，一边还哼着小曲。

时间	秋天
地点	沙丘
人物	李白
事件	喝鲁酒、唱齐歌
情感	对杜甫的思念像汶水一样，浩浩荡荡地向南追随而去

爸爸给妮妮讲了诗歌背后的故事："'李杜'的友谊是中国文学史上珍贵的一页。但在现存的李白诗歌中，公认的李白直接为杜甫而写的只有两首，《沙丘城下寄杜甫》就是其中一首。这首诗是李白送走杜甫后客居沙丘寓所时所作。二人之间跨越年龄的真挚友情，成为中国古代文学史上的一段佳话。"

说到这里，爸爸一本正经地说："如果李白和杜甫分别后不是去山东沙丘城，而是来我们山西，这句诗可能就会变成'思君若汾水，浩荡寄南征'了吧。"

"像李白这样用'浩浩荡荡的汶水'表达思念之情，以实物作为特定含义的'物信'进行描写的诗还有哪些呢?"爸爸的问题激起了妮妮的好奇心,他们一起查阅资料,了解以"物"寄情的特殊"书信"。

我们也来一起做:

1. 读这首诗歌时,你从哪里读出李白送别杜甫之后的情感体验?再和孩子一起读《沙丘城下寄杜甫》吧!

2. 随着人类社会的不断发展,现在的书信与以前相比有了哪些变化呢?与孩子一起查找资料,做一个书信发展史的小档案吧。

126   酒逢知己千杯少

王勃的"海内存知己,天涯若比邻"写出了无数人的心声;鲁迅的"人生得一知己足矣,斯世当以同怀视之"引发了无数人的感慨。嘟嘟今天晨诵的是一首杂言诗《留别同年索士岩经历》:

留别同年索士岩经历

元·萨都剌

欲落不落天上雪,欲去不去闽中人。红尘香暖荔枝国,白日醉卧芙蓉茵。

功名富贵傥来物,政事文章吴足珍。人生所贵在知己,四海相逢骨肉亲。

在知己，宁论千里与万里。志士鸡鸣中夜起，秋雨淅淅剑光紫。

"爸爸，这首诗好难呀！我都不知道该怎么读。"

刚解决了一个问题，嘟嘟就迫不及待地提出了另一个："萨都剌是谁啊？"

爸爸娓娓道来："诗人萨都剌可是大有来头。据史料记载，他是回族人，有'雁门才子'之称，善绘画、书法、作诗。"

讲完这些，爸爸也抛出了一个问题："这首诗里你最喜欢的是哪一句？"

"人生所贵在知己，四海相逢骨肉亲"，嘟嘟摇头晃脑地念道，"即使是萍水相逢的知己，也能像骨肉般那样亲密，我喜欢这样的感觉，就像我和我的好朋友刚刚一样。"

爸爸点点头，接着说道："所以呀，要想找到知己，就要以一颗真诚的心待人。"

今天的午读时间，妈妈和嘟嘟共读了伊丽莎白·布莱美的《两棵树》：一大一小，一高一矮，他们非常要好，一起成长，一起竞赛，互相勉励，最终枝丫交互，生长成为一体……不知不觉，时光在故事中缓缓流淌着。

我们也来一起做：

1. 与孩子一起读绘本《两棵树》，分享有关成长为参天大树的故事？

2. 想象萨都剌《留别同年索士岩经历》中的情景，让孩子用自己的话说出来，然后一起在暮省日记上写下来。

127　与你同行不孤单

今天的晨诵，嘟嘟和爸爸一边高声诵读着唐代诗人高适的《别董大》，一边细细感受着知己之间的依依惜别之情。

别董大（其一）
唐·高适

千里黄云白日曛，

北风吹雁雪纷纷。

莫愁前路无知己，

天下谁人不识君？

"有一种人，不会因为你富有而讨好你，不会因为你贫穷而嫌弃你，不会因为你困难而远离你，他就是你的知己。嘟嘟，你有知己吗？"爸爸问道。

"我当然有！爸爸，我觉得这首诗的后两句更有力量，我很喜欢。"

爸爸点点头说："这首诗的前两句描绘出了送别时黯淡寒冷的景色，间接映射出诗人困顿的境遇以及愁云惨淡的心情；后两句则发生了转折，给予朋友信心和力量，其中的豁达和乐观更是鼓舞人心！"

吃过午饭，嘟嘟要给自己最好的朋友石涛写一封感谢信，感谢他前段时间对自己的帮助。

感谢有你

——给知己的一封信

小石石：

　　你好！

　　今天我跟爸爸妈妈讨论"知己"这个话题的时候，我想到了你，我们一起上下学，一起玩耍，一起做作业。我有不会的题，你总是很耐心地教我，你给了我很多帮助和温暖。

　　我更感激你能及时纠正我的错误。上次我抱怨老师总是让我帮助同桌，浪费我很多时间。是你及时给我讲道理，男子汉要有担当，自己有能力帮助他人，会给他人带去温暖，这是同学应有的责任。我得到你的帮助，获取了温暖，我帮助了他人，也获取了快乐，在互帮互助中，我更能感受到生活的意义。

　　感谢你，在我迷茫时，你及时地指点教导我。

　　　　　　　　　　　　　　　　　　　　　　　　　嘟嘟

我们也来一起做：

　　1. 想一想，你的朋友中谁最值得你信赖，你又是谁最信赖的朋友呢？

　　2. 把你与知己的故事分享给孩子吧，在暮省日记中记录下最有感触的那一瞬间。

128   我"寄"祝福与明月

琅琅的《春日忆李白》的诵读声从嘟嘟家传来。嘟嘟不禁悠然神往："如果有一天，我们能和大诗人进行对话，那是多么美好的一件事情呀！"

妈妈神秘地说："我们没有时光机，但是我们有明信片呀！"说着，妈妈像变魔法似的拿出了一堆材料。

今天，嘟嘟要和妈妈一起制作这种不用信封就可以直接投寄的、既有文字内容又有图像的卡片——明信片。

在妈妈的指导下，嘟嘟用卡纸裁剪出彩色边框，仔仔细细地贴了一圈，正面就有模有样了！没贴边框的自然就是背面，别看这一面现在是空白，待会儿可是有大用的哦！

彩色边框里，小画家嘟嘟铺开了画布，开始发挥想象聚精会神地创作。

等嘟嘟画好，妈妈把小装饰品用胶水贴在色卡纸边框上，又涂了一层胶水固定。她告诉嘟嘟，一定要等胶水晾干之后，再进行下一步，不然两个人的劳动成果就变成一团乱麻了。终于晾好了，嘟嘟着急地问妈妈："妈妈，要怎么写呢？"

"别急！"妈妈拿过明信片，"首先是写邮政编码，嘟嘟，分拣明信片的电脑不能识别中文，但能识别数字。我国幅员辽阔，每个区域编上代码，电脑就能快速分拣出来。注意啦，收信人的邮编在左上角，寄信人的在右下角。"

嘟嘟认真地点点头，工工整整地写下两个邮政编码。

我们也来一起做：

1. 和孩子读一读《春日忆李白》，查阅资料，了解诗人和诗歌背后的故事，体会诗人的心境。

2. 鼓励孩子发挥想象，将文字和绘画相结合，一起制作独一无二的明信片，给好朋友送去祝福。

129　秋风送爽花渐落

清晨，欣欣眨巴着大眼睛，对妈妈说："今天的天气真凉快啊！"

"是啊，今天是'处暑'节气，处暑的到来，代表着炎热的天气接近尾声，暑气也会渐渐消退。我们一起来诵读左河水的《处暑》吧！"

处　暑
左河水

一度暑出处暑时，秋风送爽已觉迟。

日移南径斜晖里，割稻陌阡车马驰。

欣欣好奇地问："'日移南径斜晖里，割稻陌阡车马驰'是什么意思呢？"妈妈指着《中国地图》解说起来："秋后处暑节气的太阳直射位置逐渐南移，北半球得到的太阳光照越来越少。阳光变成了斜照，我国长江中下游地区再也没有盛夏时的炎热。千里沃野的农民伯伯紧张地收割水稻，脱下谷子，整理禾秆（稻草）。同时，在南北交叉的田埂小路上，运送稻谷的马车也穿梭奔忙着。"

欣欣问："妈妈，一年有多少个节气呢？"

"一年有二十四个节气……"看到欣欣的兴趣浓厚，妈妈津津有味地讲起关于"处暑"的绘本故事。

午后，欣欣疑惑地问："爸爸，怎么河里的荷花一下子都没了呀？"

"处暑常被认为是天气由热到冷的转折点，意味着夏天快过去了，所以凋谢的荷花被河道清理工清理干净了。"爸爸耐心地说。

妈妈接着引导欣欣回忆："你在生活中还发现处暑节气有什么变化吗？"

欣欣若有所思地说："有的小伙伴开始穿上了长袖上衣。"

妈妈毫不吝啬地在她脑门上盖了一个"小印章"，鼓励道："处暑以后还会有更多的现象发生变化，让我们做个细心人去发现更多的不同吧！"

我们也来一起做：

1. 与孩子一起将生活中和绘本中写到的处暑进行对比，看看发现了什么。

2. 我们的祖国是一个多民族国家，不同地方有不同的风俗，在暮省日记上与孩子一起制作不同民族、不同风俗的手账吧。

130　初秋时节品山药

今日是周末，处暑第三天，妈妈将早已准备好的古诗《初秋》放在欣欣的书桌上，这不，欣欣和爸爸同一时间起床洗漱完毕，父女俩开启了今天的亲子诵读之旅。

初　秋
唐·孟浩然

不觉初秋夜渐长，清风习习重凄凉。

炎炎暑退茅斋静，阶下丛莎有露光。

爸爸讲解道："不知不觉就立秋了，夜也渐渐长了。清凉的风微微地吹着，又感到凉爽了。"

欣欣说："清风就是清凉的风。"爸爸追问："那习习呢？"欣欣摸着脑门说："我查一下词典吧。"很快，她大声地说："找到了，'秋风习习'就是秋风微微吹过的意思。"

这下欣欣更有信心了，她用小手拍着爸爸的胳膊说："爸爸，我们继续读后两句：炎炎暑退茅斋静，阶下丛莎有露光。"欣欣读完赶紧查词典，她想通过自己的努力明白诗句的意思。"我知道了，酷热的夏天，热气终于消退，房子里也安静了，台阶下的草丛也有了点点露珠。"欣欣自信地说

是啊，现在天气虽然转凉，但是中午仍然很热，天气变化无常，因此特别要注意养生。爸爸告诉欣欣："处暑时节宜吃山药。山药是美食，也是我国传统中药之一，是大家熟悉的滋补珍品。它不温不

燥，能清心安神、补中益气、助五脏、强筋骨。今天，爸爸就给你做一道拔丝山药。"

爸爸先把山药去皮洗净，滚刀切块，然后在锅中放入油，烧至七成热，再放入山药块，接着调中小火炸制，并用筷子不断拨动山药块，炸至金黄备用。

"沙沙的"搅拌声是爸爸在熬糖汁，欣欣不禁问道："爸爸，这要搅到什么时候呢？"

爸爸笑着一说："小馋猫，等到糖汁表面的大气泡变小，糖的颜色微黄时就可以了。"

我们也来一起做：

1. 与孩子一起制作拔丝山药，并想想制作成功的秘诀是什么。

2. 诵读今天的晨诵诗，为诗歌配画，带领孩子一起搜集关于初秋的诗句，和孩子一起记入暮省日记里。

131　简单问候每一天

一大早，欣欣从被窝里探出小脑袋，甜甜地对爸爸妈妈说："早安！"妈妈在晨读，爸爸在刷牙，他们对着欣欣说："早安，宝贝！"

简单的问候开启美好的一天！妈妈坐在沙发上翻着一本儿童诗集，诵读着："你知道'问候'的魔力吗？阳光的问候温暖了大地……"

妈妈转过头说："欣欣的问候温暖了爸爸妈妈，我们一起感受问候的魔力吧。"

问　候
佚　名

春风柔柔的问候，
唤醒了沉睡的小花。
春雨绵绵的问候，
舒展了鹅黄的柳芽。

宝宝甜甜的问候，
让爷爷笑得合不拢嘴巴。
学生轻轻的问候，
使老师忘记了头上的白发。

欣欣依偎在妈妈的怀里，妈妈问："读完这首诗，你有什么感受呢？"

欣欣说："《问候》里有爱，有关心，有祝福！每一句问候都很甜蜜，很感动。"

妈妈追问道："我们除了在家里有问候，还可以到什么地方送问候呢？"

欣欣回答道："还可以把问候送给我的老师、伙伴、爷爷奶奶……"

"说得真好！"爸爸鼓励道。

妈妈对欣欣说："世界是一个大家庭，不同种族的文化和习俗不尽相同，人们问候的方式也千差万别。作为世界公民，我们有必要了解其他各国人民的问候方式，《Hello World!》这本书给我们提供了42种打招呼的语言，我们一起读一读吧!"

欣欣翻开书，欣赏着书中的问候：新西兰毛利人的问候，是见面碰鼻子行礼；日本人见面的问候，多以鞠躬为礼……

全家人边读绘本边玩游戏，模仿书中的表述做起"问候"的游戏，欣欣觉得不同国家的问候方式都好玩极了。游戏做完，欣欣还觉得不尽兴，又趴在世界地图上看个不停……

我们也来一起做：

1. "问候"有哪些魔力？关于问候又有哪些故事呢？与孩子交流一下吧。

2. 特别行动：对着世界地图说"Hello!"，与孩子一起找出书中的国家或地区，在地图上标注该地区的问候语。

132　少年光阴不可轻

早晨起床后，妈妈拿起晨诵书和欣欣交流着："读书，是滋养生命的'源头活水'，'善读可以医愚'"。欣欣若有所思地说："要做到善读的'善'，首先就是要勤奋吧。"

"讲得好！作为学生，读书是立志之本。朱熹先生的《劝学诗》就很好地说明了这个道理。"

劝学诗

宋·朱熹

少年易老学难成，一寸光阴不可轻。

未觉池塘春草梦，阶前梧叶已秋声。

"青春的日子容易逝去，学问却很难获得成功，所以每一寸光阴都要珍惜。没等池塘生春草的美梦醒来，台阶前的梧桐树叶就已经在秋风里沙沙作响了。所以啊，我们要……""珍惜时间"母女俩异口同声地说，然后相视而笑。

"在读书的过程中，你悟到了什么？"妈妈又问。

"妈妈，学生时代稍纵即逝，时光不等人，我要加油努力！"欣欣坚定地说。

光阴每天都在带走一些东西，可以用什么来记录身边发生过的事情呢？母女俩决定用树叶做标本来记录逝去的时光。妈妈和欣欣一起选树叶，母女俩合作分工，和谐而温馨。

明天就是周末了，晚上一家人陪欣欣看了导演马克斯·波特的温情动画电影《负空间》，感受电影中父子俩独特的相处方式。"盛满人生的是爱和陪伴，这些简单的道理往往要等我们长大后才会觉悟，而那些'负空间'也成了生命中无法填补的空洞。"妈妈将欣欣揽在怀里温柔地说，欣欣在妈妈的怀里渐渐进入了梦乡。

我们也来一起做：

结合你的体会和孩子说说对"少年易学老难成"的理解，"光阴"是怎样用"寸"来衡量的呢？如何才能做到"不轻"这一寸寸的光阴呢？

133　　读书生活需有方

　　"读书贵有疑，读书贵有法。读书要想有收获，还应该注意什么呢？今天，我们就一起诵读韩愈的《赠别元十八协律六首（其五）》，体会其中哲理性的观点，鞭策自己努力读书吧。"早饭后，妈妈对浩浩说。

　　"好啊，我们开始吧！"浩浩迫不及待地说。

赠别元十八协律六首（其五）

唐·韩愈

读书患不多，思义患不明。

患足已不学，既学患不行。

　　"韩愈是我国唐代著名的文学家、哲学家、思想家，是'唐宋八大家'之首。与柳宗元并称'韩柳'，有'文章巨公'和'百代文宗'之名。"妈妈告诉浩浩。

　　"韩愈在诗中向我们提出了哪些建议呢？"

　　浩浩想了想，说："告诉我们读书要多学多思，不能骄傲自满，更不能死读书，读死书。"

　　"对，韩愈既担心人们读的书少，又担心人们对书中的道理一知半解；既担心人们自以为是，认为自己读书够多不再继续，又担心人们读了书不知道学以致用。他劝诫世人们好好读书的一片苦心又有几人能明白呢!"妈妈叹息道。

听完妈妈的话,浩浩拿起《写给少年儿童的中国历史》认真读起来,遇到感兴趣的地方还和妈妈一起分享……

晚上,浩浩还把今天的读书所得记录下来。坚持读书,积极思考,和自己的生活建立联系,这是一种多么有意义的生活呀!

我们也来一起做:

在读书的过程中,引导孩子独立思考,并乐于和同学或者父母表达自己的想法,养成随手记录的好习惯。

134   阅读有方章可循

秋风送爽,一日的晨读又在浩浩的期待中开始了。

"这一期我们的主题是——循章。"

"循章?"浩浩问。

"循章,就是有章可循,出自李国文的《冬天里的春天》第四章:那里是怎样解决的,这儿也就有章可循了。历来人们做事都讲究章法,读书更是如此。"妈妈告诉浩浩。

"今天的晨诵就让我们一起诵读李清照先生的《摊破浣溪沙·病起萧萧两鬓华》这首词。"

摊破浣溪沙·病起萧萧两鬓华

宋·李清照

病起萧萧两鬓华，卧看残月上窗纱。豆蔻连梢煎熟水，莫分茶。

枕上诗书闲处好，门前风景雨来佳。终日向人多酝藉，木犀花。

浩浩大声诵读着："病起萧萧两鬓华，卧看残月上窗纱……"他仿佛看到了李清照久病初愈，憔悴无力地喝着豆蔻烧的药茶水，晚上躺在床上透过窗纱看着月亮的无奈与释然。病起无聊，枕边的诗书，门前的风景，雨中的景色，门口的木樨花，都是对她无言的慰藉与陪伴。

"我知道了，'病''诗书'是关键词，即使刚刚病起，'诗书'仍是李清照的最爱。"浩浩眼神明亮地说。

妈妈告诉浩浩，边读边想象也是我们阅读的方法之一，抓住关键词语，可以帮助我们理解诗词和文章的含义，这些都是阅读理解的"章"和"法"！

午读时间是阅读玛莉·布雷比的《最想做的事》。

"这个故事是根据美国黑人教育家卜克·华盛顿的真人真事改编的。他童年时家境贫困，最想做的事就是读书。最后，他紧紧握住了梦想，用读书成就了自己，还帮助了更多的人。"妈妈边读边告诉浩浩。

"看到书中小男孩对读书的渴望和坚持，你有什么想和妈妈说的吗？"

"感恩我有这么好的阅读时光！和妈妈一起读书也是我最开心的时候。"

母子俩依偎在沙发上，一起享受着午后读书的快乐时光！

我们也来一起做：

1. 你读书的方法有哪些？和孩子交流一下。

2. 你知道如何在大量的文字中迅速找到自己喜欢、对自己有用的文字吗？大声朗读，抓住关键字词句，会帮助我们快速进入文本，理解文章。与孩子一起用这个方法去阅读你们喜欢的书籍吧！

135   书读百遍义自见

又是一日晨来早，今天浩浩和妈妈一起读起了古文：

三国志·魏志·王肃传

陈 寿

董遇，字季直，性质讷而好学。人有从学者，遇不肯教，而云"必当先读百遍"。言"读书百遍而义自见"。从学者云："苦渴无日。"遇言："当以三余。"或问三余之意，遇言"冬者岁之余，夜者日之余，阴雨者时之余也"。

"你知道这篇小古文的意思吗？"妈妈问。

"董遇，字季直，非常喜欢学习。有人想要跟着他学习，他不教，只说要先读一百遍书，又说读了一百遍书，其中的意思自然就会明白了。学习的人说没有时间，董遇说冬天空闲的时候、晚上，还有阴雨天都可以读书。"浩浩试着解读道。

"你解读得很好！那你知道'三余'是什么意思吗?"

"我只知道是冬天、晚上和阴雨天，但是不明白为什么它们被称为'三余'?"浩浩好奇地问。

"'三余'就是指一年之中空余的时间，在古时，不用干农活的时间就是空余时间。"妈妈说。

"那我们现在也有'三余'时间，暑假、寒假……"浩浩说了很多。

"我们有这么多的'三余'时间，就有更多时间读书了，我们岂不是比董遇还好学?"妈妈问道。

"对，我要比董遇读更多的书。妈妈，今天，我们做什么好吃的呢?"读了一早上的书，浩浩有点饿了。

"天气变化无常，时有大风，最近感冒、咳嗽的人很多。今天，我们做止咳祛痰的秋梨膏吧。"

"好啊，好啊!"浩浩开心地说。

妈妈和浩浩一起准备了食材，妈妈一边制作，一边像美食主播一样讲给浩浩听。

美食做好了，甜甜的味道在浩浩的鼻尖围绕着，浩浩和妈妈一边品尝，一边有说有笑地聊天……

我们也来一起做:

　　1. 和孩子一起诵读这篇小古文，熟读画龙点睛的句子，跟孩子分享你所体会到的"书读百遍而义自见"的含义。

2. 和孩子一起查阅资料，了解秋梨膏的由来以及作用，并用思维导图的方式记录到暮省日记里。

136　酸甜豆腐谢师恩

"今天我们还要继续'思辨'这个话题，诵读唐代诗人李商隐的《无题》。"吃完早饭，妈妈对浩浩说。

无　题
唐·李商隐

相见时难别亦难，东风无力百花残。

春蚕到死丝方尽，蜡炬成灰泪始干。

晓镜但愁云鬓改，夜吟应觉月光寒。

蓬山此去无多路，青鸟殷勤为探看。

"读完这首诗，你的脑海中出现了一幅什么样的画面?"妈妈问道。

"我想到了老师讲课时辛苦的样子。"浩浩说。

"无论是'春蚕到死'，还是'蜡炬成灰'，都是一种人生的追求，是一种无悔的人生选择。今天我们一起学做酸甜脆皮豆腐，送给老师尝一尝吧!"妈妈提议。

"好啊! 我喜欢吃酸甜脆皮豆腐。"浩浩兴奋地说。

只见妈妈先把汤汁做好，接着，在锅中倒入油慢煎豆腐丁，煎至两面金黄捞出，然后另起油锅，倒入兑好的汤汁，待汤汁浓稠冒泡时，放入豆腐丁，等到豆腐丁的每一面都吸饱汤汁后关火，最后装盘，撒上白芝麻和葱花。

浩浩闻着味道都快流口水了，他刚拿起筷子，又停下来说："妈妈，我们把这道营养又健康的豆腐送给楼下的李老师吧。"

"好啊！"妈妈笑着说，"咱俩一起去送。"

我们也来一起做：

1. "春蚕到死丝方尽，蜡炬成灰泪始干"这类的例子你还知道哪些，与孩子分享一下吧。

2. 和孩子聊一聊豆腐还可以做成什么菜，继续尝试用豆腐制作出新的美食。

137   以独立的人自居

早饭后，小乐一边洗碗，一边问妈妈："妈妈，今天的故事是什么？"

"我来讲个'谁是数学天才'的故事。有一个著名的心理实验，就是把一群数学天才招到一个班里分成 A 组和 B 组，让这两组人都读20 世纪伟大的数学家哥德尔的传记。但是两组读到的传记有一个微小的差别，A 组读到的是一个在百科全书上的标准传记，B 组读到的传记有一个小小的改动，就是哥德尔的出生日期是不一样的，这个小小的差别导致两组最后的成绩有明显的不同。B组的成绩明显要比A组的成绩好。"

"为什么呢?"小乐百思不得其解。

妈妈耐心地说:"这就是自居效应。"

"自居效应? 我以前没有听说过，只知道有破窗效应、木桶效应，竟然还有这个效应!"小乐感慨道。

妈妈接着解释:"当B组读到哥德尔传记时，竟然发现自己跟哥德尔同一天出生，这时他会不自觉地认为自己跟哥德尔之间有一种隐秘的相关，或者说悄悄地认为自己可能是个小哥德尔，这种神秘的巧合会对他形成一种强烈的暗示，这就叫'自居效应'。你以谁自居? 你的角色是什么呢?"

小乐稍做考虑后说:"我在家里是妈妈的小帮手，才不是饭来张口衣来伸手的小宝宝呢!"小乐洗完碗，做出胜利的手势。

"我的小乐太勤快了，真是长大了。"妈妈摸了摸小乐的脑袋，一脸慈爱地说。

"我去给我的花儿们浇水了——"小乐拖着长调一溜烟地跑去阳台了。

我们也来一起做:

1. 学会去承担一些力所能及的事情，让自己拥有独立的思考能力的同时，也让自己有宽广的胸怀，这样的道理你将如何告诉孩子?

2. 告诉孩子以一个"独立的人"自居，而不是以宝宝的名义自居。

138　秋分时节送秋牛

周末，小乐和爸爸妈妈一起回乡下看望爷爷奶奶。

吃过午饭，爷爷问小乐："小乐，你知道今天是什么节气吗？"

"是秋分吧？老师上周好像说过。"小乐不太确定。

"春分秋分，昼夜平分，今天就是平分昼夜的一天。"爷爷说，"你听说过秋分送秋牛吗？"

"送秋牛？哪儿来的牛啊？"

"送秋牛可不是指送一头牛哦，是一幅画。"奶奶接着说，"秋分这天，人们会在红纸或黄纸上画上农夫耕田劳作的画，还要印上全年的二十四节气，以求吉祥丰收。这就是秋牛图，是祈求丰收的意思。"

"那送秋牛是送到哪里呢？"小乐扬起小脑袋，一脸疑惑地说。

"一般送图的人都是民间能言善辩、能歌善舞的人。他们送秋牛图时，会说些秋耕吉祥、不违农时的话，说得主人乐呵呵地捧出钱来交换秋牛图。他们虽然是即兴发挥，但句句押韵动听，民间称为'说秋'，说秋的人便叫'秋官'。"爷爷娓娓道来。

"还有这个习俗啊！"爸爸感叹道，"我以前都不知道呢！"

"活到老，学到老嘛，老爸。"小乐调皮地拍了下爸爸的肩膀，转头对爷爷说，"爷爷，今天是秋分，我要画秋牛图，当个秋官哦！"

"当然可以啦，小秋官！"爷爷竖起大拇指。奶奶找来了黄纸，"小秋官"三下五除二画好了秋牛图，与奶奶一同兴致勃勃地前往邻居二婶家……

✎ 我们也来一起做：

1. 二十四节气是中华文化的瑰宝，是劳动人民长期经验的积累成果和智慧结晶。2016 年，二十四节气被正式列入联合国教科文组织人类非物质文化遗产代表名录。在你身边，还有哪些关于非物质文化遗产的知识能分享给孩子？

2. 请和孩子一起画秋牛图，将孩子制作的秋牛图送到邻居家或者商铺里，将传统的习俗传承下去。

139   书是我的老朋友

"小乐，今天我们聊个新话题。"妈妈一脸神秘地说。

"聊什么呀？"小乐满脸期待，两眼发光。

"家资。"

"什么？没听说过！"小乐说。

妈妈顺手在纸上写下了这两个字。小乐思忖了片刻："嗯，家资是指家里的资产吗？"

"对啊，解释得不错，你还知道'资产'这个词呢？"

"'士别三日，即更刮目相待'嘛！"

"还会引用古语呢，的确长大了。小乐，你觉得咱们家的家资有什么啊？"

"我想想，有房子、车，还有小乐。"

"对呀，我们的小乐也是宝贵的财富。不过你想想还有什么？或者说你的未来从哪里来？"

"脑瓜、知识。"

"接着往下说。"妈妈充满期待地说。

"那就是读书呀！"

"真聪明，那你认为咱们家最重要的家资是什么？"

"当然是书啦！"小乐坚定地说。

"有位古人也是这么想的。唐代的皮日休在《读书》这首诗里这样写：家资是何物，积帙列梁栟。高斋晓开卷，独共圣人语。英贤虽异世，自古心相许。案头见蠹鱼，犹胜凡俦侣。"

读到第三遍的时候，妈妈问小乐："读书就像与熟悉的老朋友对话。小乐，你在读书的过程中有过这种感觉吗？"

"昨天我读一行禅师的书时就有这种感觉。"小乐说，"因为前几天老师带我们吃了香喷喷的野生韭菜包子。"

妈妈不由得笑了："还真有体会，那现在咱们就赶快去你的书房，继续去结交更多的朋友吧！"

我们也来一起做：

1. 与孩子交流你读到的哪一本书，认识的哪一个人，让你觉得自己和对方是契合的？这种心灵的契合从哪里来？

2. 与孩子一起整理家中的书架，把读过和没有读过的书分条列出来。

140   为你的选择负责

"我们今天来聊一聊'选择'这个话题吧,先从一首诗开始。"
爸爸提议道。

渔家傲·秋思
宋·范仲淹

塞下秋来风景异,衡阳雁去无留意。四面边声连角起,千嶂里,
长烟落日孤城闭。

浊酒一杯家万里,燕然未勒归无计。羌管悠悠霜满地,人不寐,
将军白发征夫泪。

"小乐,从题目中就知道这是一首思念亲人的诗,为什么他们与
家人分隔两地呢?"

"因为他们在外征战,要保家卫国。"

"是啊,边塞战士在家国两者之间做出了选择,他们选择保卫国
家安全,舍弃与家人的团聚。"爸爸意味深长地说。

"就像上周我们读的《中国民间故事》里的苏武牧羊,苏武宁可
在茫茫草原上放羊 19 年,也宁死不屈,坚决不投降。"

"是啊,小乐,当洪水肆虐,即将带来毁灭性的影响时,救援人
员是怎样选择的?"

"救援人员选择奔赴抗洪救灾的第一线,舍弃了小家的快乐。爸
爸,神舟十三号摘星星的妈妈王亚平选择为航天事业做贡献,舍弃了

她陪伴孩子的时光。"小乐感慨道。

"人的一生总会有许多选择。国与家的选择、公与私的选择都会摆在我们的面前。一旦你做出了选择，就要为你的选择负责，明白吗？"爸爸一脸慈爱地说。

"我懂了，爸爸，就像现在，我选择了养狗，就要对它负责。"

"儿子，你是真正的男子汉，加油啊！我选择，我负责。爸爸会帮助你的。"爸爸与小乐击掌，相视而笑。

我们也来一起做：

1. 在人生的无数次选择时，如何保持清醒头脑选准正确路线，在人生的道路上行稳致远？和孩子交流一下吧。

2. 和孩子一起想想英雄为什么选择了负重前行？在暮省日记上写下感悟。

141　　小米韭菜炒虾仁

"妈妈，小米韭菜炒虾仁这道菜好特别啊，不如咱们动手做做看吧。"小乐提议道。

"好啊，但是巧妇难为无米之炊呀。小乐，咱们第一步应该做什么？"

"当然是买食材。"小乐兴致勃勃地说。

韭菜和青虾买回来了，妈妈把冻得硬邦邦的青虾放在水池里消冻。

"小乐，冰去哪儿了？"妈妈打趣地问。

"化成水了，这可难不倒我。冰是水的不同形态，我在学校就学过啦。"

妈妈笑着说："下面我们要处理食材，思考一下，怎样的顺序最合适？"

"我想想，小米需要浸泡两小时，然后蒸熟晾凉，先准备小米吧，小米晾凉的过程我们可以准备虾和韭菜。"

"这样安排很节省时间哦！"妈妈称赞道。

小米蒸熟后，该处理虾了。用牙签挑掉虾线的时候，小乐发现有的虾线是黑色的，有的看似没有。妈妈通过网络查找资料，了解到虾线是虾的肠道，黑色虾线里是虾的排泄物。有的虾因为将排泄物都排干净了，所以虾线看起来跟虾肉的颜色非常相近。

"原来如此，世界真奇妙。"小乐感慨道。

虾处理好后，妈妈用盐和料酒把虾腌上去腥。接着择洗韭菜，将其切成小段。

小米晾凉，虾也已腌好并在开水中汆烫捞出。

小乐将葱末爆香，倒入小米翻炒，然后放入韭菜，加入盐后再次翻炒，最后把虾仁倒入翻炒，这道美味的小米韭菜炒虾仁就做好了。

"炒过的小米很有嚼劲哦"，小乐尝了一口感慨道，"一向被我们当作主食的小米，竟然能和蔬菜、肉类一起做菜，真神奇呀！"

我们也来一起做：

　　1. 和孩子一起想一想，食材上了餐桌，中间经过了哪些环节或哪些人的劳动？

2. 跟孩子一起动手做一道小米韭菜炒虾仁，尝尝美食的味道。

142　小小书皮不简单

妈妈给小乐看了一个如何包书皮的视频，看完视频后，小乐跃跃欲试，准备大显身手。

先将一张挂历纸对折，然后展开，把书放在挂历纸上安排好位置，用铅笔沿着书本的上下两边画出两条笔直的平行线，沿线分别对折，然后在书皮中间上下两边剪出一个超出书本厚度大约一寸的梯形。如果梯形过大，翻书的时候书皮容易脱出来；如果梯形过小，翻书时容易使书皮撕裂，这是包书皮中的要点。

接着，小乐把书套进书皮中，再把超出封面部分对折成一个长方形，最后把长方形的上下两边折出两个小三角，并用透明胶固定以防脱落。妈妈告诉小乐，为了更美观好看一些，可以用指甲在书的"脊梁"上划出一道棱，这样看起来会更有立体感。

终于大功告成了，小乐深叹一口气。可当小乐准备欣赏自己的"杰作"时，瞬间哭笑不得。由于对折的两条平行线不平行，导致书皮上下宽窄不一，书套在书皮里就像一个多边形的豆腐块。无奈，小乐只好把书皮摘下来，吸取上一次的教训，全神贯注地重新包起来。

功夫不负有心人。几分钟后，一个崭新的"铠甲勇士"横空出世了。小乐包了一本又一本，每次都精益求精，一本比一本包得顺畅。终于包完了，望着新书穿上了坚硬的铠甲，小乐心里无比开心。

我们也来一起做：

1. 包书皮是为了更好地爱护书，你还有哪些爱护书的小妙招呢？与孩子分享一下吧。

2. 我们做事时要手脑结合，脚踏实地地干。与孩子交流一下，小乐从包书皮中得到了哪些启示，在暮省日记上写下来吧。

143   小火慢炖才是真

吃过午饭，妈妈让小乐猜谜语："两个小木盆，扣个皱脸人，木盆扣得紧，不砸不开门"。

小乐想了一下，回答道："核桃，很简单嘛！"

"奶奶昨天给咱们拿了一袋核桃，今天咱们就用核桃做道美味的零食吧。"

"好啊，好啊。"小乐一脸兴奋，红扑扑的小脸像一个半熟的桃子。

妈妈从柜子里拿出核桃，一边用核桃夹子夹开核桃，一边给小乐普及核桃的构造和作用。"核桃仁之间的这层隔离膜叫分心木，它可是个好东西，用它泡水喝能够治疗失眠，长期服用还可以增强免疫力呢。"

妈妈接着说："核桃仁有补脑益智的作用。单吃核桃仁有点苦涩，稍微转变一下思路，做糖霜核桃仁就非常好。"

妈妈边说边用小火慢慢焙剥好的核桃仁和白芝麻，焙熟后将它们盛出来放进盘子里，待稍微晾凉后，小乐用手轻轻地将核桃的外衣搓掉。

这时，妈妈取来一些白砂糖放进锅中，开始用小火慢慢炒。只见白砂糖慢慢融化，逐渐冒起了小泡泡。妈妈告诉小乐，熬糖汁要慢，不可心急，就像人生很多事情不能一蹴而就、拔苗助长。

小乐似懂非懂地问道："意思是需要耐心与等待？"

"对，拔苗助长只会适得其反。"妈妈语重心长地说，"来，糖汁熬好了，小乐帮妈妈把核桃倒进锅里吧。"

核桃下锅，妈妈快速翻两下关掉火继续翻炒，等到核桃仁都包裹上了糖浆，慢慢起了糖霜，最后撒了点儿白芝麻作为点缀，外表色泽金黄，口感焦脆香甜，这道糖霜核桃仁便大功告成了。

我们也来一起做：

1. 人生很多事情不能一蹴而就，需要"小火慢熬"，你想到了哪些事情呢？与家人分享一下吧。

2. 糖霜核桃仁可以当作零食吃，而且也简单易学，尝试与孩子一起做给家人吃。注意熬糖时要小火慢慢熬哦！

144   中秋月儿圆又圆

中秋节这天，小乐和爸爸妈妈回到了乡下奶奶家，与爷爷奶奶共度中秋。吃完晚饭后，一家人坐到庭院里赏月。

可能是今晚的月色太美，小乐爸爸不禁诗兴大发，"举杯邀明月，对影成三人""明月几时有，把酒问青天……"，爸爸把耳熟能详的关于月亮的诗句都背了一遍，一边背还一边做出各种滑稽的动作，惹得全家哈哈大笑。

笑着笑着，小乐发现天上的月亮果真像一个大盘子，不由得说："难怪唐朝大诗人李白说'小时不识月，呼作白玉盘'呢。看来李白和我有同样的感觉呀！"

"这就叫'千古一轮月'啊！你看这中秋的月亮真是最美不过了。"爸爸感慨道。

"吃月饼啦！"奶奶端着盘子走出来，只见盘子里的月饼都被切成了五份。小乐有点迷惑不解，在奶奶的一番解释下，小乐恍然大悟，原来吃月饼时，月饼要每人一份才能表示团圆。

这时爷爷突然问小乐："你知道中秋节的来历吗?"小乐站起身，清了清嗓子，一本正经地说："农历的八月十五在秋季的中间，所以叫中秋节。中秋节的传说有嫦娥奔月、吴刚伐桂等，有趣的故事多的是。"听完小乐的介绍，爷爷点着头说："不错，不错，读书就是长知识。"

听了这话，全家人都笑了起来。笑声伴着月色，明朗了每一个人的心。

📖 我们也来一起做：

1. 露从今夜白，月是故乡明。给孩子讲讲你小时候是怎样过中秋节的？

2. 和孩子一起收集和月亮有关的典故或者格言，在暮省日记上写下来。

145　　小绘本里大智慧

几组爱阅读的家庭每月举办一次读书会，这次轮到在小乐家举办。下午两点，读书会如期开始了。今天轮到小乐分享绘本故事，他讲的是《大卫，不可以》，小朋友们听得聚精会神，小乐还时不时地提问，小伙伴们也积极配合。

小伙伴们注意到了两幅图中的黄色餐巾、两个超人形象、大卫被子上的图案，这些图案表达出孩子们对太空世界的向往以及对超人的崇拜。他们讨论得热火朝天。

孩子们分享结束后，各自开始看书，父母们开始探讨这本书里的智慧。小米妈妈说："妈妈把饼干桶放在最上层，大卫为了吃饼干踩在凳子上去够十分危险。我认为妈妈不想让孩子拿到某种东西，最好的办法是不让他看到。"

洋洋爸爸谈道："大卫吃东西的画面，口腔里塞满了五颜六色的食物。画面的底色和大卫的脸都是红色的，说明大卫已经吃得够多了，可他还在不停地吃。这提醒我们家长不能让孩子吃得过多，否则不利于身体健康。"

琪琪妈妈说："最后一页的图画，大卫扑到了妈妈怀里，尽情享受着妈妈浓浓的母爱。风雨过后，母子相依的画面太感人了，大卫的妈妈给了孩子足够的安全感。"

"虽然这是一本看似简单的绘本，但蕴含着大智慧。今后我们仍要继续关注绘本中的细节，发现图画后隐藏的秘密。"小乐妈妈总结道。

我们也来一起做：

1. 读了《大卫，不可以》这个绘本故事，在教育孩子方面，你有什么新感悟？

2. 和孩子一起开一个小型的分享会，将自己喜欢的书推荐给他人。

146   小议《图书馆狮子》

"爸爸，您帮我录一个读书分享视频吧！"

"好啊，现在开始。"只见小乐手拿《图书馆狮子》开始介绍起来，"一头狮子来到图书馆，它很守规矩，孩子们都很喜欢它。一天，安静的狮子不顾一切地对马彬先生大吼。马彬先生非常生气，去向麦小姐告状，却发现麦小姐摔倒在地上，不能动弹，他才意识到原来狮子是去向他求救，去救麦小姐。麦小姐对生气的马彬先生说：'有时候，只要有正当的理由，就算在图书馆也可以打破规矩。'而此时，狮子却因为自知违反了图书馆的规定，黯然离开了图书馆。大家开始怀念狮子了，马彬先生决定做点什么。终于在一个下雨天，马彬先生找到了蹲在图书馆门口的狮子，把它带进了图书馆。曾经违反规定的狮子又回来了！大家都欢呼起来。我的故事讲完了，谢谢大家聆听！"

"语言流利，思路清晰，看来你读得很认真。小乐，你觉得这个故事的关键词是什么？"爸爸笑着问道。

"我觉得是讲规矩、讲规则。"小乐回答。

"是的，那我们为什么要遵守规矩呢？你知道吗？"爸爸的问题更深了一步。

"遵守规则是文明行为，也是为了保护自己和他人的权益和安全。"乐乐说完接着问道，"那什么时候需要打破规矩呢？"

爸爸说："当人的生命受到威胁或者情理大于规则的时候，我们就需要灵活地运用规则，适当打破规则。"

小乐若有所思地说："哦，我明白了，规则是为人服务的，我们不能成为规则的僵化执行者。"

爸爸竖起大拇指，给小乐点了个赞！

我们也来一起做：

1. 你如何理解"自由"与"规则"之间的关系？与家人交流一下吧？

2. 跟孩子一起搜索关于遵守规则的宣传标语，从中挑选一至两条，摘抄到暮省日记上。

147　国是千万吾之家

亲爱的皮宝：

展信悦！

没有忘记昨天视频时跟妈妈的约定吧，想必你这个小滑头一早就端着小板凳坐在电视机前了吧？

怎么样？国庆节的升旗仪式给你什么感觉？妈妈等着你的分享。

妈妈想跟你一起唱《今天是你的生日》，祝福我们伟大的祖国繁荣昌盛。

> 今天是你的生日
>
> 我的中国
>
> 清晨我放飞一群白鸽
>
> 为你衔来一枚橄榄叶
>
> 鸽子在崇山峻岭飞过
>
> 我们祝福你的生日我的中国
>
> 愿你永远没有忧患永远宁静
>
> 我们祝福你的生日我的中国
>
> 这是儿女们心中期望的歌……

妈妈把谱子给你，你用竹笛试着吹吹看，让哥哥妹妹们也一起唱一唱吧！

少年强则国强。少年有理想，有担当，祖国有未来，民族有希望。我们要爱国敬业，妈妈希望你好好学习，天天向上。因为国与家的命运是紧紧连在一起的：国是荣誉的毅力，家是幸福的洋溢。妈妈想送你一首诗，午读的时候可以跟爸爸一起诵读哦！

少年中国说（节选）

红日初升，其道大光；河出伏流，一泻汪洋。潜龙腾渊，鳞爪飞扬；乳虎啸谷，百兽震惶。鹰隼试翼，风尘吸张；奇花初胎，矞矞皇皇。干将发硎，有作其芒。天戴其苍，地履其黄。纵有千古，横有八荒。前途似海，来日方长。

美哉，我少年中国，与天不老；壮哉，我中国少年，与国无疆！

皮宝，要记得诵读后录视频发给妈妈，希望你能从诗中得到不一样的收获。

妈妈

我们也来一起做：

1. 和孩子一起学唱歌曲《今天是你的生日》，祝福我们伟大的祖国繁荣昌盛。

2. 让孩子用自己喜欢的方式在暮省日记上记录下诵读《少年中国说》后的感受。

148   水随天去秋无际

亲爱的皮宝：

展信悦！

江南的十月已经入秋了，注意别感冒哦！海南的十月依旧艳阳高照，妈妈每天上课都是汗流浃背，特别想念那微微清爽的秋风。皮宝，谈到"金秋"你是不是想到了金灿灿的稻谷？其实不然，在古代，人们把世间万物看成由金、木、水、火、土构成。木主管春季，火主管夏季，金主管秋季，水主管冬季，土主管中央，并扶助木、火、金、水。这便是"金秋"之由。

金秋的大自然美得让你无法想象，因为它在跟我们玩捉迷藏，只有会观察、会发现的孩子才可以欣赏到哦！

今天，我们要读的绘本是《森林里的躲猫猫大王》。这本绘本里隐藏着大自然的秘密，你能找到隐藏在其中的小秘密吗？试试看吧！

是不是还沉浸在寻觅中呢？光找可不行，在暮省日记上把你找到的秘密有条理地罗列出来吧！别抓耳挠腮，妈妈给你介绍一下爱因斯坦的三步读书法——总、分、总。

所谓"总"，就是先对全书形成总体印象。在浏览前言、后记、编后等总述性文字的基础上，认真阅读目录，概括了解全书的结构、体系、线索内容和要点等；所谓"分"，就是在总的基础上，逐页却不是逐字地略读全文。读时特别注意书中的重点、要点以及与自己的需要密切相关的内容；再所谓"总"，就是在阅读完全书后，把已经获得的印象条理化、系统化，经过认真思考、综合，以达到总结、深化、提高的目的。不妨用这个方法再好好看看书，妈妈相信这条"秘密线"在你的笔下肯定会特别有意思。

多补充维 C 增强抵抗力哦！妈妈爱你！

妈妈

我们也来一起做：

1. 在古代，为什么人们把世间万物看成是由金、木、水、火、土构成的吗？与家人交流一下吧。

2. 帮助孩子把在《森林里的躲猫猫大王》中找到的秘密有条理地罗列在暮省日记中吧！

149   我们与秋叶共舞

亲爱的皮宝：

展信悦！

送你的画收到了吗？你喜欢吗？这可是妈妈熬了好几夜画出来的呢，是不是得先夸夸我呀？

温馨恬静的秋阳，温柔清凉的秋风，天高云淡的蓝天，五彩斑斓的田野，这美丽的秋天如同百花盛开的春天一样令人陶醉。你是不是跟妈妈有一样的感受？

即使你不能跟爸爸一起驱车欣赏沿途秋的美，但妈妈想告诉你，我们的小区也很美哦，饭后跟爸爸到小区散散步吧！

帮妈妈转告皮爸，让他在散步时给你介绍介绍我们小区的树叶。我送了你礼物，你是不是应该回赠妈妈呢？那就收集些小区散落的树叶，跟爸爸一起做个创意树叶贴画吧！

在认识树叶和制作树叶贴画的过程中，你俩肯定会遇到"麻烦"的，妈妈建议你们做好准备再行动，善用工具书，"工欲善其事，必先利其器"。工具书是一种依据特定的需要，广泛汇集相关信息或文献资料，按一定的体例和检索式编排，专供查资料线索的图书，是我们学海求知的"器"。

在这里，妈妈要提醒你几点注意事项，一定要记在心里哦！1. 树叶捡回来后清理干净。2. 在书里夹两天，夹平整后再作画。3. 胶水不要用太多，一点点就好，多了较难清理。4. 细小的树叶或花瓣在粘贴时用夹子来操作。5. 作品完成以后，还要在书里夹 3 天左右才平整干燥，过塑后保存时间更长呦。

妈妈期待你的作品哦。

妈妈

我们也来一起做：

1. 看到温馨恬静的秋阳，你有什么样的感悟呢？与孩子交流一下吧。

2. 和孩子一起制作一幅树叶贴画吧！

150　　"食"刻"育"见美好

亲爱的皮宝：

展信悦！

看着你和爸爸制作树叶贴画的视频，妈妈好想跟你们一起完成。不能一起做手工，那妈妈就教你做一道美食吧！

食物不在于多么精细，而在于做的过程中的无限乐趣。妈妈知道你最爱吃木耳了，作为常州市食育优秀学生，你得名副其实吧？那就做一道清炒山药木耳吧。

因为山药的皮含有植物碱，皮肤接触后会产生痒的感觉，所以去皮的时候最好戴上手套。妈妈送你一个食谱小锦囊，你和爸爸一起动手试试吧！

准备350克山药、250克木耳（发好）、1根小葱、盐。

木耳洗干净，撕成小片。山药切片后没入水中。葱切成葱花。锅烧热后倒入油，把山药迅速滤水，倒入锅里大火快速翻炒，紧接着倒入木耳炒两下。关火，加入葱花和盐，借用余温再炒两下就可以盛盘了。

注意：山药切完后要放入冷水中，不然容易氧化成黑色，另外，山药容易糊锅，翻炒时一定要快。

享受美食的时候也不要忘了获取知识呦！和爸爸一起查阅资料，了解不同品种的山药、木耳都产自哪里，从外形到营养成分等有什么不同，记录在你的暮省日记里，届时可以讲给小伙伴们听，履行你常州市食育优秀学生的职责吧!

妈妈为你感到骄傲!

妈妈

我们也来一起做:

1. 你是如何让孩子在享受美食的同时获取知识的呢?
2. 鼓励孩子尝试用山药做一道美食,送给家人尝一尝。

151   人生最美是清欢

亲爱的皮宝:

展信悦!

秋分过后就是寒露节气了,作为二十四节气中的第十七个节气,寒露的到来表明已是深秋时节。

皮宝,读书就像踩在厚厚的落叶上一般,文字沙沙作响,说的是自己的故事、别人的故事以及这个世界的故事。妈妈最近就在读林清玄的《人生最美是清欢》。

这本书是林清玄2016年全新散文集,也是其创作45年来首部人生主题的手绘古风图文集。全书48篇经典篇目,横跨林清玄45载创作生涯,代表了林清玄的作品风格和思想智慧。读他的书,让人仿佛身处蓝天白云、夜空星斗、原野芳草之中;能让人摒弃平日的浮躁与芜杂,收获内心的宁静与平和。

林清玄用数十载的人生经历和生活智慧不断思考和探讨人生的价值和意义，而后发现人生最美是清欢。清欢是一种生活姿态，是一种寻找自我的方式，是一种至高的人生境界，它并非来自别处，而是来自我们对平静、疏淡、俭朴生活的追求和热爱。

亲爱的皮宝，在复杂的世界里，愿你做一个简单的人，放下执念，不浮不躁，不慌不忙，以清净心看世界，以欢喜心过生活，淡定从容地过好每一天。

最近，你过得开心吗？是否遇上让你烦恼的事情？不妨与妈妈一起读一读《人生最美是清欢》这本书，妈妈相信你会有很多收获的。

妈妈

我们也来一起做：

1. 《人生最美是清欢》带给了你什么样的思考？

2. 与孩子一起阅读《人生最美是清欢》，在暮省日记上摘抄书中的美词佳句。

152　秋菊花盛正鲜艳

亲爱的皮宝：

展信悦！

二十四节气课程上，老师又组织你们开展了有关寒露的什么活动呀？好想听你给我讲一讲呀。

　　寒露至，晚秋来。白日幽晦、归鸿南飞；草木零落、众物蛰伏。看似一切都变得垂败，但变换一个角度，依然可以看到不一样的风景，就如东晋陶渊明创作的《饮酒》。跟妈妈一起读一读这首诗吧！

饮　酒
东晋·陶渊明

结庐在人境，而无车马喧。

问君何能尔，心远地自偏。

采菊东篱下，悠然见南山。

山气日夕佳，飞鸟相与还。

此中有真意，欲辨已忘言。

　　寒露时节，民间有一个习俗就是赏菊。菊花是中国十大名花之一，也是花中四君子之一，还是世界四大切花之一，产量居首。因为菊花具有清寒傲雪的品格，杜甫曾写下了"寒花开已尽，菊蕊独盈枝"的名句。在神话传说中菊花还被赋予了吉祥、长寿的含义。

　　唐宋时，重阳赏菊已成为风俗。宋代，菊之名种培植繁多，盛况逾越前代，赏菊成为当时的一大活动。明、清继之，并增加了堆菊花山等项目，实际即是菊花品种展览，其名目多至千种。

　　皮宝，午后你可以和爸爸到室外赏菊，用手机或者相机拍下你观察到的菊花，并用自己的方法查出它们属于什么品种，试着在你的暮省日记上制作菊花介绍卡。

　　和爸爸一起关心家里的老人，为他们准备节令变换需要的生活用品可以吗？别忘了带上妈妈的一份心意。

妈妈

我们也来一起做：

1. 与孩子一起思考，除了"采菊东篱下，悠然见南山"，你还知道哪些带有"菊"字的诗句？你对菊的认知是什么？

2. 让孩子在暮省日记上记录菊花介绍卡，并简述其品种、生长环境等内容。

153　　糯米枣中溢孝心

亲爱的皮宝：

展信悦！

《月令七十二候集解》说："寒露，九月节。露气寒冷，将凝结也。"寒露的意思是气温比白露时更低，地面的露水快要凝结成霜了。寒露时节，岭南及以北的广大地区均已进入秋季，东北已进入深秋，西北地区已进入或即将进入冬季。

寒露养生，需要保养身体内的阳气。红枣能补中益气，养血安神；糯米味甘，性温，入脾、胃、肺经，具有补中益气、健脾养胃、止虚汗之功效。把红枣和糯米搭配在一起再加点桂花蜜，这样做出来的糯米枣就是寒露时节的最佳食品了。

让妈妈来告诉你糯米枣的做法吧，先准备好红枣和糯米粉，把糯米粉揉成光滑的面团，待用；接着将红枣清洗干净，泡温水 30 分钟，让其充分膨胀；然后将浸泡好的红枣去核，把糯米粉搓成小剂子塞进红枣里，剂子大小以填满为准；锅中烧开水，放入做好的糯米枣，上锅蒸 8—10 分钟；蒸好的糯米枣出锅后，淋上一点桂花蜜就可以吃了！

皮宝，你有没有发现寒露节气来临后，我们的生活也开始发生了变化，有哪些变化呢？寒露节气又要注意些什么呢？把你的观察和思考记录在暮省日记上吧。

妈妈

我们也来一起做：

1. 按照文中的做法，协助孩子试着做糯米枣，并且拍摄制作小视频。

2. 寒露节气要注意些什么呢？和孩子一起交流，并把观察和思考记录在暮省日记上吧。

154   五彩缤纷的四季

亲爱的皮宝：

展信悦！

还记得之前妈妈让你在森林中寻找秋的秘密吗？你和爸爸在秋天观察到了什么有趣的事物呢？跟妈妈说一说吧，让妈妈也能感受到你的快乐。

今天妈妈要向你推荐一部比故事书还要有趣的科普读物，这是一部关于大自然四季变化的百科全书——《森林报》。

《森林报》是一幅欣赏大自然四季更替的新奇瑰丽画卷，讲述了一段浪漫清新的精神旅行。全书以春、夏、秋、冬四季 12 个月为序，有层次、有类别地向我们真实生动地描绘出发生在森林里的爱恨情仇、喜怒哀乐、生存与毁灭……将动植物的生活表现得淋漓尽致，引人入胜。

皮宝，只有熟悉大自然的人，才会热爱大自然。就如这本书的作者——儿童科普作家和儿童文学家维·比安基，他就是这样一个人，所以才为孩子们创作了《森林报》。妈妈建议你去看看这套书，在这之前妈妈想先送你一个阅读妙招——跨界阅读。跨界阅读就是跨越学科的界限去读书。它突出强调阅读时要整合各学科以及生活实际进行阅读。在阅读《森林报》时试着用跨界阅读的思维，去读一读、画一画、写一写、演一演，从不同角度去观察和体会秋天吧！

妈妈期待你的阅读分享哦！

妈妈

我们也来一起做：

1. 和孩子的思维碰撞一下，分享森林中的动植物有哪些秋的秘密。

2. 运用跨界阅读的思维阅读《森林报》，和孩子一起去读一读、演一演，在暮省日记上画一画、写一写。

155　橙黄橘绿是秋天

亲爱的皮宝：

展信悦！

《森林报》中的大自然是不是五彩缤纷？秋天就是这样一幅橙黄橘绿的美丽画卷，充满了诗情画意。

你看，秋姑娘带来了丰收的画卷，给高粱抹红了"脸蛋"，给玉米穿上了橘红色的"裙子"，给稻谷穿上了金色的"西装"。不如午后，你就和爸爸一起用丰收的谷物做一幅谷物贴画吧！

你要用到的是两类工具。一类是谷物，在咱们家的橱柜里，有红豆、绿豆、黑豆、黑米、大米等；一类是文具，在你的书房，有胶水、双面胶、白纸、铅笔等。

首先，在白纸上画好自己喜欢的图案，比如太阳花；然后，用红豆和绿豆分别粘在花瓣和叶子上，用黑米粘好花心；最后，在花中间的部分涂上胶水，撒一把小米，使劲按压之后，提起来将多余的米粒倒出收起来。一幅谷物贴画就完成了！

你也可以选择不同的谷物制作有创意的贴画。谷物贴画不好保存，做好后可用玻璃框装裱一下。记得拍视频发给妈妈哦！

在今天的暮省日记上，你还想记录下这一天中哪些快乐的瞬间呢？把你制作的过程和心情写下来吧。

妈妈

我们也来一起做：

1. 秋天是一幅橙黄橘绿的美丽画卷，你是如何让孩子感受到秋之美的？

2. 让孩子尝试做一幅谷物贴画，并在暮省日记上记录下制作过程！

156　　五谷杂粮百合粥

亲爱的皮宝：

展信悦！

近来日渐降温，爸爸还咳嗽吗？秋季宜养胃，熬粥喝最好；秋季更宜养肺，百合是润肺佳品。不如你用五谷杂粮熬粥，加上润肺清热的百合，做一道养生美食如何？我们就叫它五谷杂粮百合粥吧！

你先把家里的糙米、燕麦、小米、黑米、红米、玉米糁、大米、荞麦、高粱、糯米等多种杂粮食材混合成半杯多谷米，在清水中淘洗干净；然后再给锅里加水，等水烧开后将多谷米放入水中煮半个小时；最后，把鲜百合瓣开洗净，待粥比较浓稠时放入百合，小火煮5分钟即可，如果喜欢喝甜粥还可以加点冰糖。

除了享受美食，妈妈还想让你享受阅读！送你一个阅读小妙招——实践法。

如果能将书中的内容与自己的生活实践联系起来，就可以将书读"活"，我们的阅读就能收到事半功倍的效果了。比如，读了《爱的教育》这本书，我们可以在生活中寻找像书中写的那些有爱的人、事，这样我们对这些人和事的认识就更深了。再比如，读了《昆虫记》，就在大自然中去寻找那些昆虫，观察、研究它们，这样我们对《昆虫记》的了解就更加全面了。

你明白了吗？不如尝试着用实践法去阅读一本书吧，记得把实践所得写在暮省日记上哦！

妈妈

我们也来一起做：

1. 与孩子尝试用实践法重新去阅读一本最近在读的书，交流阅读后的感受。

2. 百合是润肺佳品，让孩子了解一下百合还有哪些制作方法，记录在暮省日记上，分享给身边的人。

157   旷远奔放食在秋

阳阳和爸爸妈妈在周末的黄昏聊天，聊着聊着，就说到了读书。爸爸饶有兴致地对阳阳说起了卡片盒笔记法。

卡片盒笔记法包含四种卡片，一是临时笔记，只要是你想记录的东西，包括灵光一现的想法，都可以随时记录下来；二是文献笔记，阅读一本书所记录的简短笔记；三是永久笔记，把学懂的知识变成积木块，用统一方法记录整理，贴上关键标签，方便随时拼搭出知识大厦和新点子；项目笔记，单独存放某一专题的笔记。按照这样的方法来组织笔记，积累知识，形成的知识卡片，记忆会特别牢固。阳阳边听边记，感觉收获颇多。

这时，妈妈开始准备晚饭了。阳阳自告奋勇，要给全家做一道西红柿炒鸡蛋。

阳阳先把西红柿洗净，在顶部轻轻地划一个十字刀，然后将西红柿放入碗中，浇入烧开的水烫三分钟左右，去皮后，再把西红柿对半切开，切成滚刀块装盘备用。

接着将准备好的鸡蛋打散，加入一点白醋去腥，再添入一小勺清水，用筷子把鸡蛋搅散。热锅凉油，倒入鸡蛋液，等鸡蛋液慢慢蓬松变大，变成金黄色后装入盘中备用。

锅里继续添入少量油，油热后放入葱蒜爆香，倒入切好的西红柿翻炒均匀，把西红柿里的汤汁炒出来。加入盐，放适量白糖、少量鸡精，接着倒点生抽翻拌均匀，再加入两勺番茄酱增加口感，最后倒入炒好的鸡蛋，开大火翻炒。这道鲜嫩入味的西红柿炒鸡蛋就做好了。

阳阳端出炒好的菜献宝似的看着爸爸妈妈，脸上洋溢着自信。一餐饭、一家人、一片笑声、一个暖洋洋的周末。

我们也来一起做：

1. 和孩子一起讨论卡片盒笔记，说一说自己的观点。

2. 与孩子一起做一道西红柿炒鸡蛋，感受劳动的快乐，并在暮省日记上记录这一天的收获。

158   最是深秋引遐思

金，是秋天丰硕的色彩；韵，是秋天迷人的景致。

金秋惬意的午后，阳阳和妈妈正在阅读绘本《我想你了，爸爸》。

阳阳坐在妈妈的旁边，听妈妈声情并茂地讲故事：一个女孩叫平平，她正是绘本的作者。在父亲离世之后，出于对父亲的想念，平平通过书信的形式，模拟了一次与离世父亲的对话，表达内心最真实的情感。

妈妈讲完了，轮到阳阳读故事了。阳阳读着文字，不由得流下了感动的泪水。阳阳告诉妈妈，她想写信给作者，想把自己的真实想法告诉这个姐姐，妈妈由衷地为阳阳竖起了大拇指，为阳阳的想法点赞。

妈妈告诉阳阳："好书实在是太多了，可我们的阅读时间却是有限的。为了能够读到更适合自己的书籍，妈妈为你推荐一个阅读小妙招——'选读'，也就是读书时要有所选择。古往今来，人类的文化宝藏极为丰富。我们可以结合自己的年龄特点和实际情况，有针对性地选择书目，这样才能达到事半功倍的效果。"

阳阳有所领悟："读书时需要有所取舍，那人生是不是也一样需要有取舍，这样才能把事情做好？"

妈妈惊喜地说："阳阳学会举一反三了，真是好样的，其实不止读书，做事也一样。有重点、有方向才能有进步。妈妈相信你。"

付出就会有收获，和孩子一起去阅读吧，书籍会给予你意外的惊喜。

我们也来一起做：

　　1. 读书时有所取舍才能取得最大的效果。鼓励孩子尝试选读法，并交流一下收获。

　　2. 和孩子一起列出这一年内的阅读书籍清单，帮助孩子做出最符合年龄特点、倾向自己内心喜好的取舍。

159　明月千里共婵娟

　　音乐播放器里播放着邓丽君的《但愿人长久》，旋律优美，十分动听。阳阳不由得也跟着哼唱了起来，妈妈看到阳阳兴致很高，就一遍又一遍地播放着歌曲，和阳阳一起哼唱起来。

　　爸爸回来了，阳阳迫不及待地给爸爸展示自己新学的歌。爸爸直夸阳阳唱得不错，问道："阳阳学会了一首歌，也算记住了一首词。你知道这首词是写给谁的吗？你对苏轼又有多少了解呢？"

　　阳阳迫切地说："爸爸知道多少？快点告诉我吧！"

　　爸爸兴致勃勃地拿出林语堂写的《苏东坡传》，为阳阳和妈妈读了苏轼因思念弟弟而写下的这首脍炙人口的词，讲了苏轼和弟弟"但愿人长久，千里共婵娟"的兄弟情深……

　　妈妈和阳阳听得心潮澎湃，爸爸笑着说："今天的手工活动，我们做河灯好不好？"

　　"为什么要做河灯？"阳阳不解地问。

"河灯又称荷灯，是一种民间祭祀活动，用以表示对逝去亲人的悼念和对活着的人的祝福。咱们今天做河灯，写上对未来美好生活的祝愿，然后放到郊外的小河里，把希望放飞，多么有意义啊!"爸爸愉快地回答。

爸爸让阳阳从美术工具袋里找来了一些正方形纸。父女俩上网搜索了教程，阳阳细致地对照步骤认真地折河灯，爸爸在一旁指导帮忙。妈妈看着这其乐融融、和谐温暖的画面，开心地笑了。

我们也来一起做：

1. 与孩子学唱《但愿人长久》，了解苏轼伟大而丰富的精神世界。

2. 查阅资料，了解有关河灯的由来和习俗。和孩子一起动手折一折河灯，并在河灯上写下自己的祝福。

160   秋意渐来意阑珊

今天的晨诵，阳阳和妈妈一起走进了孟浩然的《宿建德江》

宿建德江

唐·孟浩然

移舟泊烟渚，日暮客愁新。

野旷天低树，江清月近人。

阳阳大声诵读着，眼前仿佛出现了诗中的画面：小船停泊在如烟雾一般迷蒙的水中小洲，太阳西下，天色暗淡下来，羁旅他乡的诗人心头又增添了几分新的愁绪。

"妈妈，诗人想念家乡，他的内心是多么愁闷啊！"阳阳难过地说。

妈妈和阳阳互相交流读后的感受，聊着聊着，阳阳的肚子咕噜咕噜地叫了起来。

妈妈忍不住大笑起来："小馋猫饿了？今天妈妈给你做茭白烧肉丝，你来打下手。"

接下来制作正式开始。妈妈把肉拿出来开始切，阳阳目不转睛地盯着看，菜刀在妈妈的手里仿佛有魔法似的，不一会儿，均匀的肉丝就切好了。紧接着妈妈将肉丝加入适量的生抽、料酒、淀粉等腌制 10 分钟备用；同时，妈妈指导阳阳把茭白清洗干净切成 3 厘米的段，再竖立起来切成 0.5 厘米的片，然后，顺着纹路切成 0.5 厘米厚的粗丝。阳阳帮妈妈剥好了大蒜，妈妈剁成蒜蓉待用。之后油锅烧热将肉丝加入翻炒均匀，待肉上色，拨至一边，加入蒜蓉炒出香味，最后加入适量的老抽、食盐、鸡精、白糖，翻炒均匀；盖上锅盖，稍焖 2 分钟，加入红辣椒，茭白烧肉丝就做好了。

闻着香喷喷的菜香，阳阳馋得口水都流出来了。

我们也来一起做：

1. 边读《宿建德江》边想象画面，与孩子交流一下读后的收获与疑问。

2. 和孩子一起在暮省日记上给诗歌配上美丽的图画。

161   不是花中偏爱菊

深秋，既是菊花盛开的季节，也是赏菊的最美时节。今天的早读，阳阳和妈妈一起诵读了元稹的七绝《菊花》。

菊   花

唐·元稹

秋丛绕舍似陶家，遍绕篱边日渐斜。

不是花中偏爱菊，此花开尽更无花。

伴随着轻音乐，阳阳读着读着，拿出了经常用的画本，开始把脑海中的画面呈现在了纸上，一丛一丛的菊花环绕着房屋，诗人绕着篱笆欣赏菊花，好一幅和谐的画面啊！

午读时光，爸爸陪着阳阳读起曹文轩的绘本《菊花娃娃》。

看着封面，阳阳和爸爸饶有兴致地猜起了故事，这个长发飘飘的女子和菊花娃娃之间会发生哪些有趣的故事呢？

阳阳已经等不及了，于是，爸爸绘声绘色地给阳阳讲起了故事：一个长发飘飘的女人用她一生的时间去做各种各样的布娃娃，并在每个布娃娃身上绣上漂亮的菊花。她把每一个布娃娃都送给了有需要的人们，当所有的布娃娃都离开她以后，女人也老了。于是所有的布娃娃都不约而同地回到了她的身边。当穿过菊花地的时候，每一个布娃娃都摘了朵菊花。第二天早晨，她的窗台上、地上全是她的孩子布娃娃，看到自己的孩子回来，她开心地笑了。

阳阳听着爸爸的讲述，意犹未尽地看着绘本上的画面。他想：如果我也有一个菊花布娃娃，那会是什么样子，要送给谁呢？我也要创造一个很美很美的故事。

🌿 **我们也来一起做：**

1. 感受诗歌描绘的画面，和孩子交流一下，你觉得诗人偏爱菊花的原因是什么？

2. 跟孩子一起想象一下在《菊花娃娃》中主人公制作的其他娃娃被送去了哪里，编一段故事，在幕省日记上写下来或画下来。

162　　独立疏篱趣未穷

今天阳阳和妈妈读郑思肖的《寒菊》，感受到了不同诗人笔下不一样的菊花。读完妈妈给阳阳讲起了诗人"宁为玉碎，不为瓦全"的凛然正气，阳阳听得很认真，为诗人的气节感到深深的敬佩。

连读两首有关菊花的诗，阳阳灵机一动："最近我学了衍纸手工，咱们今天做立体衍纸菊花吧？"

阳阳告诉妈妈：衍纸是一种源于中国，盛行于英国的纸艺形式，被誉为"纸上的雕塑"。衍纸艺术又叫卷纸装饰工艺，就是以专用的工具将细长的纸条一圈圈卷起来，成为一个个小"零件"，然后通过剪、卷、折、粘等手法，把这些样式复杂、形状不同的"零件"组合起来，创作出各种形状和色彩丰富的小作品。

阳阳拿来美术工具袋，为妈妈示范：首先将黄色衍纸条用剪、卷、粘等方法制作出花蕊；接着用各色衍纸条卷了纸卷，然后依次捏成眼睛形状、水滴形状、月亮形状等，以便可以组合粘贴成一朵朵衍纸花；最后，把制作出的各种形状的小"零件"组合粘贴到硬纸板上。阳阳还教妈妈用衍纸笔卷花，母子俩找到窍门后，速度也快多了。阳阳给花朵粘上花茎跟花秆，妈妈用剪刀剪出一些叶片粘到花秆上面。最后，母子俩小心地把纸板粘贴画放进相框封好，一个成型的手工作品就完成了！

阳阳把作品摆在客厅显眼的位置，想象着爸爸回来惊叹赞美的样子，不由得笑了。

我们也来一起做：

1. 与孩子搜集关于赞颂菊花的诗词，并说一说你对古诗词中菊花精神的理解。

2. 和孩子一起了解衍纸艺术，并试着制作衍纸菊花。

163   走近伟人毛泽东

今天诵读的是一代伟人毛泽东的《采桑子·重阳》。

采桑子·重阳（节选）

毛泽东

人生易老天难老，

岁岁重阳。

今又重阳，

战地黄花分外香……

　　对于阳阳来说，《采桑子·重阳》的写作背景有些遥远，为了让阳阳有更多的体会，爸爸给阳阳讲起了故事。1929年，红四军内部产生了矛盾，毛泽东被迫离开队伍。当时正值重阳佳节，毛泽东登上临江楼，凭栏远眺，只见远处天高云淡，远山逶迤，大地一片锦绣。触景生情的毛泽东挥毫写下了这首《采桑子·重阳》，词中处处展现着伟人豁达乐观的情怀。

　　为了让阳阳对毛泽东有更多的了解，今天的观影时间，爸爸妈妈选择了励志成长影片《少年毛泽东》。这部影片讲述了少年时期的毛泽东与小伙伴一同经历的各种成长往事，从孩子的视角讲述了少年毛泽东的"成长烦恼"。

　　看着电影，阳阳心想，原来伟人和我们一样也有各种各样的烦恼。阳阳也想把自己的感受和烦恼分享出来，于是一篇日记新鲜出炉了。欣赏着阳阳最真实的表达，爸爸妈妈也很是欣慰。

我们也来一起做：

　　1. 引导孩子思考，对照伟人的成长，少年的你想成为一个怎样的人，再用心想一想，现在的你是一个怎样的人？

　　2. 与孩子一起诵读《采桑子·重阳》，查找资料了解这首词的写作背景，在暮省日记上写下自己的收获。

164   田家之乐秋始见

早晨草芽一个鲤鱼打挺翻身下床，穿上鞋子就去洗漱。一切就绪后，她端端正正地坐在书桌前，拿出今天的晨诵诗大声朗读起来。

妈妈笑着说："这首诗把秋天的丰收景象描绘得如临其境，现在正是五谷丰登、瓜果飘香的美好季节。我们就不要辜负这份美好，咱们借着这首诗的意境读一本关于秋收的绘本吧！"

"好啊，好啊！"草芽兴奋地蹦起来。

妈妈说："在读绘本之前，咱们要约法三章，要按照'三步阅读法'来读。第一步是快速浏览，目的是大致了解绘本的内容。第二步是精细阅读，找到自己喜欢的部分，多追问，细致观察与体会，培养勤思善问的好习惯。"

"那最后一步呢？"草芽急忙问道。

"第三步是结合绘本后的科学知识拓展延伸，了解更多知识。这也是很重要的一步哦，记住了吗？"妈妈微笑着说。

草芽点点头，拿出绘本《丰收的秋天》，在妈妈的陪伴下开始阅读。

草芽读完三遍以后，妈妈问："你读明白了什么？"

草芽沉思了一下说："书里七个小精灵飞在结满果实的枝头，看忙碌的收割，闻稻菽的香气，同北归的大雁聊天，向忙于冬藏的蚂蚁问好。他们在秋天看到了丰收的美好景象，收获了许多快乐。我也好想去看看这秋天收获的景象呢！"

妈妈摸摸草芽的头，温柔地说："那我们今天就去农村的爷爷家感受一下丰收的秋天吧！"这时爸爸的声音传来："都收拾好了吗，我们现在就出发。"草芽忙拉着妈妈向爸爸飞奔而去。

农忙时节，一起出发吧！

我们也来一起做：

1. 与孩子尝试用"三步阅读法"阅读绘本，培养孩子勤思善问的好习惯。

2. 让孩子说说自己最喜欢《丰收的秋天》中的哪个小精灵？谈谈自己的感受，并在幕省日记上画一画自己眼中的秋天。

165　　一年好景君须记

草芽看着窗外五彩斑斓的秋天，无限神往地说："我真羡慕农民伯伯，他们不仅收获着五谷丰登，还能看到美丽的景色。不像我每天只能上学放学，看到的都是城市的高楼、马路。"

妈妈回应道："草芽，难道你没有听说过世界上并不缺少美，而是缺少发现美的眼睛吗？"

爸爸点点头说道："妈妈说得对，其实城市也有许多美丽的景色。你看我们家附近不是有很多生态小公园吗？现在正是秋天最美的时候，今天爸爸带你学习风景摄影，我们把美好的风景保存在我们的相册里，好不好？"

草芽听完眼睛一亮，拉着爸爸就要出门。爸爸忙说："先别急，爸爸先告诉你一些拍摄小贴士，一幅风景摄影作品中一定要有一个主体，有一个吸引人的闪光点。所以首先要有吸引人的景物，这个景物就是画面的主体。在风景画面中，除特殊的需要外，一定要保持在一条水平线上，这样才能给人一种平衡的感觉。同样，在画面中如果有竖直的线条，也一定要让它保持竖直方向。色彩结构也是重点，在拍摄风景照片时，要注意画面的色彩结构，不要让过于杂乱的色彩充斥在画面里。最后，光线的运用也是至关重要的，一般来说早晨和傍晚的光线最好，这个时候更容易拍出满意的作品。"

草芽拿出小本子——记下拍摄要领，别提有多认真了。

我们也来一起做：

1. 想想你做过哪些有意义的劳动？和孩子交流自己的感受。
2. 将拍摄的最满意的照片打印出来，和孩子一起为每一张照片起一个好听的名字，制作成影集。

166   重九旧韵诗词间

"妈妈，今天我们诵读《浣溪沙·重九旧韵》这首词吧。"草芽看着妈妈，大声朗读起来。

浣溪沙·重九旧韵
宋·苏轼

白雪清词出坐间。爱君才器两俱全。异乡风景却依然。

可恨相逢能几日，不知重会是何年。茱萸子细更重看。

爸爸在旁边拍手称妙："读得好。《浣溪沙·重九旧韵》是苏轼远离故乡写于杭州重阳宴席之中的词作。写了盛秋的景、南归的雁、重阳的茱萸，词中秋意浓重，情意绵长。"

妈妈趁机问草芽："你知道农历九月初九为什么是重阳节吗?"

草芽摇摇头，妈妈说："古人认为九是极阳之数，九月初九，两个九相重，故曰'重阳'。同时重阳节又时值'秋收冬藏'之际，所以劳作了一年的人们把丰收的喜悦融入各样的活动中，在重阳节这一天怀古抒情，寄托美好的愿景。"

草芽感叹道："原来这个节日蕴含着这么多传统文化呢!"

爸爸走到草芽身边说："是呀，重阳节不但寄托着思乡之情，还是一个尊老爱幼的传统节日。人们会在这一天用茱萸寄托自己对亲人的深厚情感。所以，重阳节也叫敬老节。"爸爸顿了顿又说："你现在想想看，你该给谁打电话问候了?"

爸爸的话还没说完，草芽就飞快地跑到客厅，边跑边喊："我要给爷爷奶奶打电话了，告诉爷爷奶奶我很想他们。"

爸爸站在原地，欣慰地笑了。

我们也来一起做：

1. 读了《浣溪沙·重九旧韵》，你的感受是什么呢? 与孩子交流一下吧。

2. 跟孩子一起查阅资料，了解茱萸的形态特征、生长环境、地理位置、品种分类、功效作用等，把获取的知识做成一份小报吧！

167　茱萸当钗满头归

草芽一大早就跑到妈妈的房间，兴冲冲地对妈妈说："妈妈，昨晚我查阅了有关重阳节的资料，了解了很多重阳节的习俗。"

妈妈笑着说："好啊，说来听听。"草芽自豪地说："重阳节，又称重九节、晒秋节、敬老节。在这一天人们会出游赏秋、登高远眺、观赏菊花、插茱萸、吃重阳糕、饮菊花酒等。这个节日一直以来都是人们寄托情思的重要节日。"

"说得对极了。那今天咱们就趁热打铁，做一个茱萸香囊，也来感受一下重阳的氛围。"

听说要做茱萸香囊，草芽惊喜地睁大了眼睛，连忙跟在妈妈的屁股后面忙前忙后。

妈妈一边准备材料一边说："茱萸是一种茴香科植物，成熟后变成紫红色，有止痛、理气等功效。重阳日，采摘它的枝叶和果实，用布缝一个小囊佩戴在身上，可用来辟除邪恶之气。现在你要睁大眼睛好好看着，我们一步一步来做茱萸香囊。"

妈妈找来从药店买的茱萸的种子，将布头剪成圆形，把颗粒状的茱萸放在布头中间包起来。手巧的妈妈像包包子那样捏出小褶，最后用丝线缠几圈扎紧打结。

异香扑鼻、小巧玲珑的香囊做好了。草芽连忙把香囊挂在身上，背着手走来走去。茱萸香囊随着草芽身体的律动，一摇一摆煞是好看！

⚜ **我们也来一起做：**

1. 古时民间在重阳节有登高祈福的活动，你生活的地方还有哪些有趣的风俗活动，和孩子一起交流。

2. 和孩子一起制作茱萸香囊，送给最亲爱的朋友；与孩子交流制作茱萸香囊的秘诀，写在暮省日记上。

168　　漫山红叶铺彩云

午饭时间，妈妈对草芽说："重阳节是一个充满传统意蕴的节日。今天咱们来做一件雅事——做重阳糕。"

"重阳糕？听起来就很好吃。"草芽拍手说道。

妈妈点头道："重阳糕又称花糕、菊糕，制无定法，各地在重阳节吃的松软糕类都称为重阳糕。所以家里有什么现成的材料，都可以用来做重阳糕。这种米糕松软甜糯，非常适合老年人吃。"

草芽迫不及待地说："妈妈，我们赶紧做重阳糕吧，做完我们送给爷爷奶奶吃。"

说干就干，妈妈很快就准备好了食材：主料有糯米粉、黏米粉、糖；辅料有红豆、红枣、葡萄干和桂圆。

如何处理这些食材呢？只见妈妈先把红枣、桂圆、葡萄干用水泡软备用，接着将红豆洗净放入电压力锅中加水煮至豆子绵软。然后加入白糖拌匀收汁，让糖裹在红豆表面，妈妈告诉草芽这就是蜜红豆。做完蜜红豆，妈妈在容器里加入糯米粉、黏米粉、糖，加水后搓成颗粒状，接着平铺在烤盘中晾至表面水分消失，然后用网筛将颗粒过筛成米粉。接下来妈妈将慕斯圈摆在配套烤盘上，先往里舀一些米粉铺平，再按照一层蜜红豆、一层米粉的顺序进行铺平，最后将红枣、桂圆、葡萄干铺在表面，放入蒸笼中。

妈妈和草芽有条不紊地操作着，很快，香喷喷的重阳糕新鲜出炉了。两人把重阳糕装进食盒里，手挽着手向爷爷奶奶家走去。

秋风习习，温暖重重。

我们也来一起做：

1. 重阳节，你最想做的事情是什么？和孩子一起去践行重阳习俗吧！

2. 就地取材，和孩子一起制作重阳糕，并制作一张重阳糕食谱卡。

169　黄菊红榴色转深

秋意渐浓，早上醒来妈妈提醒草芽一定要注意保暖，多穿一件衣服。

草芽一边答应着，一边看着手边的一堆书，心想今天该读哪一本呢，想的眉头都皱了起来。

妈妈看到说："秋天是收获的季节。所有的收获都来自种子，一粒小小的种子经过开花、结种、传播、生长，完成了开花和成长的使命，就像一个孩子的成长一样，充满了神奇。今天我们就读美国作家艾瑞·卡尔的《小种子》吧。你先自己读，然后想一想小种子是怎样克服重重困难开出巨人花的？"

草芽拿起《小种子》认真阅读起来，读完草芽看着妈妈说："小种子比它的同伴都小，它飞过大海、荒漠时跟不上同伴的速度，飞得很低很低，遇到很多困难，但是它一直没有放弃，最终长成一棵很高很高的小树，并开出了巨人花。"

妈妈说："是的，小种子最后开出了巨人花，靠的就是它的坚持不懈、勇往直前。每一粒种子都有开出巨人花的可能，所需要的只是时间。你就像是这粒小种子，是爸爸妈妈的小种子。"

草芽笑着说："那就请妈妈给我更多的时间和耐心，静静地等待着我开出大大的巨人花吧，我一定不会让妈妈失望的。"

妈妈笑了，草芽也笑了。

请给予每一个孩子发展成长的希望之光，让父母的期望成为花儿成长的太阳！

我们也来一起做：

1. 小小的种子却长成了巨人花，大自然总会眷顾那些热爱生命的人。和孩子说一说，你是如何热爱生命的。

2. 和孩子一起阅读绘本《小种子》，在暮省日记上画一画绘本中的故事情节，制作一个绘本册。

170　霜枫似火乐无涯

暮秋时节，夜凉如水。草芽在灯光下和妈妈读唐代诗人杜牧的《秋夕》。

秋　夕
唐·杜牧

银烛秋光冷画屏，轻罗小扇扑流萤。

天阶夜色凉如水，卧看牵牛织女星。

读完诗，草芽看着天上的月亮，想象着宫女们在秋夜的烛光映照下，静坐寝宫凝视牛郎织女星。草芽不由得心里有些难过，对妈妈说："妈妈，古代的宫女们生活在宫里不是应该很幸福吗？不愁吃不愁穿，为什么她们还会这样落寞呢？"

妈妈叹口气说："傻孩子，生命的价值并不单单只有吃穿不愁，更重要的是内心的满足和幸福。"

草芽抬起头说："是啊！内心的自由、充满爱的生活才是真的幸福。"

妈妈点头回应道："爱是克服一切困难的原动力。今天，妈妈教你做枫叶书签送给你的朋友好不好？"

草芽一听来了兴致，连忙按照妈妈的要求准备好彩纸、剪刀，开始制作枫叶书签。

草芽目不转睛地盯着妈妈，不一会儿，枫叶书签就制作完成了。草芽在书签上写了一句名言：书山有路勤为径，学海无涯苦作舟。

看着自己精心制作的枫叶书签，草芽仿佛看到了朋友脸上快乐的笑容，她带着甜甜的笑容进入了梦乡。

我们也来一起做：

1. 与孩子交流讨论，自由而平淡的生活和不自由而富裕的生活，你会选择哪一种呢，为什么？

2. 跟孩子一起制作枫叶书签，在枫叶书签上写上美好的祝福，送给自己最亲近的同学或最喜爱的老师。

171   霜降时节寒叶稀

天气日渐寒冷，已经是霜降时节了。妈妈从外边走进家里，搓着手说："天气真是越来越冷了，是季节更替的时候了，草芽，明天出门一定要多穿一些衣服。"草芽答应了一声，继续转过头去读手中的绘本《陌生人》。

"《陌生人》？这本绘本你选得很好啊。你跟妈妈说说，绘本里讲了什么？"

草芽胸有成竹地回答："因为一场意外，陌生人暂时失去了记忆，机缘巧合，他和农夫贝利一家成为好朋友。对农夫一家来说，陌生人不会说话，不会扣纽扣，吹出来的气息让人发抖，体温低得测不到，劳动之后不觉得累，更不会流汗……而且陌生人的来临，大自然出现了很多反常的现象：入秋时节却还是那么炎热，树叶不再变黄、南瓜越长越大……直到最后，陌生人恢复记忆，秋天又再次来临。原来这个陌生人就是秋天。"

"哇！草芽讲得真好。最后陌生人虽然离开了，但每到秋天他都会为农夫一家留下特别的印记，纪念他们之间美好的友谊，可见，季节也有自己的情感。我们要像对待亲人一样去对待自然，保护环境，爱护自然，顺应自然规律。"

草芽点点头说："对，我们要保护环境，这样环境才能真正为人类服务。爱护环境就是爱护我们人类自己，我说得对吗，妈妈？"

妈妈向草芽竖起大拇指："那你明天去了学校把这个故事讲给你的同学们听，让他们来猜一猜陌生人是谁！"草芽兴冲冲地点了点头，期待明天赶快到来。

我们也来一起做：

1. 霜降时节，大自然都发生了哪些变化？与孩子交流一下吧。

2. 和孩子一起阅读绘本《陌生人》，在暮省日记上画出陌生人失忆前后不同的景色。

172　　暮秋枫菊醉霜红

秋高气爽，正是登高游玩的好时节。周六一大早，安然一家人随着户外徒步小组爬山远足，观看红叶。

走到一片开阔地休息，极目远眺，满山的红叶深深浅浅，淡黄的野菊漫山遍野。安然和哥哥纷纷跑去折枫叶、摘野菊花。安然发现了一个奇怪的现象：山坡背阴处的狗尾巴草好像包了一层棉花糖，用手一碰棉花糖就化成了水；一些草叶子上也沾了一层冰花，在阳光照射到的地方，冰花会慢慢融化，周围湿漉漉的。

爸爸告诉安然：霜降过后，冬天的脚步越来越近。夜晚温度骤然下降到 0 度以下，空气中的水蒸气在地面或植物上直接凝结形成细微的冰针，有的还会结成结构疏松的六角形白色霜花。

听着爸爸的讲解，安然一副意犹未尽的样子，爸爸决定回家后做一个霜花小实验，让孩子们见证奇迹产生的过程！回到家，安然和哥哥积极协助爸爸准备实验所用的一些材料：冰块、一块湿布、盐、玻璃杯、一双筷子。一切准备就绪，开始实验啦。

安然按照爸爸的提示，先把冰块倒入玻璃杯中，再在玻璃杯中加入一勺盐，然后把杯子放置在湿布上方快速搅拌冰块。

爸爸拍拍安然的肩膀说："耐心观察杯子的变化吧。"安然盯着杯子眼睛一眨也不眨，时间仿佛静止了。突然安然惊喜地发现，杯子外壁的中部出现了一些水珠，底部出现了一些小小的霜花。真是太有意思了！霜花的实验成功啦，安然和哥哥高兴地鼓起了掌。

在今天的暮省日记中，安然画了满坡的野菊花和深红浅黄的枫叶，还把自己和朋友们都画进了美景中，而哥哥则把今天的小实验拍成短视频分享给了更多的朋友。

我们也来一起做：

1. 和孩子一起搜集资料，了解霜花形成的原理。
2. 和孩子一起尝试做霜花形成的小实验，制作实验记录卡。

173   一时一蔬烟火味

一大早，妮妮就跟随奶奶来到早市买白菜。一车车挂着露水的大葱、带着泥土的萝卜、金黄的南瓜、挂着白霜的冬瓜、白胖胖的莲藕……此起彼伏的叫卖声充斥着耳膜，生活的烟火味冲淡了深秋的寒意。

"重阳节后北风多，景物萧条可奈何。……偷得浮生片时暇，凭阑搔首且吟哦。"妮妮想起今天的晨诵，问奶奶："咱们今天算不算偷得浮生片时暇呢？""算，算算滴！"奶奶幽默的回答惹得妮妮哈哈大笑。

奶奶告诉妮妮她对白菜、土豆、萝卜等腌菜有深深的情结，她们那个年代全靠这些储备度过整个灰暗的冬天。现在生活好了，一年四季想吃什么就有什么，可是味觉却自动保留了当年舌尖的味道，大白菜仍是奶奶她们那一辈人的最爱。"现在这么好的生活哪里敢想哟！"每每说到这些，奶奶的眼里都会泛起泪花。

回到家，妮妮就和奶奶来到厨房，准备做全家人都爱吃的醋熘白菜。

只见奶奶把白菜叶子清洗干净，然后把菜叶切块，将菜帮切成大小均匀的片，葱切片、干辣椒掰碎备用。

奶奶吩咐妮妮拿一个小碗，用醋、盐、白糖、味精、水、淀粉制成芡备用。一切准备就绪，奶奶先在锅中倒入油，待油六成热时放入辣椒炸香，入葱片煸炒出香味，再倒入白菜帮翻炒至断生，接着再把菜叶倒入炒至断生。奶奶强调这是去除大白菜土腥味的关键，这个步骤不可省略。最后倒入芡，大火翻炒直至汤汁包裹在白菜上，这道酸甜浓郁、开胃下饭的家常菜就做好了！

一家人大口吃着饭菜，酸酸甜甜，偶尔苦涩，这就是生活本来的样子吧！

我们也来一起做：

1. 带孩子一起和大自然"说说话"，试着说一说自己的感受。

2. 与孩子一起为家人炒一道醋熘白菜，在暮省日记上写下做菜的过程。

174　　绝爱初冬万瓦霜

　　妞妞背着书包快步走进家门将门关上，转身对妈妈说："今天太冷了，冬天就快来了，真不喜欢冬天。"

　　"你最喜欢的堆雪人是不是要等到冬天才可以？"妈妈启发道。

　　"嗯，好像是这样的。除了堆雪人，冬天还可以滑雪、打雪仗!"妞妞越说越兴奋，"每一个季节都有它吸引人的地方，妈妈，这样看来冬天也还不错。"妞妞都有点迫不及待了。

　　"那今天我们就读一首陆游的《初冬》，来感受一下秋冬季节的那些诗情画意。来，跟妈妈一起读。"

初　　冬
宋·陆游

平生诗句领流光，绝爱初冬万瓦霜。

枫叶欲残看愈好，梅花未动意先香。

暮年自适何妨退，短景无营亦自长。

况有小儿同此趣，一窗相对弄朱黄。

　　妈妈告诉妞妞："《初冬》是陆游 76 岁时所做的诗作，这首诗看似在写景，实际是对诗人当时心境的侧写，'初冬'既可以看作是时令上的冬，也可以比喻诗人已步入人生的冬季，表达了诗人旷达随适的心境。"

　　妞妞点点头，转而又问："妈妈，诗中最后的'朱黄'是什么意思呀?"

"朱黄是两种颜色,古代的文人通常用这两种颜色将书中的重点标注出来。"妈妈耐心地向妞妞解释着。

妞妞想了想,说:"是不是就像我们平时用的红色圆珠笔一样?"

"妞妞真聪明。"妈妈轻轻地摸了一下妞妞的头,投以赞许的目光。

妞妞不好意思地笑了,在妈妈的注视下,妞妞模仿着古人背书的样子,一边走一边摇着头,有板有眼地诵读起来……

我们也来一起做:

1. 和孩子想一想:你会选择用什么样的方式度过冬天呢?

2. 和孩子一起用自己喜欢的方式(绘画、文字、照片等)观察、寻找冬天的足迹,在暮省日记上记录下自己的所见所闻。

175 秋补冬藏莫违背

爸爸带着妞妞来到了乡下爷爷家。爷爷非常勤劳,种了很多果树。一进家门,奶奶就端出来一大盆水果,妞妞拿起一个又大又红的苹果就吃。

爸爸指着妞妞手里的苹果说:"爷爷种的苹果好吃吧,爸爸考考你,你知道爷爷要为果树入冬做哪些准备吗?"

"果树入冬还要做准备吗?"妞妞疑惑地看向爷爷。

"那当然啦，随着气温下降，如果不做好果树的防护工作，明年就吃不到可口的果子了。"

妞妞一副着急的样子，赶忙说："爷爷，我们有什么可以为果树做的呢？可不能让这些果树死掉啊，不然明年我就没有水果吃了。"

"小馋猫，放心吧，爷爷可是有经验的果农。"爷爷如数家珍地一一道来："首先，我们可以给果树'盖被子'。像玉米秸秆、干草、麦秸都可以，这样可以减少土壤中水分的流失，保护果树的根系免受冻害。其次注意给果树增施基肥。果树劳累了一年，所剩的养分不足以抵抗寒冷。只有补充足够的营养，才能抵御寒冷，确保第二年更好地开花结果。最后还要浇足封冻水。在土壤封冻前浇足水，不仅可以促使有机肥分解，促进根系对养分的吸收；还可以沉实土壤，避免冷空气侵入根系。还有一个妙招呢，在强冷空气来临时，在果园堆积一些湿草，一旦降温，马上点燃草堆，用烟雾驱寒，防止霜冻，这可是我们果农应急的好办法呢，不过一定要注意安全，防止发生火灾。"

"爷爷，原来有这么多的方法帮助果树入冬，我也要跟爷爷一起帮助果树做好入冬准备，我们现在就去吧。"

"走喽，我们一起去果园保护果树喽。"爷爷拉着妞妞向果园走去。

我们也来一起做：

1. 给孩子分享自己曾经为全家人过冬做了怎样的准备？
2. 通过学到的为果树保暖防护的方法，协助孩子一起为身边的小树做入冬前的保暖防护工作。

176　　四季更迭顺时意

妞妞用期盼的眼神看着爸爸说："爸爸，我真想去爷爷家看看小树，不知穿上衣服的它们能否挨过这个冬天？"

还没等爸爸说话，妈妈先抢答了："你们爷俩先不要惦记小树了，咱们还是先想一想爷爷送来的柿子怎么做才好吃吧！"

"我小时候特别爱吃柿子饼，就做柿子饼吧。"说完，爸爸拉着妈妈就往厨房走。

妞妞赶紧从沙发上跳下来："我也要和你们一起做柿子饼。"

妈妈先准备好柿子、面粉、红豆沙。只见妈妈把柿子用开水烫一下去皮，用搅拌机把柿子打成糊，然后将面粉筛入柿子糊中和均匀，再裹上保鲜膜放置15分钟。15分钟后，爸爸把面团揉成条，再切成小剂子擀成圆片。接着妈妈像包包子一样把红豆沙包进去，捏好口，再团好、压平。

最后妈妈在锅中放油，妞妞小心翼翼地将一个个可爱的小"饼子"放进锅里。妈妈掌勺翻面，小火煎至两面金黄，柿子饼终于出锅啦！

"爸爸，我们并没有放糖，可是为什么柿子饼却又甜又糯呢？"妞妞边吃边问。

爸爸说："因为柿子里除了含有大量的水分之外，还有葡萄糖、果糖等糖类物质，所以吃起来比较甜。"

"柿子饼这么好吃，我今天晚上不吃主食也要多吃几个。"妞妞调皮地说道。

妈妈赶忙说："这个还真不行，柿子中含有很多鞣酸和果浆，它们在胃酸的作用下会形成大小不等的硬块，容易造成积食和消化不良。"

"我明白了，爸爸妈妈，有些时候我们要适可而止。"妞妞说道。

我们也来一起做：

1. 与孩子一起思考柿子还有哪些营养价值，它的饮食禁忌又有什么？

2. 和孩子一起制作柿子饼，享受共同制作美食的过程。

177   传统美德孝为先

今天是周末，陶陶起床后拉开窗帘，美妙的秋景呈现在他的面前：白云蓝天，瓜果飘香，还有一些小鸟在树上叽叽喳喳地叫着。突然，他大叫起来："爸爸妈妈，快过来，你们看，鸟妈妈在喂鸟宝宝呢，鸟宝宝多高兴呀！"

爸爸妈妈走过来，也看到了鸟妈妈喂食的场景。爸爸说："陶陶观察得很仔细。你知道吗？人和鸟是一样的，从小到大，爸爸妈妈也总是把最好的东西留给你。"

妈妈感慨地说："喂养你的过程是辛苦的，但是看着你一天天长大，妈妈感到很快乐。俗话说'百善孝为先'，陶陶，我们是你的父母，应当把你养大成人；同时我们又是爷爷奶奶、姥姥姥爷的孩子，应当学会感恩，赡养他们终老，你说是吗？"陶陶点点头说："是的，不如咱们今天就去看望他们吧！"

一到爷爷奶奶家，陶陶就给爷爷讲了鸟妈妈喂食的事。爷爷笑着说："陶陶能观察生活了，真不错。来，爷爷和你一起读绘本《先左脚　再右脚》。"爷爷带着陶陶读完，问他读懂了什么？

陶陶笑着说："我看到了作者和外公之间动人的故事，他们的亲情真感人。"

爷爷拉着陶陶的手说："陶陶，你也让爷爷奶奶很感动啊。今年重阳节，你不是为爷爷奶奶制作了一束花吗？"

陶陶不好意思地笑了，抱着爷爷奶奶亲了一口说："那是因为爷爷奶奶一直这么爱我，谢谢爷爷奶奶。"

爷爷将陶陶揽在怀里说："不如你就把咱们今天的谈话以照片、画画，或者写日记的方式记录下来吧，到时候还可以讲给你的孩子听！""对，我要记住每一个幸福的瞬间！"陶陶开心地回应道。

我们也来一起做：

1. 生活中温暖的亲情带给你哪些力量或者感触？你想跟孩子分享什么样的故事？

2. 跟孩子一起读一读汤米·狄波拉的其余温情绘本，全家用行动去践行"孝行天下"的美德。

178　　香稠米粥孝意浓

　　时间如白驹过隙，晨晨升入初中开始了住校生活。星期天回到家，妈妈为他准备了他最爱吃的红烧肉和蒸鲈鱼。

　　吃完饭，妈妈说："晨晨最近瘦了，初中生活很辛苦，但是在该拼搏的时候吃点苦，更能锻炼自己。"

　　爸爸点点头说道："说得对，只有现在拼搏，将来才能拥有更有力的翅膀和更广阔的生活，才能更好地报效祖国、孝顺父母。"

　　听了爸爸的话，晨晨也很感慨。孝顺父母何必等将来呢？他决定晚饭就为家人熬一锅浓滑香稠的粥，既驱寒暖胃，又可以缓解秋季皮肤干燥的问题。

　　晨晨准备好大米、核桃仁、枸杞，然后清洗干净备用。

　　大米补中益气、健脾养胃；核桃仁健脑益智、补肾壮阳、润肠通便；枸杞含有丰富的胡萝卜素、维生素，有明目的作用。这一道粥可谓好处多多。

　　暮色降临，晨晨开始煮粥：他在砂锅内放入水，大火烧至水似开非开时，将大米放入锅中，又加入一点食用油和食盐，等大火煮开后转中小火熬制，约 20 分钟后把切好的小碎块核桃放入锅中，再煮约 10 分钟至锅开；然后将洗净的枸杞放入锅中，继续煮约 10 分钟，直到将粥煮熟，至汤汁浓稠为止。

　　煮粥期间，晨晨每隔一段时间，就用小勺把粥搅拌一下，防止米粒糊锅。晚饭时间，一家人围坐在一起，分享着美味的米粥，其乐融融。睡觉前，晨晨还拥抱了爸爸妈妈，和他们道了晚安。爸爸用手机拍下了这幸福的瞬间。

我们也来一起做：

1. 与孩子交流一下，你为家人做过什么事情？内心的感受是什么呢？

2. 和孩子一起尝试画一张表格，把人生分成 900 个月。将自己逝去的岁月进行涂色，看看还剩多少个月？再把孩子逝去的岁月进行涂色，看看你们相伴的时间大约还有多少个月？感受人生易老的紧迫，及时行孝。

179　暖手宝里有爱意

立冬将至，气温也一天天地降下来。小丽今天早早起床，和爸爸一起去买油条豆浆。回来时，由于没戴手套，小丽的两只小手冻得冰凉，她一边把小手塞进妈妈的手心里，一边撒娇地说："妈妈，我的小手要冻掉了，妈妈的手什么时候都是暖暖的。"

妈妈笑吟吟地看着小丽说："天冷了，看你这小手冻得跟冰疙瘩似的。妈妈教你做一个暖手宝吧，暖暖你的小手，咱们自己做的可比买的好用多了！"

小丽十分好奇，目不转睛地看着妈妈，只见妈妈拿出一块棉布，将其剪裁成合适的大小，再正面朝内对折，把底边和侧边缝合起来。

等到快缝到头的时候，妈妈在袋口留了一个 2 厘米宽的边，然后把这条边往回折一点裹住一根绳子，接着用针线固定。最后将布袋翻个面，一个可以调节袋口的布袋就做好了。

小丽在妈妈的指导下，把红豆放入微波炉里加热了 2 分钟，然后小心翼翼地把加热的红豆倒入布袋中，拉紧绳子，扎好口。这样一个简易的暖手宝就做好了。

小丽按照妈妈的引导，测量了一下暖手宝的温度，56.3℃，这可是人体取暖最舒服的温度。过了一个小时，再测量暖手宝的温度，43.8℃，保暖效果可达一个小时。即使暖手宝冷了也没关系，微波炉加热 2 分钟又可以继续保暖了。

小丽提议给奶奶也做一个，相信奶奶收到这份珍贵的礼物一定会感到非常暖心。

我们也来一起做：

1. 与家人交流一下，亲人之间应该怎样相处，你做到了哪些，还应该怎样做，给孩子做好榜样。

2. 协助孩子制作一个暖手宝送给家里的长辈吧，表达对长辈的暖意和孝心。

180　秋天韵致美如画

秋令时节，正是鲜藕应市之时。莲藕性温，能养阴清热、润燥止渴、清心安神，有收缩血管的功能，多吃可补肺养血。莲藕毫无疑问地成为时下的"当家菜"。

今天，阳阳和妈妈一起学做炸藕盒。

妈妈先把莲藕两端的藕节去掉，去皮洗净，切片备用；又在碗中放入猪肉馅、鸡精、盐、十三香、酱油、老抽、香油、鸡蛋、韭菜碎等。妈妈每放一种食材，就会告诉阳阳这是什么，为什么要放这一原料，阳阳听得可认真了。

该搅拌肉馅了，妈妈把这一任务交给了阳阳，并告诉阳阳要朝一个方向搅拌均匀。阳阳自信满满，觉得这太容易了，可搅拌中却发现并没有想象中那么简单。为什么要朝一个方向搅拌呢？他故意乱搅，却发现肉馅乱七八糟的，不像样子，只好又按照妈妈的吩咐进行，阳阳发现肉馅慢慢均匀了，自己也累得满头是汗。

待阳阳搅拌好，妈妈已经把藕片拍上玉米淀粉，摆放在了案板上。妈妈将阳阳搅拌好的肉馅铺在藕片上，两片合为一体，用手轻轻按压，再用小勺把四面漏出的肉馅涂抹均匀。接着，又在盆中倒入面粉、玉米淀粉、泡打粉、鸡蛋，用水和开后调制成稀面糊；妈妈告诉阳阳如果用筷子挑起，糊下落成线说明面糊调好了。最后，妈妈把藕盒粘上面糊，起锅倒入油，待油七成热时下锅炸，等藕盒两面金黄时捞出锅。

真是色香味俱全啊！吃着自己制作的香喷喷的藕盒，阳阳心里有说不出的满足感。

我们也来一起做：

1. 想一想，关于制作藕盒你还有哪些小妙招，与家人交流一下吧。

2. 和孩子制作炸藕盒，同家人一起享受美食，在暮省日记上记录下这一天的收获。

第四部分

冬、雪梦长

181　桑榆晚照霞满天

妮妮的老奶奶生病了，这几天下班后，爸爸妈妈都会带妮妮去医院看望老人家。今天从医院回来，妮妮有点儿无精打采。

"怎么了，宝贝？你看起来有点儿不开心啊！"

"妈妈，你也会变老吗？"

"会啊！以后我也会像老奶奶那样满脸皱纹、头发变白。"妈妈笑着说。

"妈妈，我不想让你变老。"妮妮撇了撇嘴，有点想哭。

"其实啊，老年人也有老年人生活的乐趣。你看每天晚上那么多跳广场舞的爷爷奶奶多么快乐，衰老对于他们来说又有什么可怕的呢？唐代诗人刘禹锡的《酬乐天咏老见示》里也说了，老年人应该克服对衰老的忧虑，拥有自己的生活，活出自己的精气神。"妈妈找来诗歌和妮妮一起读起来。

酬乐天咏老见示
唐·刘禹锡

人谁不顾老，老去有谁怜。身瘦带频减，发稀冠自偏。

废书缘惜眼，多灸为随年。经事还谙事，阅人如阅川。

细思皆幸矣，下此便翛然。莫道桑榆晚，为霞尚满天。

读完诗歌，妈妈娓娓道来："妈妈来给你讲讲这首诗的具体含义吧。刘禹锡这是在对白居易说，谁不害怕衰老，老了又有谁来怜惜啊！身体日渐消瘦，衣带也越收越紧，头发稀少到戴正了的帽子也总是偏斜到一边。为了爱惜眼睛而不再看书，因为年迈多病而经常艾灸。经历过的世事见多识广，阅历人生如同积水成川一样。细细想来，老了也有好的一面，克服了对衰老的忧虑，就会心情舒畅无牵无挂。不要说落日照桑榆树端的时候已近傍晚，它的霞光余晖照样可以映红满天。"

听了妈妈的一番讲解，妮妮若有所悟地点了点头。

我们也来一起做：

百善孝为先，在我们的传统节日中，有许多敬老孝老的传统习俗，跟孩子一起去了解这些节日习俗和背后的意义吧。

182　白发戴花君莫笑

"我们今天去敬老院给爷爷奶奶们表演了好多节目……"妮妮双手夸张地比画着："我还给爷爷奶奶们背诵了一首词呢！"说完，妮妮挺直小身板站好，有模有样地背诵起来：

浣　溪　沙
宋·欧阳修

堤上游人逐画船，拍堤春水四垂天。绿杨楼外出秋千。

白发戴花君莫笑，六幺催拍盏频传。人生何处似尊前！

"老师说她最喜欢的一句是'白发戴花君莫笑'。妈妈，我也很喜欢这一句!"

妈妈点点头说:"那我来考考你,这句诗的意思是什么呢?"

"这句诗的意思是,是……白色的头发戴着花儿……"妮妮迟疑了。

妈妈眨眨眼说:"你想象一下,满头白发的老人头戴鲜花是什么样子呢?""哈哈哈哈哈!"妮妮捂着嘴笑起来。妈妈却一脸神往地说:"等妈妈老了,能活出欧阳修这么豁达的境界就好了!"妈妈告诉妮妮,这首诗是欧阳修晚年时写的,欧阳修是"唐宋八大家"之一,在文学方面有很大的成就。

妈妈继续追问:"妮妮,爷爷快过生日了,我们做点什么表达一下心意呢?"

妮妮想了一下,很认真地说:"要不我们做寿桃吧,今天我们在幼儿园刚学过。"

妈妈惊喜地说:"好啊,你来露一手吧。"妮妮一边拉着妈妈往厨房走,一边叽叽喳喳说个不停:"今天云朵姐姐还给我们讲了《先左脚 再右脚》的绘本故事,我听了特别感动。云朵姐姐说要我们送给爷爷奶奶一句话'你陪我长大,我陪你变老'。妈妈,我把这句话也送给你,你喜欢吗?"

在妮妮甜甜的声音里,妈妈的心像泡进了温泉里一样温暖舒服。

我们也来一起做:

1. 与孩子回忆和家里的长辈在一起的美好往事。

2. 跟孩子一起写一写、画一画和长辈在一起的欢乐时光,用点滴的行动和爱去温暖和陪伴彼此。

183　　我给爷爷做道菜

周末，爸爸妈妈又带着哥哥和润润去看望爷爷奶奶了。润润最喜欢去爷爷奶奶家了，因为他又可以缠着爷爷听爷爷小时候的趣事了。

"爷爷、奶奶！"润润一声甜甜的呼唤，爷爷奶奶便乐滋滋地从屋里跑出来，亲昵地把润润和哥哥拉进屋里。不一会儿，叔叔家的弟弟妹妹也来了，爷爷奶奶的小屋里传出阵阵欢笑，不大的院子里弥漫着温馨和幸福。

"小时候呀，家里穷，只有一件像样的衣服穿，我和你三爷爷都是你一天我一天地轮着穿出门……"几个孩子围着爷爷，意犹未尽地听着。

爷爷兴致勃勃地讲，孩子们认认真真地听，叔叔笑着说："老爷子可算找到倾诉对象了，真是'偶然值林叟，谈笑无还期'呀。"

"林叟是谁啊？我认识吗？"叔叔家的弟弟仰着稚气的小脸问。

大家都被弟弟逗乐了，叔叔笑着说："这是王维《终南别业》里的一句，哥哥姐姐谁知道这首诗？"

"我知道！"润润抢着背诵起来。

终南别业
唐·王维

中岁颇好道，晚家南山陲。

兴来每独往，胜事空自知。

行到水穷处，坐看云起时。

偶然值林叟，谈笑无还期。

"润润背得真好！"爸爸走过来说，"孩子们，每次回来爷爷给你们讲的都是他岁月沉淀的智慧和通透，是长辈给晚辈的财富，你们应该以恭敬谦卑的心态听取。知道吗？"

"知道了！"孩子们郑重其事地点点头。

润润抬头望了望爷爷花白的头发，心里有点难过，时间是最无情的，爷爷的确老了，要经常回来陪陪爷爷。

我们也来一起做：

1. 赡养老人是尊老，成为老人的依靠是尊老，而孩子能认真倾听老人的心声，也是尊老的表现。与孩子交流一下，除此之外，我们还能怎么做？

2. 尝试给长辈做一道美味佳肴，把我们的孝心融在这香甜的孝心餐之中。

184   四十二天的挂念

初冬的早晨，阳光照得大地暖洋洋的，润润的心情也像这阳光一样明媚，因为爸爸今天就要回来了。

将近中午时，爸爸的身影刚出现在楼下，润润就迫不及待地跑下楼将爸爸迎了上来。奶奶看到，也笑眯眯地说："这次一走就是 42 天，可把我们担心坏了。"

"爸爸，你知道吗，每次天阴下雨，都是奶奶让我给你发微信，提醒你多穿衣服。"润润抢着说。

"儿行千里母担忧啊！"奶奶一脸慈爱地回应道。

"我这么大的人了，知道照顾自己。"爸爸边说边扶着奶奶往屋里走。

"长再大，在父母眼中也是孩子。"奶奶说完，将一个洗干净的苹果塞到爸爸手中。

"哈哈，奶奶、爸爸真有趣。你们让我想起清朝诗人蒋士铨所写的一首诗《岁暮到家》，我读给大家听。"说完，润润就摇头晃脑地大声朗诵起来。

岁暮到家
清·蒋士铨

爱子心无尽，归家喜及辰。

寒衣针线密，家信墨痕新。

见面怜清瘦，呼儿问苦辛。

低回愧人子，不敢叹风尘。

"润润现在积累的古诗真多！"爸爸朝润润竖起了大拇指。

"那当然，我还知道这首诗表达的是爱子之心无穷无尽，母亲最高兴的事莫过于游子及时归来。看见儿子瘦了母亲就会心疼，对旅途的艰难左问右问，就像现在的奶奶和爸爸。"润润叽叽喳喳地说个不停。

爸爸看看润润，又看看母亲，感叹道："润润啊，养育子女的艰辛并非只有父母自己知道，当子女有一天懂得了这份付出，也就意味着他们真正长大了。"

傍晚，润润一家人围坐在一起欢乐地吃着团圆饭，享受着这其乐融融的幸福时光。

我们也来一起做：

1. 与孩子交流一下，《岁暮到家》这首诗带给你哪些启示？

2. 给孩子讲讲自己与父母之间的故事，试着让孩子想一想，如果有一天他长大后离开父母，怎样做才能让父母安心不牵挂呢？

185　　至理格言启童蒙

"爸爸，今天我们该读《格言联璧·齐家类》了。父母所欲为者，我继述之；父母所重念者，我亲厚之。心术不可得罪于天地，言行要留好样与子孙。"润润清脆的声音在书房响起。

妈妈解释道："父母生前所期望的，我要继承；父母所垂念的人，我们要厚待他。心计不可违背天地的意愿，言行举止要给子孙做榜样。第一句主要是告诫晚辈要延续父母的愿望，并去实现它，对父母所挂念的人，继续照顾好，这就是孝。第二句是说我们做事要遵循大自然发展的规律，或万物运行的规则等，这样才能符合事物发展。"

爸爸接着说："清代金缨编著的《格言联璧》这本书，按儒家大学、中庸之道，以'诚意''正心''格物''致知''修身''齐家''治国''平天下'等主要内容为框架，从个人到家庭，再到社会，凡所应有，无所不有。这本书自咸丰元年，也就是公元1851年刊行后便广为传诵，可以说是'地不分南北，人不分贫富，家家置之于案，人人背诵习读'。"

爸爸问道："润润，你知道编著这部格言的用意是什么吗？"

"是不是要讲述一些做人的道理，给我们小孩子启蒙用的？"润润回答道。

爸爸竖起了大拇指："不错，用圣贤先哲的至理格言来鞭策童蒙，从小树立远大的人生志向，努力进取，长大后成为对国家有用的人。"

润润点点头说："这本书读起来朗朗上口，我要和好朋友一起好好读读。"

"真是个爱读书的好孩子。"爸爸欣慰地夸赞道。

我们也来一起做：

1. 与孩子一起读一读《格言联璧》这本书，思考从中学到哪些最重要、最珍贵的东西？

2. 鼓励孩子整理有关回报父母的名言警句，并摘抄在积累本上，分享给大家。

186　　人间此乐世中稀

周末，润润跟好朋友学了一个有趣的魔术，她迫不及待地想要为妈妈表演一番。

回到家，润润拿了一枚硬币，跑到妈妈面前得意地说："妈妈，您看这枚硬币，我吹口气就能把这枚硬币变没了。"

"真的吗，我闺女还有这本事？"妈妈一脸期待地说。

妈妈看着一脸得意的润润，知道女儿的小把戏，故意没有拆穿，伸出大拇指夸赞道："润润，真厉害！魔术讲究眼疾手快，要多练习哦。"

"好的，妈妈。"润润开心地回应道。

"润润送妈妈一个魔术，妈妈也送润润一首诗，它是唐代诗人李白的《赠历阳褚司马》。

赠历阳褚司马
唐·李白

北堂千万寿，侍奉有光辉。

先同稚子舞，更著老莱衣。

因为小儿啼，醉倒月下归。

人间无此乐，此乐世中稀。

"妈妈，稚子舞是什么舞呢？"

"润润，稚子舞不属于哪个舞种，而是儿子为逗双亲快乐，同稚子一同舞蹈，还穿着老莱子的彩衣，这就叫承欢膝下。"

"原来是这样啊，我也要承欢膝下，多学本领。用行动为爸爸妈妈带来快乐和幸福。我们老师说'孝道'是中华民族优秀传统文化的精髓。上周刚刚学了'卧冰求鲤'的故事，今天我们一起来阅读《二十四孝图》吧。"

"好啊，二十四孝的故事我也很喜欢呢。"

"那我给您讲《二十四孝图》中的故事。"

听着润润一板一眼地讲着，妈妈的眼睛湿润了起来……

我们也来一起做：

1. 请跟孩子一起想一想今后如何在生活上、学习上回报父母。

2. 创作一个属于你们的《二十四孝图》吧，效法古人，感恩父母，尽自己最大的能力为家人创造快乐和幸福。

187　　人生莫忘父母恩

中午，妈妈炖好了一锅香喷喷的红烧肉，朝在客厅看动画片的润润说："润润，去给奶奶送点红烧肉。"

"奶奶说不定已经吃过饭了。"润润正看到精彩之处，不情愿地说。

"奶奶平时最疼你了，快去吧！"

"哎呀，我一个人去也不安全呀！"润润百般推脱。

"奶奶家就在楼下，平时奶奶家一做好吃的，你都要把门槛儿踩烂啦，不要找理由了。快去吧。"

"我不想去，妈妈你去吧！"

"润润，我们中国非常重视孝道，清代的古文《劝报亲恩篇》节选中，就有劝世人要报亲恩的句子。"

"妈妈，您说的《劝报亲恩篇》我已经倒背如流啦！"说完润润摇头晃脑地背诵起来。

劝报亲恩篇（节选）

父母恩情似海深，人生莫忘父母恩。

生儿育女循环理，世代相传自古今。

为人子女要孝顺，不孝之人罪逆天。

家贫才能出孝子，鸟兽尚知哺育恩。

父子原是骨肉亲，爹娘不敬敬何人。

养育之恩不图报，望子成龙白费心。

看着润润摇头晃脑的样子，妈妈也笑了。"既然知道还不快给奶奶送红烧肉去。"

"好嘞！"润润起身给奶奶送去了。

不一会儿，润润回到家告诉妈妈："妈妈，给奶奶送去红烧肉，奶奶可高兴啦！"

"其实老人并不图什么好吃的，只图孩子有孝心，能够承欢膝下。"妈妈摸着润润的头说。

"妈妈，我记住了。"润润郑重地点了点头。

我们也来一起做：

1. 古人云"尽信书不如无书"，我们读书的时候，一定要有自己的思考。在《劝报亲恩篇》中，有些内容与现在的时代已经不相符了，请与孩子一起思考：我们应该如何辩证地看待这些内容？

2. 和孩子一起学习《劝报亲恩篇》，从中了解古人对"孝"的理解，从小培养孩子孝敬父母的传统美德。

188　　爱在日常默无声

音乐课上，小月老师带着孩子们学习《真的爱你》这首歌。

"是你多么温馨的目光，教我坚毅望着前路，叮嘱我跌倒不应放弃……"优美的旋律从小月老师的指尖缓缓流淌。

"孩子们，羔羊跪乳，是对母亲的感恩；乌鸦反哺，是对母爱的回报。妈妈给了我们最无私的爱。你们的妈妈是怎么爱你的?"小月老师问道。

"妈妈给我买新衣服!""妈妈每次都给我买好吃的!"……孩子们叽叽喳喳地说，润润更是感触很深。

音乐也是有生命、有情感的，小月老师决定借助这首歌和孩子们来聊聊"母爱"这个话题。她走下讲台接着说："《真的爱你》是中国香港摇滚乐队 Beyond 演唱的一首歌曲，由梁美薇作词，黄家驹作曲。当年 Beyond 乐队刚成立时非常困难，大家连一件像样的乐器都买不起，更不用说举办演唱会了，黄家驹的母亲一直以来都非常尊重儿子的想法，对儿子的音乐事业特别支持。她经常偷偷给家驹存钱，让家驹不要放弃自己的梦想。为了表达自己对母亲的感激之情，家驹创作了这首脍炙人口的歌曲——《真的爱你》。"

"无法可修饰的一对手，带出温暖永远在背后，总是啰唆始终关注，不懂珍惜太内疚……"小月老师又带领大家随着音乐唱了起来……

放学回家的润润，看到妈妈忙碌的身影，主动跑过去帮忙。

"润润，今天这么勤快呀！"妈妈夸赞道。

"我以后会更加努力成长，不辜负妈妈的期望。"润润歪着脑袋笑眯眯地说。

"谢谢你，我的好女儿！"妈妈欣慰地看着突然长大的女儿，温柔地说。

我们也来一起做：

1. 在孩子们的成长过程中，你的孩子有没有遇到过让自己困惑或者苦恼的问题？他（她）是怎样解决的，请跟孩子交流一下吧。

2. 与孩子一起学唱一首歌曲，读一个温情的故事，一起记录成长的点滴吧。

189　力所能及报母恩

妈妈上班时不小心摔倒了，手上划了一道很深的口子，腿上也擦破了点皮。看到妈妈包扎后的手，润润心疼坏了，学着大人的口吻

"责怪"妈妈："路上骑车慢点，怎么那么不小心，疼不疼？"

"没事的，润润，只是这两天妈妈需要你的帮助。"

"放心，这两天我就是您的小帮手。"

"妈妈想喝点水，请帮我倒一杯。"

"好嘞！"润润边说边冲进厨房。这种被需要的感觉，润润觉得还不错。

妈妈手受伤的这几天，润润做得的确很好，给妈妈端茶递水、拿拖鞋、盛饭等活都抢着干，甚至还帮妈妈洗了一次头。这天吃过午饭，润润拿起一本诗歌，想把海燕的《感恩》这首诗读给妈妈听。

听着女儿有感情的朗读，妈妈心里暖暖的。

"润润不仅照顾妈妈，还给妈妈读诗，谢谢你。"

"妈妈，您照顾我十分辛苦。老师说报答父母的养育之恩不是非要等到长大以后，现在就应该做一些力所能及的事情。我还读过《乌鸦反哺》《羊羔跪乳》的故事，小动物都知道反哺，我是少先队员，更要知道感恩。"

"妈妈好幸福呀，有你这么懂事的女儿。"

"妈妈，我还为自己能承担的'家务事'列了一个清单，我一定会把这些事做好。"

"那妈妈就做你的指导员和监督员喽。"

"一言为定！"润润和妈妈开心地击掌。

我们也来一起做：

其实报答父母的养育之恩不是非要等到长大以后，每一个当下都有可以做的事情。启发孩子想一想，现在他们能做些什么？

190   小棉袄的栗子粥

傍晚，下了点小雨，使得初冬更增添了几分寒意。今天，润润诵读的是《增广贤文》中的三句名言："孝当竭力，非徒养身。鸦有反哺之孝，羊有跪乳之恩。岂无远道思亲泪，不及高堂念子心。"润润读后感受很深，老师也说过，孝敬父母应该尽心尽力。

突然，润润灵机一动，最近因为天冷，爸爸老是说腰疼，不如给爸爸做点好吃的，让爸爸也体验一把有小棉袄的幸福吧。正好前几天姥爷送来了一些栗子，润润便决定给爸爸做栗子粥。栗子粥的主料是大米和栗子，栗子酥烂香糯，粥甜可口，可以补肾气，对中老年人的腰和腿都有好处。

润润先把栗子泡上水，切成小块备用，又舀了一小碗大米淘洗干净放入电饭煲，熬煮半个小时后，放入切好的栗子，继续熬煮半个小时。出锅的时候，润润特地放入一大勺红糖，搅拌均匀，一锅热乎乎的栗子甜粥就做好啦！

润润一会儿看着表数着时间，一会儿跑到窗口，眼巴巴地等着爸爸下班回家。妈妈看着坐卧不安的润润，眼里脸上都是笑意，心想：润润真的长大了，会体贴父母了。

我们也来一起做：

1. 作为父母，我们要以身作则，用自己的行为无声地影响孩子，养成"孝"的家风。

2. 鼓励孩子查找资料，了解栗子的食用价值，放手让孩子独立制作栗子粥。

191　　花雪随风不厌看

"《小雪》，戴叔伦，花雪随风不厌看，更多还肯失林峦。愁人正在书窗下，一片飞来一片寒。"小威大声读着今天的晨诵内容，读后突然问道："爸爸，下雪天多美呀，诗人为什么发愁呢？真搞不明白！"

"诗人一生飘零，所以他才用飞雪的意象暗喻自己寂寥漂泊的光阴，渲染内心的幽怨与哀伤。他觉得自己就是飘在寒冷冬天里的一朵雪花，任风摆布，居无定所。"

"他是远离家乡去求学吗？"

"他是为了躲避兵乱才离开了家乡。不过，诗人戴叔伦一生光明磊落，却在晚年于抚州任刺史时被小人诬告，仕途出现劫难。晚年的戴叔伦流离漂泊，孤苦寂寞。在兵荒马乱、卖官鬻爵的年代里，他为百姓谋福祉的仕途抱负还是没能得到施展，落得如雪花般漂泊江湖，所以才在小雪时节，以雪抒发心意，感慨自己晚景凄凉。他写'花雪'随风旋舞，而不是写'雪花'，这种手法实在是妙得很。写出了白雪如花的美丽，使雪花随风飞舞的形象跃然纸上。"

"雪花，花雪，好多好多雪花像花一样漫天飞舞，真美好呀！"小威闭上眼睛，一脸陶醉的样子。

"是的，小雪花满天，来岁定丰年。对农民伯伯来说，小雪时节雪满天是好事，是对丰收的憧憬和喜悦，但是诗人却很伤心、愁苦，寂寞独坐，屋内凄清，屋外只有片片落下的飞雪声。"

"爸爸，他自己的日子过得那么凄凉，还时刻不忘让百姓过上好日子，他很了不起！"小威振振有词地说，爸爸摸着小威的头欣慰地笑了。

我们也来一起做：

1. 作为父母，我们首先要做一个勤勉、好学、正义、有爱、热情的人。想一想，近期想培养孩子哪些品质？用自己的行为影响孩子吧。

2. 找一找更多与小雪节气相关的知识和诗歌，与孩子一起吟诵。

192　　红衣玛瑙闹雪忙

吃完早饭，爸爸问小威："在古代，小雪节气时，人们会邀三五知己，煮酒烹茶，拥炉而坐，畅谈人生。今天，'小雪日逢小雪'，我们也做点有意义的事情吧？"

小威想了一下说："我想做雪花山楂，这也是'新家庭，心行动'打卡圈里今天的任务。"

"今天我们就来给山楂穿上漂亮的'雪衣'吧。"妈妈端来一颗颗红玛瑙似的山楂，看得让人垂涎欲滴。

妈妈按照山楂 1000 克、清水 650 克、冰糖碎 300 克、白糖 220克、白醋 10 克的比例准备材料，小威则负责清洗山楂，给山楂去蒂。

准备工作完成，妈妈在锅中加水后开火，放入冰糖调中小火熬制，又用铲子不断搅拌融化的冰糖汁水；熬煮至冰糖全部融化，水分蒸发，锅里出现细小的白气泡时淋入白醋；接着倒入处理干净的山楂后立即关火，并用铲子快速搅拌。妈妈告诉小威，山楂裹糖稀这一步很关键，糖稀既不能稀薄得完全化开，也不能不化开，火候很关键。

小威的眼睛里冒着小星星，迫不及待地抓了两个雪花山楂塞进嘴里。酸甜的滋味在口腔的每一个味蕾上跳舞，小威吃得心满意足。

"爸爸，我们一起作首诗吧。上句是'甜甜酸酸雪中藏'，你再添一句。"

"红衣玛瑙闹雪忙。"

"喷香入脾快来尝。"妈妈端了一大盘放到餐桌上。"我去叫爷爷奶奶来品尝，还差他们一句诗。爷爷，你来赋句诗。"

"山楂雪花……"爷爷故意拉长了声调逗小威笑。

"飘芬芳。"奶奶和得好，全家人不由得拍手叫好，一片掌声和着笑盈盈的脸，小威的家里温暖如春，此时，窗外开始飘起零星的雪花。正是：

甜甜酸酸雪中藏，

红衣玛瑙闹雪忙。

喷香入脾快来尝，

山楂雪花飘芬芳。

我们也来一起做：

1. 关于小雪节气的特点，孩子还有什么发现？请和孩子一起去了解发现吧。

2. 尝试雪花山楂的做法，引导孩子记录分享自己的所得。

193　尽孝及早不愧心

周末，上完美术班的萱萱带来了她的作品——一幅墨梅图，"萱萱画的梅花俏丽多姿，真是不错！"妈妈夸赞道，"萱萱在跟王冕学画呢，王冕不仅墨梅画得好，萱草花也富有深意。萱草花是中国的母亲花，古人常用萱草花来暗喻浓浓的母爱。王冕还作过《墨萱图》来歌颂伟大的母爱呢。"

"妈妈，我们找到那首诗来读一读吧。"萱萱来了兴趣。

墨萱图·其一

元·王冕

灿灿萱草花，罗生北堂下。

南风吹其心，摇摇为谁吐？

慈母倚门情，游子行路苦。

甘旨日以疏，音问日以阻。

举头望云林，愧听慧鸟语。

"妈妈，'慈母倚门情，游子行路苦。'我仿佛看到一位慈祥的母亲倚着门盼望孩子归来的样子。"

"这首诗表达了游子对母亲的深切思念之情和不能在母亲身边尽孝的愧疚之情。所以说做子女的时刻牢记奉亲尽孝，才会让自己避免有一天陷入'子欲养而亲不待'的悔恨中。"妈妈若有所思地说。

"我现在就要做一个孝顺的孩子，侍奉妈妈。"萱萱跃跃欲试。

"怎么侍奉妈妈呢？"妈妈笑着问。

"我看到茉莉妈妈给她的奶奶按摩手指，就跟着学会了。"萱萱迫不及待地拉着妈妈的手，开始挨个揉搓妈妈每根手指的两侧。

妈妈笑着笑着，突然眼睛就湿润了，来自孩子的关怀原来是这样美好啊！

我们也来一起做：

1. 与孩子交流，在孝敬老人方面，父母和孩子还能做哪些事？

2. 坚持每周带孩子和爷爷奶奶、姥姥姥爷相聚一次。珍惜和亲人的相处时光，感受亲情的温暖和陪伴的快乐。

194　　能为可为与当为

妈妈刚下班，静娴就跑过来说："孟母真是一位称职的母亲。我刚读了《孟母三迁》的故事，孟子的母亲为了给孟子创造一个良好的学习环境，不惜搬了三次家。"

"因为有孟母的教导，孟子才会成为著名的思想家、政治家、教育家。'挟太山以超北海，语人曰："我不能。"是诚实不能也。为长者折枝，语人曰："我不能。"是不为也。'"妈妈笑着说。

"这句话什么意思呢？"静娴不解地问道。

"孟子对梁惠王说，夹着泰山来跨过北海，不是不做，实在是没有能力做；向长者弯腰，不是没有能力做，而实在是不做啊。在这篇文章里，孟子还劝勉梁惠王尊敬自己的老人，并由此推广到尊敬别人的老人；爱护自己的孩子，并由此推广到爱护别人的孩子。做到了这一点，整个天下便容易治理了。可见，在孟子的思想中，做不了与不愿做是两个不同的概念，态度是极为重要的。"妈妈耐心地向静娴解释着。

"我好像懂了，孝敬老人是人人都可以做到的，要真心孝敬老人，就要行动起来。妈妈，奶奶送来一些山楂，我们一起做酸酸甜甜的果丹皮吧。"

"好啊！做好给奶奶送点。"妈妈开心地应答道。

我们也来一起做：

1. 与孩子一起思考"非不能也，实不为也"这句话表达了孟子怎样的思想？在对待父母或其他长辈时，你觉得哪些事情是"能为、可为、当为"的？

2. 跟孩子一起诵读今天的晨诵诗，用绘画或者文字的方式记录下自己最感兴趣的内容或记忆最深刻的内容，说说这个过程中自己有什么感受和体会。

195　　温暖尊重心欢喜

今天是周末，小威一家人坐在客厅看电影《北风和太阳》。

影片讲述了这样一个故事：北风以为自己很强大，总想和太阳争个高下。一天，北风和太阳打赌，看谁能让行人脱下大衣。北风毫不客气地向路上的行人吹起大风，可是不见起色，于是北风便发动了一次又一次进攻，风力一次比一次更大，行人感到越来越冷，身上的大衣也裹得更紧了，北风终于黔驴技穷，再也无能为力了。轮到太阳了，它镇定自若地把光和热洒向行人，阳光逐渐变强，天气越来越热，行人纷纷脱下了大衣。

"哈哈，北风输了，北风输了！"看到自己期望的结果，小威高兴地在屋子里跳来跳去。

"北风输了，你为什么高兴？"奶奶好奇地问。

"我不喜欢北风，你看它都把田野里的树吹枯了，草也不见了，鸟也没有了。北风太坏了！"

"它不是也会把美丽的雪花吹来吗？只有在冬天我们才能看到雪花呀。"奶奶温和地说。

"也对哦，原来北风也有自己的优点。"小威不好意思地笑了。

"是呀，风、太阳、树、草、雪花没有好坏之分，爷爷考考你，北风为什么吹不掉人们身上的衣服？"

"因为北风越使劲吹，人们越觉得冷，就越把身上的衣服裹得紧紧的。太阳发威了，天气暖和了，人们热得受不了就把衣服脱了呗！"

"那么太阳为什么会赢？"爷爷继续追问道。

"因为太阳喜欢观察，而北风脾气暴躁，不善于观察。每个事物都有自身的特点，北风发威了，天气就会变冷；太阳发威了，天气就会变暖。要想解决问题，就得先明白问题的关键是什么。"

听了小威的话，大家伸出大拇指一齐向小威点赞！

我们也来一起做：

1. 春有百花秋有月，夏有凉风冬有雪。对这些自然现象有怎样的理解，与孩子一起交流一下吧。

2. 与家人开一个家庭故事会，每个人都准备一个故事，分享从中读到的人生智慧吧。

196   冰霜历尽心不移

"今天的晨诵，妈妈读一句，小威跟读一句好不好？"

"好呀！"

妈妈温柔的声音伴随着清脆的童声，让寒冷的冬日清晨也变得温柔起来。

北 风 吹

明·于谦

北风吹，吹我庭前柏树枝。树坚不怕风吹动，节操棱棱还自持，冰霜历尽心不移，况复阳和景渐宜。闲花野草尚葳蕤（wēi ruí），风吹柏树将何为？北风吹，能几时！

"'北风吹，能几时！'柏树好像在说，北风，看你还能能耐多久？春风一来，就把你赶跑了。庭院前的柏树在北风的吹动下坚定不移，历尽风雪也依旧坚韧。天气渐渐转暖，连闲花野草都将郁郁葱葱，何况是松柏呢？"小威模仿柏树说话，把柏树藐视北风的眼神学得活灵活现。

爸爸无奈地笑着摇摇头，拉着小威说："诗人于谦是明朝名臣、民族英雄，亲率大军抵御瓦剌大军，一生忧国忧民、平素简约。《明史》称赞其'忠心义烈，与日月争光'。他与岳飞、张煌言并称'西湖三杰'。这首诗表面上是赞颂柏树，实际上是自励，勉励自己要像柏树一样不畏风暴冰霜，自持节操，经得起任何磨难。诗句铿锵有力，豪壮洒脱，让我们感受到诗人磊落坦荡的胸襟、坚贞不屈的情操和乐观豁达的气度。诗人眼中的柏树，正是他一生品质的真实写照。"

"我也要像于谦一样，做一个不怕困难的男子汉。"小威挺起胸膛，自信地说。

做忠臣，为人民！信念的幼苗从小扎根在心里，总有一天会长成郁郁葱葱的大树。

我们也来一起做：

1. 与孩子一起交流，你会像松柏一样坚韧不屈吗？在生活中，曾遇到过哪些困难，你是怎样克服的？

2．你想成为什么样的人？与孩子一起讨论一下吧，鼓励孩子用自己的行动践行。

197　　志同道合友谊长

今天，晶晶一家来小茉莉家做客。

晶晶对小茉莉说："我们两个是好朋友，对吧？"

小茉莉回答道："对，我们做永远的好朋友吧。"

晶晶兴奋地拉着小茉莉的手说："嗯，我们拉钩，一百年不许变！"

两个妈妈忍不住笑起来，晶晶妈妈说："之前读的一首诗特别应现在的景，原来是为你们两个小不点儿准备的呀！来，我读给你们听。"

寒　夜
宋·杜耒

寒夜客来茶当酒，竹炉汤沸火初红。

寻常一样窗前月，才有梅花便不同。

小茉莉妈妈问小茉莉喜欢和什么样的人做朋友，小茉莉指着晶晶说："我喜欢和玩得开心的人做朋友。"这时，爸爸抱着他的篮球回来了。小茉莉急忙开口问："爸爸，你喜欢和什么样的人做朋友？"爸爸笑着说喜欢和打球时配合默契的人做朋友。

每个人选择朋友的标准不同，但有一点是可以肯定的，就是选择和自己志同道合的人为伍。

小茉莉妈妈和晶晶妈妈在玩棋盘游戏，两个孩子也加入其中，她们用棋子拼摆出正方形、三角形、圆形等。小茉莉爸爸建议两个家庭分组比赛，看谁摆的图形更形象、更有创意。室内欢声笑语不断，其乐融融。寻常一样窗前月，才有梅花便不同。寻常的日子里，因为有友情的滋润，便也与众不同起来。

晚上睡觉前，妈妈告诉小茉莉生活中离不开朋友，而真正的好朋友即使沉默相对，也不会觉得尴尬；即使久不见面，也不会疏远；既会有聊不完的话题，也会有相视一笑的心有灵犀。小茉莉似懂非懂地点了点头，表示她愿意交更多像妈妈说的这样的好朋友。

我们也来一起做：

1. 与孩子一起交流，除了棋类活动，我们还能在室内做什么运动呢？

2. 棋类游戏多种多样，尝试学一种棋类游戏，在寒冷的冬日，一家人围桌而坐，既增进家人情感又可以益智健脑。

198　汤甘诗芳情浓浓

中午，小茉莉想吃西红柿炖牛腩。以前都是妈妈在厨房忙活做饭，今天妈妈却被小茉莉和爸爸"轰"出了厨房，妈妈也就顺水推舟，独自在客厅看书，享受片刻的清闲。

爸爸兴奋地对小茉莉说："我们加油干，给妈妈一个惊喜！"小茉莉听了爸爸的鼓励，跃跃欲试，抢着去拿西红柿。

爸爸把牛腩切成约3厘米长的方形块状放入冷水锅中开煮，等到锅中水煮沸，捞去浮沫，将牛腩捞出沥水。

爸爸教小茉莉将生姜、大蒜、干辣椒、花椒、八角、桂皮放入油锅稍煸炒。"啪！"一粒油在锅里炸响，吓得小茉莉往爸爸身后藏，爸爸叮嘱道："牛腩里还有水，遇到高温的油就会炸响，所以要小心点。你知道水与热油为什么会炸响吗？"小茉莉摇摇头。爸爸继续说道："水滴达到沸点后瞬间体积要增大1000多倍。水密度比油大，水入油就沉底，所以当水滴瞬间变成水蒸气膨胀时会发出响声和爆炸，溅起油花。""真好，做饭也能学到额外的知识。"小茉莉笑着说，爸爸边点头边取一半的西红柿丁下锅炒出红沙，再把锅中放入沥水后的牛腩进行翻炒。顷刻，倒入生抽、老抽、料酒，继续翻匀。

最后将汤汁和牛腩倒入电高压锅，再加入没过牛腩的开水，启动煮牛腩模式，爸爸告诉小茉莉大约30分钟就可以装盘了。

小茉莉兴高采烈地装盘，点缀些葱丝，看到晕红的汤汁、翠绿的香菜，品尝到软烂入味的牛肉，别提有多高兴了，她兴冲冲地跑到客厅拉妈妈来品尝她和爸爸的成果。

我们也来一起做：

1. 引导孩子思考，近期在家务劳动中获得哪些知识或存有哪些疑问？

2. 劳动不仅有助于培养我们勤劳、刻苦、有担当的品质，还能带给我们快乐和幸福，快快让孩子加入劳动之中，从居家劳动开始吧！

199　　生活不必太匆匆

小美望着安安静静的书桌，自言自语道：今天午读的是玛丽·路易斯的《何必太匆匆》，我要画下来送给爸爸妈妈，也让他们知道，生活不必太匆匆，要好好享受生活。

小美一边回忆着绘本故事一边在纸上写写画画起来：很久很久以前，有一只叫马克的企鹅，它很勤劳。每晚准时睡觉，准时赶早去抓鱼，准时找朋友干上一杯，又准时上床睡觉，每天如此。直到马克遇到北极熊，一切都变了样。马克想睡的时候才睡，醒了就漫步到冰窟窿悠闲地钓鱼，再美美地吃一顿，或是轻松地滑过大雪山去搜集雪花，与朋友们为美妙的一天干上一杯。一切都不一样了！同样是钓鱼、聚餐，马克觉得生活中有了自己，有了朋友。因为它放慢了前行的脚步，学会用心观察自己的生活。爸爸妈妈，你们也要学学马克，让我们的生活也变得不一样吧！

看着认真作画的小美，爷爷说："中国人的血液里流淌着'温酒斩华雄''煮酒论英雄'的豪气，在盘旋缠绕、如云如雾的热气中等酒升温，浅斟慢酌，想想都醉人。小美，我们一起给爸爸温壶酒，等他回来他一定乐坏喽！"

夜深了，小美的爸爸妈妈照旧在小美和爷爷奶奶入睡后悄悄进了家门。看到小美放在床头的画，喝着滚烫的烧酒，幸福、满足、愧疚、委屈一股脑地涌上心头。

"我们该陪陪孩子和老人了，从现在起，我们每周都要挤出时间好好陪他们，咱也从容生活。"小美爸爸咽了口烧酒坚定地说。

我们也来一起做：

1. 人生总是有许多"不得不"，但也有更多的"我可以"，一家人聊一聊生活的意义。看绘本《何必太匆匆》，反思自己的生活，让今后的每一天都有意义。

2. 全家一起读古诗，领略古人的人生智慧，用画笔或日记记录当下生活，珍惜现在，不虚度光阴！

200   餐桌敬酒见礼仪

"关于酒的起源有很多传说，有史料记载，酒文化可以追溯到2200年以前，酒文化在我国可谓源远流长。"爷爷兴致高涨地说。

"不对，爷爷，我在网上查过，我们的祖先在新石器时代，甚至更早就已经学会饮酒，并有了较成熟的酿酒知识，距今大约七八千年。"

小美提议道："我们玩'飞花令'吧，用'酒'字为题。"

爷爷信手拈来："花间一壶酒，独酌无相亲。"

爸爸道："烟笼寒水月笼沙，夜泊秦淮近酒家。"

妈妈接着说："金樽清酒斗十千，玉盘珍羞直万钱。"

小美脱口而出："劝君更尽一杯酒，西出阳关无故人。"

奶奶拍手叫好："我不会作诗，我来一句顺口溜吧'猪头肉就酒，越喝越有'。"奶奶逗得大家哈哈大笑。看着笑得前仰后合的小美，爷爷说："敬酒礼也是一门学问，给长辈敬酒时，要站起来目视长辈的眼睛双手举杯。长辈说话时不要打断，如果长辈在你的左边，就用右手倒酒，反之则用左手倒酒。杯沿要低于长辈杯沿，起座倒酒从最长者开始，倒酒时不能碰酒杯，给长辈倒酒后再给其他人倒酒。"

"我国被誉为'礼仪之邦'，礼仪渗透在我们生活中的点点滴滴。小美好好跟爷爷学。"爸爸对小美说，小美认真地点了点头。

我们也来一起做：

1. 酒文化源远流长，博大精深，你还知道酒的哪些文化？与家人交流一下吧。

2. 也给孩子讲一讲敬酒礼仪，让他们尝试以茶代酒，在饭桌上为爸爸妈妈、爷爷奶奶敬一次酒吧。

201　美酒文化知多少

"绿蚁新醅酒，红泥小火炉。晚来天欲雪，能饮一杯无？"小美的爸爸举起酒杯敬爷爷，"您每天接送小美上下学，辛苦了。"

"爸爸，刚才您吟诵的是今天的晨诵诗《问刘十九》，作者是白居易。"小美跑到爸爸身边说。

"这是他晚年隐居洛阳思念友人时所作。白居易留下的诗作中，提到刘十九的不多，仅两首。但提到刘二十八、二十八使君的有很多，刘二十八就是刘禹锡。"爸爸补充道。

"小美，给爷爷把酒满上，昨天学的倒酒礼仪还记得吗?"爸爸露出期待的目光。

"当然记得。先长辈再顺时针，长辈在左，右手倒，长辈在右，左手倒。晚辈敬酒要站立，杯沿要低头也低。"小美竟然把昨天爷爷说的话编成顺口溜了，乐得爷爷和爸爸开怀大笑。

"根据古人的记载，酒的发明也相当偶然。有一次，杜康把剩饭放在古桑树的树洞之中，日子久了，饭经过发酵散发出一种芬芳的气味，并流出一种液体，杜康取而饮之，感觉其味甘美。后受此启发，发明了酒。自古以来文人墨客爱酒，达官政客依赖酒，田头农夫也喜欢酒。酒也是文化的传承。酒不仅讲究酿造技术，更讲究酒的品质和性情，酒有清雅寡淡、重口浓烈之分，这与人的性情一样……"爷爷滔滔不绝地讲着，小美和爸爸静静地听着，一家人享受着这难得的惬意时光。

我们也来一起做：

跟孩子一起再读诗歌，并搜集更多关于酒的诗歌，整理到暮省日记中。

202　刚正不阿傲风雪

　　"小雅，今天的晨诵让我们随陆游走进江南，读一读诗人笔下的《大雪》吧？"

大　雪
宋·陆游

大雪江南见未曾，今年方始是严凝。

巧穿帘罅（xià）如相觅，重压林梢欲不胜。

毡幄（zhān wò）掷卢忘夜睡，金羁立马怯晨兴。

此生自笑功名晚，空想黄河彻底冰。

　　"妈妈给你补充一个关于陆游的小故事：陆游从小经历国难的痛苦，幼小的心灵滋长了对祖国和民族的爱。陆游 29 岁参加两浙地区的考试，被取为第一名。奸相秦桧的孙子秦埙也参加了考试。秦桧暗示考官，要让秦埙得第一名。考官没买账，秉公办事，让陆游得了第一。秦桧十分恼火。第二年，陆游到京城临安考试，主考官又让陆游得第一。秦桧更生气了，他蛮横地命令主考官取消陆游的考试资格，还要追究两浙地区考试官的责任。直到秦桧死后，陆游才担任临安枢密院的编修官。"

　　"很多诗人的一生都遭遇着这样或那样的不幸，真是痛惜。"小雅望着窗外阴沉的天叹息道。

　　"但他们都有不气馁、不妥协，勇敢面对不幸的一面。他们也擅长把自己的所想表达出来，呼吁唤醒民众，排遣内心焦虑。人生路上遇到困阻是很正常的事情。要学会分析问题，解决问题。家是包容你、接纳你各种情绪的地方，小雅，如果你有什么不高兴的事情一定要告诉我们。"

"会的，妈妈，我会在你们的爱护下健康成长。"小雅依偎在妈妈怀里暖暖地说。

我们也来一起做：

1. 定期与孩子交流心事，让孩子知道家是他们最安全的地方，能包容他们的所有。

2. 引导孩子回忆之前学过的古诗，感受诗人的情怀和精神，并抄写在暮省日记中。

203   秋敛冬藏迎新生

午后时光，妈妈问："琪琪，你知道蚂蚁为什么要搬运食物吗？"琪琪摇了摇头。妈妈微笑着点头道："在冬天到来之前，蚂蚁就会搬运各种食物到蚁巢内囤积以备过冬，当气温下降到一定程度，蚂蚁就不再出去觅食，而是待在巢穴里几乎不活动，以便降低身体各种能量的消耗，饿了就会进食囤积的食物，蚂蚁的这种行为也叫冬藏。对于冬藏，《礼记·乐记》也有论述。我们一起来了解古人赋予'冬藏'的意义吧。"

礼记·乐记

春作夏长，仁也；秋敛冬藏，义也。仁近于乐，义近于礼。乐者敦和，率神而从天；礼者别宜，居鬼而从地。故圣人作乐以应天，制礼以配地。礼乐明备，天地官矣。天尊地卑，君臣定矣。卑高已陈，贵贱位矣。动静有常，小大殊矣。方以类聚，物以群分，则性命不同矣。在天成象，在地成形，如此，则礼者，天地之别也。地气上齐，天气下降，阴阳相摩，天地相荡，鼓之以雷霆，奋之以风雨，动之以四时，煖之以日月，而百化兴焉。如此，则乐者天地之和也。

妈妈说道："万物相生相辅，冬去春来，夏盛秋衰。人和大自然万物和谐相生才会长久有趣。"

琪琪对妈妈说："是的，妈妈，尊重大自然就是尊重我们自己。"妈妈欣慰地说："对呀，农忙了一年，收获越多越高兴，一年的忙碌终于看到结果了。所以说，每一份成果的收获都需要每一份汗水的付出。"琪琪赞同地点点头。

我们也来一起做：

1. 我们与大自然息息相关，这一年我们又藏了些什么过冬呢？与家人盘点回顾一下，好好感受其中的美好吧！

2. "冬藏"是内敛的、含蓄的、冷峻而又热烈的，用心体会吧，生活无处不精彩！引导孩子把今天学到的关于冬藏的知识一起分享给其他小伙伴吧！

204   冬日进补御严寒

琪琪仰着头，出神地看着银杏叶从树上慢慢飘落。

"妈妈，今天怎么只看到了银杏叶落下，没有看到小鸟啊？难道小鸟也和蚂蚁一样在冬天藏起来睡觉了吗？"

"有的鸟需要到暖和的地方过冬，有的鸟则不需要，比如麻雀，它一年四季都不飞走，它已经适应了这里的气候，不需要飞到南方过冬。"

爸爸提议道："我们中国历来有'补冬'的习俗，'冬季补一补，来春打老虎'。冬天应当少食生冷，宜食用一些较清淡温和且能扶助正气、补益元气的食物。今天我们一起做一道适合冬季的养生汤——什锦菌养生汤吧。"

妈妈高兴地宣布用料："蟹味菇 20 克、金针菇 30 克、香菇 3 个、火腿肠 1 根、鸡蛋 1 颗、葱 1 根、盐适量、油适量、虾仁适量、生抽1 勺。"

"妈妈，我还是不会把鸡蛋打散，你教我好吗？"

"好啊，左手拿一个碗，右手拿一颗鸡蛋。把鸡蛋在碗沿上轻轻一磕，磕出裂缝，然后沿着裂缝打开后倒入碗里。再拿一双筷子顺时针搅拌蛋液，这样会加快蛋清蛋黄的融合。"在妈妈的指导下，琪琪小心翼翼地搅拌着。

只见爸爸在锅里放入油，烧热后再倒入鸡蛋液，煎成鸡蛋饼。妈妈把鸡蛋饼切成丝，在锅里放入水，等水沸腾后放入菌菇类进行焯水。

爸爸把煮软后的菌菇捞出备用，锅里放油把葱白放入炒香，然后加水烧开后放入菌类、鸡蛋丝、火腿肠、虾仁。最后，妈妈又加入适量的盐、生抽，撒葱花，一锅喷香的什锦菌养生汤就做好了。缕缕水汽携带着菌菇特有的香甜袅袅升腾，油花慢慢地荡在翡翠般的葱花、黄澄澄的蛋花之间，一家人有说有笑地品尝着美食……

我们也来一起做：

与孩子一起试着画一个菌类"家族图"吧。

205　香甜红薯溢唇齿

冬天户外的皑皑白雪装饰着万物凋零的世界。温暖的家里其乐融融，这时，妈妈捧起书认真地读起来：

宿迁道中遇雪
元·陆文圭

登车宿迁北，万顷铺琼田。

墨云淇水光，上下玻璃天。

六花时时飘，集我车上毡。

左右拍手笑，翁似日鹤仙。

失却翁白髯，顿觉翁少年。

"这首诗是元代文学家陆文圭写的。全诗的意思是：我乘车来到宿迁的城北，雪后的田野莹洁如玉。黑云映照在淇水中，天地一色，就像一个粉妆玉砌的世界。雪花漫天飘舞，飘到车的毡顶上。正在此时，忽然身边的人拍手大笑，说我这老头就像天上的白鹤仙翁。在茫茫的白雪中，我的白胡子也看不清了，让大家顿时觉得我就像回到了少年。"

"'琼田''玻璃天'，天上、地上包括雪中人都融为白茫茫一片，诗人巧妙的比喻把雪天的大雪、寒冷描写得这样真切。"妈妈继续说道。

"我体会到古人用语的'凝练'之精彩了，妈妈。"

"是的，诗歌高度的凝练和含蓄美正是我们应该学习的。"

中午，老爸一进家门就说："刚才在外面就闻到烤红薯的味道了。"

小雅笑着跑入爸爸怀里说："老爸的鼻子真灵，我和妈妈用烤箱烤红薯呢！"

"小时候我们不仅烤红薯，还烤花生呢，烤花生需要的炭火小而少。也能烤玉米，得带着玉米外衣烤，烤出来黄灿灿、香喷喷的。"妈妈陶醉在过去的回忆里。

生活像一首首诗，有绵长的韵味；生活像一幅幅画，每一刻都能定格怀念。

我们也来一起做：

1. 与孩子讨论一下，《宿迁道中遇雪》中诗人给我们描摹出一个怎样的世界？从哪里看出诗人是开心的，还是悲愤的？你喜欢下雪天吗？雪天留给你哪些童真和童趣？

2. 冬日夜晚，全家一起围坐烤红薯，品味红薯的香甜和家庭的温暖。

206　童真童趣堆雪人

早晨诺诺起床望向窗外，房顶上、树上、路上都披上了一层白纱，诺诺看着飘舞的雪花，又开始计划她的活动了。

妈妈跟诺诺讲起了自己儿时吃冰锥、玩冰锥的快乐往事，诺诺听完一脸的羡慕。

"玩冰的孩子可多了，有一首古诗写的就是玩冰的乐趣，我们一起读一读吧。"

"好的，我来读吧。"诺诺开始朗诵道：

稚子弄冰
宋·杨万里

稚子金盆脱晓冰，
彩丝穿取当银钲。
敲成玉磬穿林响，
忽作玻璃碎地声。

妈妈解释道："清晨，满脸稚气的小孩将夜间冻结在盘中的冰块取下，用彩线穿起来当钲提在手中轻轻敲打，敲出的声音像玉磬一般穿越树林，当欣赏者正醉心于那穿林而过的响声时，却听到了冰块落地的声音。"

"原来古代的小孩子也是这样玩的，真有意思。妈妈，等雪停了，我们也去玩雪吧，我想堆个大雪人。"诺诺迫不及待地说。

雪纷纷扬扬下了一天，傍晚时分，雪终于停了。诺诺和妈妈找到一片干净的、雪足够厚的场地，她们先铲出一堆雪，将雪用力压紧，然后慢慢地在雪地上滚动着，不一会儿就滚出了一个大大的雪球做雪人的身体，接着又滚了一个小一些的雪球做雪人的脑袋。最后诺诺开始装饰雪人的眼睛、嘴巴和胳膊。这样，一个完美的雪人就诞生了，诺诺给雪人取了一个可爱的名字——雪儿。

诺诺端详着她们的劳动成果，开心地笑出了声，冻得鼻子、脸蛋通红都不自知。

白茫茫的雪地里，妈妈和诺诺围着雪儿追逐打雪仗，一串串脚印串起幸福的影子。

我们也来一起做：

1. 冬日的游戏有很多，跟孩子一起聊一聊小时候的游戏吧。

2. 想一想堆一个雪人需要哪些装饰？怎样点缀会让看见它的人印象深刻呢？如果没有下雪，还可以用什么代替雪来做呢？跟孩子一起玩起来吧！

207   冬日和气生肌肤

冬日的暖阳，平静又充满了力量。

"冬日的温暖不仅仅来自大自然的恩赐，还有亲人之间心灵的温暖。今天的家务劳动，让我们织围巾吧。"妈妈提议。

"太好了。"润润跟随妈妈来到客厅。

"我们需要准备毛线三两、棒针（粗一点）一根、剪刀一把，首先需要起针，情人扣起针应该起单数，起 11 针。"妈妈耐心地说着。

"这情人扣还真像一对对恋人紧紧拥抱着。"润润像发现新大陆一样兴奋地说。

"左手握棒针，右手绕线，跟着妈妈做。"妈妈边演示边监督润润。

"成功，打 11 个情人扣。"润润得意地说。

"将线绕到右针上边，用右针从左针的两根线里穿出，然后将线往右针前边绕一下，用右针将线慢慢挑出来。"

"妈妈，我不会了，有点难。"润润着急地喊道。

"把线绕过左针就好了，你要有耐心。"妈妈边说边握着润润的小手操作着。

妈妈的手像两只扑扇着翅膀的小蝴蝶，忽上忽下，左右针快速地交替着。最后妈妈织到合适的长度后，收针锁边，围巾就完成了。

毛茸茸的围巾像小白兔一样柔软调皮，妈妈把围巾围到润润脖颈上，又漂亮，又暖和。润润开心地抱着妈妈，又把围巾摘下来围在妈妈脖颈上，母女俩依偎着，幸福极了。

我们也来一起做：

1. 跟孩子一起聊一聊你们做过哪些很小却让自己获得很大快乐的事，一起回忆那些温暖吧。

2. 与孩子一起学织围巾吧，然后分享给身边的小伙伴。

208   人和自然要共处

"妈妈，今天要看电影《北极故事》喽!"秋菊兴奋地喊着。

电影开始播放了。在北极，湛蓝的天空、雪白雪白的陆地在屏幕上快速伸展，秋菊不禁喊道:"好美!"

风吹起山脊上的碎雪，层层随风翻滚，像极了海面上掀起的层层涟漪，是山，是水，是雪，是浪花，已分辨不清。广袤的天空伴着偶飞的海鸟，一切是那样的静谧、安详。秋菊和妈妈睁大双眼，一秒都不舍得错过。

主角出场了。"北极熊，还有两只小北极熊，毛茸茸的，好萌哦，它探头探脑的，不敢出洞。"秋菊当起了解说员。

......

"妈妈，娜努和希勒都是北极的主角，那么可爱，却又那么可怜。为了活下去，它们要互相防御、厮杀，总担心成为别人的口中食而惶惶终日。"

"这就是大自然适者生存的道理。"妈妈温柔地说。

"保护环境，我能做些什么呢?"秋菊自言道。

"绿色出行，废品再利用，减少大气污染。"妈妈引导道。

"对，我要在做好自己的同时好好学习，长大后才能为保护环境做贡献。"

"人人重视，人和自然和谐共处，我们的地球才会更美丽。我们都行动起来，世界才会越来越美好。"听了妈妈的鼓舞，秋菊认真地点了点头。

我们也来一起做：

1. 引导孩子思考，面对种族歧视、地球变暖等问题，我们现在能做些什么呢？

2. 如果北极熊赖以生存的冰雪世界消失了，它们的孩子将如何生存？为此，我们能做点什么？跟孩子一起列一个行动计划吧。

209　冬日饺子暖心窝

"冬至是我国重要的节气。冬至这一天北方大部分地区会吃饺子。今天我们就来做猪肉大葱馅饺子吧。"爸爸提议道。

"好，难得今天都愿意动手，咱们做一下分工吧，剁肉调馅、剥葱切葱、和面，谁来认领？"妈妈回应道。

爸爸抢着技术难度最大的选："我负责剁肉调馅。"

妈妈宣布开始后，朝阳急匆匆地去厨房大展身手，他三下五除二地收拾出3根葱，操起刀要争第一。可是没切几下，朝阳就吵嚷起来："妈妈，怎么这么辣眼睛啊？"

朝阳根据妈妈的指点，情况好多了。爸爸则另操一刀正娴熟地剁肉。

"猪肉大葱馅的精华就在于调馅，切肉是基础。"爸爸边说边把切好的肉放入调馅碗里。

"还得用花椒粉、料酒来去腥。最关键的是得用香料煮 300 克水。"

"再加上 100 克油，放入肉馅后顺时针搅拌均匀即可。"

朝阳看着一半水一半肉，半信半疑地照着做，真奇怪，貌不惊人的猪肉竟有这么大肚量，水神奇地被肉馅吸收了，肉馅变成油光明亮、半流动的肉泥了。

朝阳没想到美味的水饺背后竟然需要这么繁多的准备和高妙的技术。这时妈妈也和好面整理妥当，准备擀皮。20 分钟后，鼓着大肚子的水饺已整整齐齐地摆在面板上了。不一会儿，一盘盘热腾腾的水饺被端上桌，咬一口，鲜香的汤汁咕咕往外冒，正如爸爸预料的，细滑爽口，满齿留香。

我们也来一起做：

1. 与孩子一起思考做水饺最难的环节是什么，怎样攻克这一难题？

2. 与孩子一起诵读晨诵诗，分享关于冬至节气的习俗并记录下来。

210　关爱如同一缕光

吃过早饭，琪琪开始读妈妈特意选的一本关于冬天的绘本《冬天里的弗洛格》。

"妈妈，弗洛格没有小鸭、小鸡那样的羽毛，也没有小猪那样厚厚的脂肪，没有牛羊那样的皮毛，也不会像我们有各式各样的衣服和保暖措施，所以它得冬眠，对吗？"

"是的，琪琪，世界万物都有自己的模样，也正如封底说的，每个人都会有自己的问题。"

"也就是说，我们每个人都会面临自己解决不了的问题。"

"是的，你想想之前有没有自己解决不了的问题？"

"有的，比如我上一年级时不会用旋笔刀削铅笔，不会洗衣服、叠被子，这些都是后来您教我的。"

"妈妈也有不会的地方。比如做饭，是姥姥教我的，她做饭就让我站在旁边看，一天一天过去了，我便学会了。"

"还有在学校，我有不懂的问题，同桌会帮我弄明白，她还借给我足球鞋让我参加比赛呢。"

"是呀，像这样互帮互助的事情说都说不完。人们之间的关爱使生活变得更美好，会关爱别人的孩子心中常驻阳光。"

"琪琪，帮助同学的同时更要尊重同学，尊重他们自身的意愿。比如，青蛙需要冬眠，在生活中如果遇到了冬眠的动物，尽量不要打扰它们，要让它们平安地、美美地过冬。"妈妈继续说道。

"知道了，妈妈，帮助别人的前提是尊重。"琪琪暖暖地说。

静静的夜晚流淌着婆娑的月光和宁静的美好，琪琪和妈妈相互依偎着进入了甜蜜的梦乡。

✎ **我们也来一起做：**

　　1. 与孩子一起思考，我们在冬天会看到哪些景，哪些物，哪些事？

　　2. 与孩子交流，生活中还有哪些人给了我们帮助，我们怎样才能更好地帮助别人？

211　冬日生活亦缤纷

　　今天轮到弟弟阳阳主持这周的观影活动了：今天我们一起来观看电影《帕丁顿熊》。故事是在帕丁顿熊美丽的故乡秘鲁开始的，也由此引出了全篇的第一个线索——橙子做的果酱，那是帕丁顿最爱最爱的食物，一瓶果酱可以满足它们全天维生素和能量的摄入。然而不幸的是，突如其来的一场地震，帕丁顿的叔叔不幸遇难了，外婆由于年迈，无法照顾帕丁顿，于是将它送上了开往伦敦的轮船，希望它能找个好人家，过新的生活。想想也知道，这只熊想要顺利地融入人类的生活是很困难的，就让我们在电影里与它相遇吧。

　　"帕丁顿熊最棒！"

　　"帕丁顿熊最可爱！"

　　影片刚播放完，贝贝和阳阳就嚷嚷起来。

　　"你俩喜欢它什么，说说看？"妈妈询问道。

　　"我喜欢它忧郁的眼神，它落难时无助的样子让我很心疼。它虽然制造了很多麻烦，但是它的初衷是好的，它没有恶意。"贝贝说道。

"它憨憨的，很可爱。它背井离乡，也很可怜，宁愿自己受苦也不给别人制造麻烦。"阳阳补充道。

"这的确是一只懂事、善良、可爱的熊，就像我们中国动画片中的熊大、熊二一样，关心他人、关爱朋友，为正义敢冒险，勇敢无畏。"妈妈总结道。

"影片很感人，从影片中正义与邪恶的较量中，更能看到人性闪亮的地方，我们为有这样的人间暖情而感动。"爸爸也加入了大家的讨论中。

静静的夜晚，外面寒风凛冽，阳阳一家人的心里却倍加温暖。

我们也来一起做：

1. 大自然中的小动物都很机灵、聪明，引导孩子思考还知道哪些小动物的故事？了解哪些小动物的特质？

2. 保护大自然，保护动物，我们还能做些什么？跟孩子一起写一写，开始行动吧！

212　山水一程携相思

冬日的夜里，琪琪一家人围坐在沙发上读今天的诗词，爸爸朗读了纳兰性德的《长相思》，他深情地读道：

长 相 思

清·纳兰性德

　　山一程，水一程，身向榆关那畔行。夜深千帐灯。

　　风一更，雪一更，聒碎乡心梦不成。故园无此声。

　　琪琪突然说："妈妈，我好喜欢'山一程，水一程'这句词。"

　　爸爸笑着回应道："不但你喜欢，我和妈妈也很喜欢。你知道这首词里最能打动词人和读者的是哪一句吗？仔细想想，词人想要表达怎样的情感？"

　　"'山一程，水一程'极简地表达了路程的遥远。"妈妈提示道。

　　"同样'风一更，雪一更'写出了路途的辛苦。"琪琪略有所思地说。

　　"但是这都是词人在描述自己所处的处境。哪一句能看到他的心声呢？"爸爸继续追问。

　　"当然是'聒碎乡心梦不成，故园无此声'了。"琪琪自信地说。

　　"不错，'聒碎'一词形象细腻地写出了词人想念家乡的烦忧、郁闷之情。"爸爸继续补充道，"纳兰性德自幼饱读诗书，文武兼修。他的词以'真'取胜，写景逼真传神，词风清丽婉约，独具特色。"

　　"听爸爸讲解真好，爸爸知道那么多，太厉害了。"琪琪偎依在爸爸怀里骄傲地说。

　　不一会儿，午饭的时间到了。爸爸做了五花肉烧白菜，肉香伴着蒜香的味道慢慢飘起来。

　　看着狼吞虎咽的琪琪，爸爸叮嘱道："白菜是冬季必吃的蔬菜，维生素 C 含量比苹果高，热量低，多吃不长肉，但也要细嚼慢咽。"

我们也来一起做：

1. 词人纳兰性德的《长相思》想表达怎样的情感？与孩子交流一下吧。

2. 和孩子一起读一读纳兰性德的另外一首《浣溪沙·身向云山那畔行》。

213　　天仙碧玉似琼瑶

冬天是雪花的故乡。雪花仿佛天鹅高贵的翅膀，亦如天使洁白的裙裳，当一片片雪花悠悠地落下来，晶莹剔透和唯美壮丽就是它的"回乡"。看着纷纷扬扬的大雪，爸爸不禁想起薛昂夫的《蟾宫曲·雪》，吟道：

蟾宫曲·雪
元·薛昂夫

天仙碧玉琼瑶，点点扬花，片片鹅毛。

访戴归来，寻梅懒去，独钓无聊。

一个饮羊羔红炉暖阁，

一个冻骑驴野店溪桥，

你自评跋，那个清高，那个粗豪？

琪琪听到爸爸的吟诵，也跑到院子里欣赏雪景，漫天的飞雪一片片落下来，还真像极了扬花、鹅毛。琪琪伸手去捉雪花，有的飞在衣服上不见了，有的藏在脖颈里凉飕飕一片。

到了读绘本的时间了，妈妈拿出《雪人》，并问琪琪："可以给妈妈讲讲吗？"

"好，雪人可魁梧高大了，大男孩拿了妈妈的帽子和围巾给它围上，用橘子做了鼻子，用煤炭做纽扣和眼睛。雪人高出小男孩一大截。"琪琪兴奋地讲。"小男孩和雪人成了朋友，把雪人邀请到家里，给它做饭，他们做了好多好多事。雪人还带着小男孩一起飞越城市，太美妙了。可是，雪人在第二天的太阳下融化了。小男孩一定很伤心，因为我都这么伤心了，妈妈。"

"是呀，美好的时光总是这样容易流走，这就像我们的成长，童年的很多快乐都会成为回忆。虽然妈妈再也回不到童年了，但是童年的那些美好成了我成长的营养，也经常能带给我快乐和力量。逝去的并没有完全消失，它在我们的心底扎根发芽了。"

琪琪略有所悟地点点头，渐渐地入睡了。

我们也来一起做：

跟孩子一起讲述一下《雪人》的故事吧，并与家人分享自己童年时期的快乐往事。

214   雪梅并作十分春

今天妈妈和安琪朗诵了一首关于雪的诗。

雪梅·其二

宋·卢梅坡

有梅无雪不精神，有雪无诗俗了人。

日暮诗成天又雪，与梅并作十分春。

读完后，妈妈提议："咱们来画雪吧，雪花是什么形状啊?"

安琪脱口而出："六边形。"

"雪花至少有 35 种不同的形状，但是所有的雪花都是六边形，雪花的不同形状和温度有关。大部分的雪是白色，像我们这里只能看到白色的雪，但是由于环境的因素，雪也会呈现不同的颜色，比如在冰川附近就能看到西瓜红色的雪。今天妈妈为你准备了一个很好玩的实验——制作冰花。"

安琪认真地盯着妈妈操作。只见妈妈准备好白醋、小苏打和水，先在锅里加入小苏打，再加入白醋。静置一小时后又加入 100 毫升水，然后缓慢加热，直至混合物澄清，最后再加热半小时后关火冷却。安琪期待地看着妈妈用筷子在锅底划过，很快，杯中开始出现沉淀物，漂亮的冰花在慢慢绽放，美极了!

"为什么会这样呢? 好漂亮，但是冰花不能吃。因为上面写的是'小苏打'。"安琪遗憾地说道。

安琪的话逗笑了妈妈，妈妈解释道："醋和小苏打发生化学反应后会产生乙酸钠（又称醋酸钠）、水和二氧化碳。如果把这三种物质进行加热，会得到醋酸钠过饱和溶液。醋酸钠过饱和溶液很容易出现结晶，所以看起来就像冬天的'冰花'。这就是科学实验，明天我们再搜索其他的制作方法，一起制作冰花吧。"

我们也来一起做：

1. 让孩子想一想雪带给我们乐趣的同时，还会给我们的生活造成什么影响？

2. 关于雪还有很多小实验，和孩子一起尝试做一做吧，相信会有意想不到的收获。

215   相信种子待时光

下午妈妈和爸爸参加了安琪幼儿园的元旦联欢会，其中有一个亲子踩气球环节，最后一组踩完的家庭，按照比赛的规则要表演节目，安琪一家落后了，于是妈妈和爸爸朗诵了一首诗：

岁　暮

南朝·宋·谢灵运

殷忧不能寐，苦此夜难颓。

明月照积雪，朔风劲且哀。

运往无淹物，年逝觉已催。

安琪则讲了一个故事《年》，她说这是昨天刚刚在幼儿园学到的，安琪说："古代有个叫年的怪兽，经常隔一段时间就来骚扰一次村民，后来村民发现叫年的怪兽害怕红色和声响。于是，年来的时候，村民就在门上贴红纸并且敲锣打鼓地赶跑年，这就是为什么过年有贴春联、放鞭炮的习俗。"

回到家，安琪意犹未尽，她拿起《安的种子》，让妈妈讲给她听。妈妈看着小书迷迫切的样子，一把将安琪揽入怀中，耐心地讲道："故事里描写了三个性格迥异的小和尚：急于求成的本、患得患失的静、静待春天的安。为了让千年莲花的种子开花，本急切地种下种子，却以失败告终；患得患失的静，对种子百般呵护，甚至过分保护，反而让种子也很快消亡；反而是泰然处之的安享受着生活的点滴：做饭、挑水、买菜、散步、看月亮……内心保持清澈而明亮，淡然而幸福。这样的安然和安定，也就是作者将故事的名字定义为《安的种子》的深深寓意。

故事讲完了，安琪为自己悟到一个大道理而兴奋不已。她说她自己也是一颗种子，要多锻炼自己才能长成一棵大树，为她的好伙伴遮风挡雨，为爸爸妈妈乘凉挡风。妈妈被安琪的这一席话感动得掉下了眼泪。

我们也来一起做：

引导孩子想一想自己是《安的种子》中的谁呢？是否可以种出灿烂如朝阳的莲花？

216　新年里的新期待

"新年到了，我听见小鸟飞来飞去在唱歌：新年快乐！新年快乐！我问小树，新年是什么？小树说：新年是长出嫩嫩的树。

我问春风，新年是什么？春风说：新年是把种子遍地撒播。

我问钢琴，新年是什么？钢琴说：新年是叮叮咚咚的音乐。

我问老师，新年是什么？老师说：新年是更美好的生活。

小鸟小鸟，我知道了，新年是无限的期待与欢乐！"

"妈妈，您说'新年是什么'？"晨诵完今天的诗歌，春丽问正在忙碌的妈妈。

"新年呀，是春丽的学习再上一个台阶，新年还是爸爸的生意再上一个台阶。"妈妈一边收拾屋子，一边笑着说。

"新年是妈妈良苦用心的期盼，还是外婆慈祥温暖的目光。新年是我们家又将迎来一个新生命的幸福时刻。"

春丽今年 11 岁了，因为家里又要新添一个宝贝，爸爸妈妈担心春丽还不能接受。午饭过后，爸爸特意拉着春丽坐在舒适柔软的沙发上一起读书。今天读的故事是《小凯的家不一样了》。春丽依偎在爸爸身边，听爸爸声情并茂地讲着小凯一家的故事。爸爸将春丽揽进怀里，温柔地对春丽说："乖女儿，新的一年，你将拥有一个小妹妹，你不再一个人孤孤单单了，这是多么令人高兴的事啊！"看着绘本里温馨的图片，春丽忽然有点期待小妹妹的到来了。

新年新期待，春丽的家也要不一样了。父女俩悄悄拉钩，约定永远做相亲相爱的一家人。

我们也来一起做：

回忆和家人在一起的时光，讲讲家里的亲情故事，然后写下来作为送给彼此的新年礼物吧。

217　亲子游戏真快乐

快乐的小长假少不了亲子陪伴和朋友的小聚，今天的"每日一事"，洋洋一家玩的是游戏"企鹅摇摇晃"。

洋洋读着打卡内容仔细研究"企鹅摇摇晃"要怎么玩。"妈妈，把球放到我们腰间，咱俩夹着球跑，对吗？这样的确像企鹅一样，摇摇摆摆走大路。"

"洋洋，别着急，我跟妈妈做个试验，你总结经验。"爸爸抱着篮球笑眯眯地走来。

爸爸妈妈很默契地完成夹球、勾背，在迈步前行时，因为出脚不同，球差点要掉下来，爸爸赶紧用另一只手保护。

"你俩得迈相反的脚，夹球的腿要同步，否则球就会跑掉啦！哈哈！"洋洋找到了游戏的窍门。

爸爸妈妈听取了洋洋的建议，重新调整了步伐，摇摇摆摆地走起来，洋洋从后面看他们因护球而紧张地展起的双臂，真是像极了一对企鹅爸爸妈妈。

"成功了！成功啦！"洋洋为父母鼓掌点赞，"我也要试一试，我跟爸爸来。"

可是问题来了，爸爸和洋洋的身高差距太大了，洋洋的腰部刚好跟爸爸的大腿相齐。

"没事，我有神力，你喊步伐，我们开始。"爸爸鼓励道。

就这样一对被搀扶着行走的企鹅开始了"节日大巡展"。几轮下来，三人的额头都冒出了层层汗珠。小小游戏，健身又快乐！洋洋希望这样快乐的日子可以永远陪伴在身边。

我们也来一起做：

　　和孩子一起玩耍是最开心的事情，进行一次"企鹅摇摇晃"比赛吧！看一看哪只小企鹅最先到达终点！在游戏的过程中，引导孩子多观察，多思考，看看孩子有什么新的发现。

218　光盘行动不浪费

　　中午，妈妈给斌斌做了他最爱吃的糖醋鱼，妈妈对斌斌说："我们都喜欢鱼的美味，却不知道捕鱼人的辛苦。今天，我们一起来诵读古诗《江上渔者》。"

江上渔者

北宋·范仲淹

江上往来人，但爱鲈鱼美。

君看一叶舟，出没风波里。

　　妈妈告诉斌斌："这首诗是北宋范仲淹所作，这位政治家、思想家、文学家是想告诉我们，鲈鱼虽味美，捕捉起来却很艰辛，表达出诗人对捕鱼人的同情，深含对'但爱鲈鱼美'的岸上人的提醒和规劝。所以，我们每餐都要反思自己是否珍惜劳动人民的成果，做到节约不浪费。"斌斌听了妈妈的话，又把这首诗大声地诵读了几遍，牢牢地记在自己的脑海里。

晚上爸爸下班回家，斌斌把《江上渔者》背给爸爸听，爸爸欣慰地说："斌斌真棒！现在国家提倡'光盘行动'，倡议大家节约不浪费。光盘行动并不是要少吃，而是提醒我们吃多少点多少，餐饮上少一些浮夸的面子工程，让'光盘行动'从我们做起！"

我们也来一起做：

1. 引导孩子思考怎样做到"光盘"行动？比如计算一家人足够的食量，购买不同食材时如何定量，怎样做到冰箱里的东西及时取用等，让行动有依据、好落实。

2. 与孩子一起制定坚持"光盘"的行动标准和评价方法，互相监督，评选家庭"光盘使者"，看看谁做得最好。

219   饮其流者怀其源

中午，妈妈说："今天我们来做一餐'忆苦思甜饭'，饮水思源，感受那一段红色的历史。"斌斌不解地问："怎么做呢？"妈妈告诉他："在井冈山地区，有这样一首歌谣广为传唱，'红米饭、南瓜汤，秋茄子，味好香，餐餐吃得精打光。干稻草，软又黄，金丝被儿盖身上，不怕北风和大雪，暖暖和和人梦乡'。这反映的是当年红军在艰苦条件下那乐观向上和艰苦奋斗的革命精神。"接着，妈妈给斌斌讲述了那段艰苦的历史，斌斌听了特别感动。妈妈提议："现在我们就一起来做'忆苦思甜饭'吧。你觉得要做好这道美味，关键要做好哪一步?"

"应该是米和水的比例。水多了,米就会松散不劲道。水少了,米就会发硬,没有米软香糯的口感。"

"还有一个问题,我们家没有秤,怎么确定 100 克的米是多少呢?"

斌斌环顾了厨房一周,惊喜地喊道:"有了! 我们那袋没开封的食盐不是 500 克吗? 我们可以模仿'曹冲称象',将食盐和大米放在同样的容器里,用左右手掂量,知道了 500 克米的数量,再分出五分之一不就是 100 克吗?"妈妈高兴得拍手叫好!

斌斌和妈妈照着菜谱,一步一步地做,一个小时后,他们闻到了米饭的清香。斌斌尝了一口,米饭软糯可口。妈妈告诉斌斌:"其实呀,当年的红军并不能顿顿吃上这么好的米饭,大部分时间他们都处在饥饿之中。"斌斌感慨万分:"原来革命时代这么艰苦呀,我以后一定再也不浪费粮食了!"

🌿 我们也来一起做:

今天的学习中,你有哪些收获呢? 引导孩子将印象最深的内容用画画或者日记的形式记录下来吧。

220   怕浪费婆婆

《怕浪费婆婆》是一本温馨又充满趣味的绘本,它用生动形象的语言讲述了不爱节约的小男孩和怕浪费婆婆之间的故事,在滑稽、有趣的故事中，传达勤俭节约的精神和变废为宝的乐趣，让孩子学会勤俭节约，养成良好的生活习惯。妈妈给宁宁读了书名，让宁宁猜想怕浪费婆婆是一位怎样的老人。宁宁说："她一定是一位看见有人浪费就生气的老奶奶！"带着这样的猜想，妈妈和宁宁接着往下读，书中的婆婆如果看见有人浪费，总有各种办法处理那些没有被好好利用的东西，不管是吃剩的饭菜，还是揉皱的纸团……

故事读完了，《怕浪费婆婆》中爱唠叨的婆婆和成长中的孩子，给妈妈和宁宁留下了深刻的印象。

妈妈语重心长地对宁宁说："虽然现在我们的物质生活已经比以前丰富了许多，但是不要忘记，在我们随意扔掉吃剩的食物时，世界上还有很多人面临饥饿；在我们忘记关好水龙头时，那些缺水的地方一天只有一杯生活用水。就像怕浪费婆婆念念不忘的那样，勤俭节约的话题永远不会过时，会伴随着一代代人的成长。"

妈妈带着宁宁仔细观察封底。宁宁有了一个很重要的发现，她发现《怕浪费婆婆》的封底也很特别，原来它的用纸工艺是非常环保的，作者将旧纸袋再利用，把纸袋上的图画剪下来，再一张张贴到厚纸板上制成原稿。妈妈说："宁宁你看，节约其实也是一种智慧。有的东西完全可以重新利用，变废为宝呢！"宁宁若有所悟地点点头，表示以后也要变废为宝，拒绝浪费。

我们也来一起做：

带着孩子搜集生活中的废物，开展一次"变废为宝"的行动。

221   变废为宝巧收纳

宁宁和妈妈变废为宝的行动已经进行了一个星期。在这个星期里，宁宁把旧饮料瓶变成了零食袋收集筒，用西瓜皮调出了爽口的素菜，还把奶奶的旧丝巾改成了玩具娃娃的大披肩。她每天都在拆拆补补，还把很多旧衣服整理好，投放在门口的捐赠箱里，忙得不亦乐乎。

宁宁看见爸爸书桌上的手机盒很漂亮，忙跑到爸爸身边问："爸爸，这个盒子好漂亮啊！可以送给我吗？我想用它装我收集的宝贝。"

"当然可以了，我也觉得扔掉挺可惜的，我们来装饰一下吧，还可以变废为宝呢！"爸爸爽快地答应了。

姐姐帮宁宁准备好了工具，有尺子、记号笔、手工刀、双面胶、彩纸等。

爸爸先用笔在盒盖四条边居中的地方做标记，然后画了两条直线，接着用手工刀沿着画线的地方进行裁剪，把盒盖裁成四部分。宁宁在盒子内侧粘上双面胶，姐姐帮忙粘上彩纸。最难做的就是做隔断了，爸爸提醒宁宁："宁宁，你看，裁好的盒盖就可以放在手机盒里做隔断呀！"宁宁在爸爸的建议下，把盒盖剪好，放在盒子内部，因为姐姐也想放进去她的小物品，宁宁就做了四个相同大小的方格。姐姐看到盒子做好了，高兴地捧来她心爱的彩色小弹珠，放在了其中的两个格子里。宁宁也把自己的小饰品和手表，还有一串钥匙放进去，她觉得这个小盒子既实用又美观，还不用花钱，而且是她亲手做的，别提多开心了。

我们也来一起做：

1. 引导孩子想一想生活中还有哪些东西可以变废为宝呢？

2. 鼓励孩子自己动手画线、裁剪、拼装完成收纳盒的制作，使用工具时，提醒孩子注意安全。

222　　葱汤麦饭两相宜

周末，宁宁家的芹菜茎吃完了，为了不浪费掉芹菜叶子，妈妈决定晚饭做芹菜麦饭。"什么是麦饭？"在宁宁的追问下，妈妈告诉宁宁：在我国西北地区，用各种蔬菜裹上干面粉蒸制而成的食品叫麦饭或者蒸菜，是一道菜香浓郁的传统乡土小吃。

妈妈说："陆游在《戏咏村居》之一中写道：日长处处莺声美，岁乐家家麦饭香。好多诗人的诗句中都提到过'麦饭'的香味。生活简朴，有节有制，是修身养性的良好家风，更是中华美德。"

德兴县叶元恺家题

宋·朱熹

葱汤麦饭两相宜，葱暖丹田麦疗饥。

莫道儒家风味薄，隔邻犹有未炊时。

"这里边还有一个故事呢！朱熹是我国古代著名的理学家。他虽拥有高官厚禄，但一直保持简朴的生活作风，从不奢侈铺张。因此历代学者都以'朱子固穷'来赞颂他。"听宁宁诵读完了两遍古诗，妈妈打开了话匣子，滔滔不绝地讲道："据史书记载，有一天朱熹去看望他的女儿，女儿留父亲在家里吃饭，因为家里实在是太穷了，女儿只好拿出葱汤麦饭来招待他，父亲难得来一趟，饭食却如此简陋，女儿觉得很过意不去。朱熹看出了她的想法，于是就写下这首诗来劝慰女儿。葱汤和麦饭搭配起来非常合适，葱汤可以滋补肠胃，麦饭可以抵抗饥饿。可别说它们滋味寡淡，隔壁邻居家到现在还没有生火做饭。朱熹是想告诫女儿俭朴度日，知足常乐。"

宁宁听得津津有味，更加期待麦饭了。

麦饭做好了！宁宁吃了一口，真是鲜香可口啊。一家人在简单的食物中体味到了幸福！

我们也来一起做：

1. 在生活中如何让孩子养成俭朴的美德？爸爸妈妈应该如何以身作则？

2. 和孩子共同讨论生活中还有哪些人具备俭朴的美德，自己应该怎么做。

223   知足节制有幸福

今天宁宁家里多了两个小朋友，他们是对门邻居的姐弟俩，弟弟元元5岁，姐姐乐乐10岁。四个孩子玩得不亦乐乎。

　　玩着玩着，乐乐突然说："宁宁，你家的玩具好多啊！你真幸福！"

　　宁宁高兴地说："越多越好，我要是有世界上最多的玩具，我就是最幸福的人了！"

　　听见孩子们的讨论，妈妈问："那你们觉得幸福是什么呢？"几个孩子几乎异口同声地说："想怎么玩儿就怎么玩儿！"

　　听了孩子们的回答，妈妈决定先给他们讲一个故事。

　　"这个故事的名字叫聚宝盆。故事里有个和你们差不多大的男孩，他叫多多，他什么都想要很多很多，纸张要很多，玩具熊要很多，糖果也要很多很多。有一天，一位老爷爷给了他一个聚宝盆，这下他想要多少就可以变出多少了，直到他说'够了，够了'，聚宝盆里的东西才会停止增长，你们猜猜最后发生了什么事？"

　　"那他家的玩具和糖果多得都装不下了吧？"

　　"我们一起来看看这本书吧。"

　　故事的最后，一个多多变成了很多个多多，孩子们笑得肚子都疼了。笑过之后，妈妈问孩子们："像多多一样，什么都很多就一定幸福吗？"孩子们你看看我，我看看你，害羞地低下了头。是呀，物品是用来满足我们正常生活需求的，而不是用来堆砌和攀比的。

我们也来一起做：

　　和孩子一起讨论，生活中还有哪些地方需要节制，共同制定一个计划，一起行动起来，养成节制的好习惯吧。

224　　淡泊自然过此生

开开最近对扑克牌产生了兴趣，周日在家休息时，开开拉着爸爸和她比试一番。不过，她赢了可以，但不能输，一旦爸爸赢了，她就开始不高兴，甚至还会哭鼻子，若是她赢了就手舞足蹈，开心得不得了。

通过观察，妈妈还发现她洗牌的时候，会有意无意地把好牌留在自己手里，妈妈决定跟她谈谈关于输赢的问题。

"开开，我们来玩扑克牌吧。"

"好啊，好啊！"

"那咱们先说好规则吧，扑克牌是游戏，不管谁输了都不许生气，更不能哭，怎么样，你可以做到吗？"

"我试试吧。"开开不太确定地说。

第一个回合，开开赢了，她笑得合不拢嘴，还要继续玩，妈妈开口了："我没有赢，不想再玩儿了。"

开开开始劝妈妈："我们是在玩游戏，输赢都没关系，下次说不定你就赢了呢。"

第二个回合，妈妈赢了，妈妈不动声色地看着开开，开开的脸上闪过一丝不快。

"怎么样？还要继续吗？"

"再玩儿一次吧。"

"如果你输了呢？"

"我都是小学生了，做游戏怎么会哭呢？"

果然，这次谈话起作用了，即使没有赢，开开也能克制自己，以平常心对待。

妈妈不由得想起曾经看过的一段话，就带着开开朗诵起来：

> 心外无物，
> 闲看庭前花开花落；
> 去留无意，
> 漫随天外云卷云舒。

寥寥数语，却深刻地道出了古人对事对物、对名对利应有的态度：得之不喜、失之不忧、宠辱不惊、去留无意，这样才可能心境平和、淡泊自然。

我们也来一起做：

在生活中，如何引导孩子成为一个经得起挫折，能够豁达对待人生的人呢？

225　三省吾身须躬行

晨诵时间到了，今天斌斌和妈妈读了一首关于克己的古诗。

训儿童八首·弟子

宋·陈淳

洙泗三千众，何人得正传。

省身有曾子，克己独颜渊。

妈妈问斌斌："孔子的弟子众多，你知道为什么他最喜欢曾子和颜渊吗？"斌斌摇摇头。妈妈接着说："因为曾子能每日三省吾身，颜渊能做到克己，严格要求自己。"斌斌听了点点头，说："妈妈，我懂了，以后我也要做到每日三省吾身，也要克制自己、约束自己，勤锻炼、爱学习。"妈妈赞许地点了点头。

吃过午饭，读书时间到了，爸爸与斌斌开始读绘本《不是我的错》。

绘本中，一个孩子蒙着脸哭泣，是谁欺负了他呢？所有的孩子都说："不是我的错。""不关我的事。"……没有人帮助小男孩，也没有人承认自己的错误。作者用简洁的线条和生活化的语言讲述了一个经常发生在我们身边的小事。最后，几幅关于污染、战争、贫困等灾难的照片赫然出现，震撼人心。

爸爸告诉斌斌："世界上正在发生的许多事都和我们息息相关，我们每个人都责无旁贷。"斌斌说："爸爸，以后遇到事情我会先反思自己的行为，再也不说'不是我的错'了。"

晚上，斌斌和爸爸妈妈坐在灯光下开始了今天的暮省……

我们也来一起做：

邀请孩子把《不是我的错》这个故事讲给家人听，一起讨论战争、水灾爆发的根源是什么？我们每个人能做的力所能及的事情是什么？

226   一粥一饭思不易

中午，妈妈说："一粥一饭，当思来之不易。其实世代相传的许多美食中早就蕴含着节约的基因，'扬州炒饭'的由来就与节约粮食有关，今天，我们就用剩米饭做淮扬名吃——'扬州炒饭'吧。"

妈妈拿出昨天的剩米饭，又取出两个鸡蛋放在灶台上。斌斌按照妈妈的吩咐，准备了一小勺虾米，四个干香菇，一根火腿肠，以及一小把熟豌豆。妈妈又提醒他加上玉米粒和小葱。妈妈指导斌斌把干香菇洗好放在水里浸泡，然后把葱姜洗干净切碎。

接下来妈妈把鸡蛋打散，在米饭中加入一勺熟油，并用筷子灵活地将米饭拨散，使油均匀地覆盖到米饭上，然后把炉火打开，等锅热了，倒上油，待油烧热后，调成小火。这时，妈妈指导斌斌往油锅里倒鸡蛋液，斌斌小心翼翼地倒入，只听"滋啦"一声，斌斌吓得蹦了起来。妈妈笑着说："只要你控制好火候，是不会有危险的！"锅里的鸡蛋液在高温下快要凝固了，妈妈用筷子搅散，并用木铲将鸡蛋弄成细小的鸡蛋碎，将鸡蛋碎盛在碗里拨散开待用。

接着，放入葱姜，待葱姜变成了金黄色后，又把火腿、香菇、虾米倒进锅里翻炒了几下，加入少许水，再把豌豆、玉米粒、米饭、鸡蛋碎依次倒入锅里。锅里的米饭有黄有白，还有绿，真好看。

经过半个小时的忙碌，一盘冒着香气的彩色的扬州炒饭终于上桌了，配上早已调好的凉拌黄瓜，斌斌一家吃得津津有味。

我们也来一起做：

陪孩子一起研究扬州美食中的节约之道，记录到暮省日记中。

227　自食其力新生活

今天姥姥来家里做客，妈妈决定和开开做一道养生菜。爸爸建议做芹菜炒牛肉，因为冬天气候寒冷干燥，人们往往感到口干舌燥、气喘心烦、身体不适，芹菜可以降低血压，健脑，清肠利便，促进血液循环。芹菜还有一股特殊的芳香，这种芳香有安神镇定、诱人食欲的作用。牛肉补脾胃，芹菜和牛肉号称黄金搭档。最近姥姥经常失眠，芹菜炒牛肉是最合适不过了。

食材很快就准备好了。有牛肉、芹菜、半个洋葱、几瓣蒜、三个小米椒、一个彩色泡椒、一小把香菜、生抽、老抽和淀粉。

妈妈把牛肉逆纹理切薄片，加上淀粉生抽，再滴少许食用油用手抓匀。开开在一旁负责配菜：她把芹菜切成段状，蒜瓣、洋葱切成丁状，小米椒、泡椒切成圈状，香菜留根去叶切成段状。这段时间里，开开总是做妈妈的帮厨，完成这些任务还挺轻松的。这时油烧热了，妈妈先倒入蒜末、洋葱、泡椒，三下两下翻炒，开开闻到了又香又酸的味道。妈妈边炒边说："开开，火候正好，赶紧把牛肉倒进来吧！"开开把牛肉倒入锅中，又在妈妈的指导下加入准备好的芹菜和小米椒。她抢过妈妈手中的铲子，也学着妈妈的样子翻炒起来。两分钟后，妈妈加入少许食盐、老抽，又让开开翻炒了十几下，再倒入香菜，最后翻炒几下起锅了。

开饭了，姥姥夸奖妈妈和开开的厨艺好。姥姥说："要想炒好这道菜，既要保证牛肉的滑嫩，又要保证芹菜的鲜脆，还真不容易呢。"

我们也来一起做：

用自己的劳动来创造幸福生活，引导孩子想一想，还可以做哪些力所能及的事情，并从中收获技能和快乐呢？

228　过了腊八就是年

腊　八　粥

小孩小孩你别馋，过了腊八就是年。

腊八粥，喝几天，哩哩啦啦二十三。

二十三，糖瓜粘。二十四，扫房子。

二十五，磨豆腐。二十六，去买肉。

二十七，宰公鸡。二十八，把面发。

二十九，蒸馒头。三十晚上熬一宿。

初一初二满街走！初一初二满街走！

清早，一起床就听见小志在院子里大声地唱着，爸爸猛然想到原来今天是腊八，不用说，小志妈妈肯定天不亮就起床熬腊八粥了。想到腊八粥，爸爸嘴里就立刻生出一种甜甜腻腻的感觉，把小米、饭豆、枣、栗、白糖、花生仁合拢来煮成一锅，让它们在锅里咕嘟咕嘟地沸腾着，单看它们那咕嘟样，闻闻那种香味就够咽唾沫的了。

斌斌一个早上共往厨房跑了六次，妈妈终于把腊八粥熬好了。妈妈先盛了一碗给斌斌，斌斌以为让他先吃，高兴极了。可是，妈妈却说："这一碗你不能吃，要拿到院子里涂抹到枣树上，明年枣树结得枣才能又多又甜。"斌斌最喜欢吃枣了，听了妈妈的话，他赶紧跑到院子里，把腊八粥涂抹到枣树的树干周围，希望枣树明年能大丰收。

这下，斌斌终于能喝上腊八粥了，他一口气喝了三碗。吃完饭，斌斌的肚子已成了一面小鼓了，爸爸开玩笑地说："斌斌，今年再跳秧歌，我们就不用买鼓了。"

妈妈说："斌斌，你知道吗？腊八粥是忆苦思甜饭，过去人们都没有吃的，只有在腊八这一天会把所有的粮食都放在一起煮着吃，希望来年的日子能过得甜甜蜜蜜，于是喝腊八粥的习俗就流传了下来。"

我们也来一起做：

腊八粥是一种营养丰富的食物，和孩子一起做一做吧。

229   妇姑相唤归田家

今天放假了，缘宝想去姥姥家度假。姥姥家在农村，鸡犬相闻，悠闲自在。

今天的晨诵是一首十分应景的田园诗《雨过山村》。

雨过山村

唐·王建

雨里鸡鸣一两家，竹溪村路板桥斜。

妇姑相唤浴蚕去，闲着中庭栀子花。

妈妈和缘宝一起读诗、画诗，谈论对诗的理解，感受这首诗里乡村生活的悠闲。

看着院子里嬉笑打闹的孩子们，姥姥的脸上是掩饰不住的幸福，没到 10 点就开始张罗着中午的大餐了。姥姥还特别为大家做了妈妈菜——麻婆豆腐。

这是一道易于操作又特别好吃的菜。油锅爆香花椒、朝天椒后，将肉馅炒散，放入准备好的葱姜蒜末；倒入豆瓣酱炒香，再放酱油、米酒；加入豆腐丁，轻翻炒，点水，焖 4 到 5 分钟后勾芡，放香葱末；起锅前淋上辣椒油即可。看着一家人吃得津津有味，姥姥也乐得合不拢嘴。

简单的食材在岁月的累积中给家人带来一份生活的温馨！

我们也来一起做：

学习制作麻婆豆腐，爸爸妈妈帮孩子把制作麻婆豆腐的过程拍照记录下来吧！

230   先有国家后小家

读绘本时间到了，妈妈靠在沙发上轻轻地把妮妮揽在怀里，讲起了《大禹治水》的故事：

"传说大禹为人谦逊，待人有礼，做事认真，生活也非常简朴。他的父亲没有完成治水的任务，他暗暗下定决心：'我的父亲因为没有治好水，而给百姓带来了苦难，我一定努力再努力。'当时，大禹刚刚结婚才四天，大禹洒泪和自己的妻子告别，就踏上了征程。"

妈妈继续讲下去："禹带领着助手，跋山涉水，风餐露宿，走遍了当时中原大地的山山水水，穷乡僻壤、人迹罕至的地方都留下了他们的足迹。他沿途看到无数百姓都在洪水中挣扎，他一次次在那些流离失所的百姓面前流下了自己的泪水。大禹左手拿着准绳，右手拿着规矩，走到哪里就量到哪里。他吸取了父亲采用堵截方法治水的教训，发明了一种疏导治水的新方法，其要点就是疏通水道，使得水能够顺利地东流入海。他和百姓在一起劳动，挖山掘石，披星戴月地干。"

听到这里，妮妮忍不住问："大禹好厉害呀，他一定吃了很多苦吧！"

妈妈说："是啊，他治水三过家门而不入，有一次他治水路过自己的家，听到小孩的哭声，那是他的妻子涂山氏刚给他生了一个儿子，他多么想回去看一看自己的妻子和孩子，但是他一想到治水任务艰巨，只得向家中茅屋行了一个大礼，便骑马飞奔而走了。"

"妈妈，最后他治水成功了吗？"妮妮着急地问。

"大禹治水一共花了 13 年的时间，正是在他的治理下，咆哮的河水失去了往日的凶恶，昔日被水淹没的山陵露出了峥嵘，农田变成了米粮仓，百姓过上了幸福富足的生活。妮妮，大禹大公无私、一心为民的精神值得我们世代传承，你能做到吗？"妈妈耐心地说。妮妮认真地点了点头。

我们也来一起做：

1. 引导孩子思考，面对灾害，我们能做些什么？

2. 大禹治水的故事给了你什么启示？与孩子一起画一画、写一写，记录自己的收获。

231　　田园风光沁心脾

又一个周末，妈妈和玥玥吃完早饭开始读书了。

今天娘俩读的是绘本《赶牛车的人》，这本书内容朴素，读起来充满了温情和美好。

绘本以细腻的笔触再现了 19 世纪美国乡村意境悠远的田园风光，作者唐纳德·霍尔用朴素的、在重复中递进的诗句，描绘出一家人简朴、勤劳、互助的生活场景。玥玥对这本书爱不释手，反复看了好几遍。

下午，妈妈带玥玥去乡下看望姥姥。每到这个时候，玥玥总是掩饰不住内心的激动："耶！终于可以去没有屋顶的房子里玩儿了。"

住在小区的楼房里，活动范围就是家里的几个房间，用玥玥的话说，就是在家里看不到天空。但是姥姥家不一样，白天可以看到白云、小鸟和大树，夜晚可以看到星星和月亮，那才有意思呢。

妈妈和玥玥从村子中间走过，每一处在玥玥看来都是风景，这家门口种了些青菜萝卜，那家院子里养着几只鸡，还有村口的一片空地上拴着几头牛。有时候还会在河滩里看到一群正在悠闲地啃着青草的绵羊。一切都那么宁静质朴，就像叔叔伯伯们脸上的笑容让人踏实自在。玥玥边走边摘几个路边刚刚冒出头来的小草芽，拿在鼻子上闻一闻，特别惬意。

我们也来一起做：

与孩子一起阅读《赶牛车的人》，带孩子到大自然中走一走，感受自然中四季的变化。

232   旧物改造用处多

整理衣服的时候，一条牛仔裤被宁宁妈妈拎了出来，好几年没有穿过了，质量还不错，扔了可惜，留着又不穿，要是能改成别的东西也算是物尽其用了。

妈妈先征求姥姥的意见："妈，我有条不穿的裤子，您看看都能改成什么？"

"短裤、裙子，这个布料厚一点，耐磨，还可以做成袋子装东西。"姥姥看来很有经验，经过穷日子的人特别知道珍惜。

宁宁也凑过来说："我要一个小包包，牛仔包！我会帮忙，我知道需要准备什么。"说完便去姥姥房间飞快地把针线盒拿到了手里。

说干就干，宁宁煞有介事地拿出纸和画笔，开始设计心目中的作品，还不停地念叨："我要设计一个可爱的包包，再配上两只长长的耳朵，这样才好看。"妈妈搬出缝纫机，宁宁在姥姥的指导下，一步一步裁剪、缝制，虽然不是那么顺手，不少针脚歪歪扭扭，但最后完成的那一刻，宁宁的心里还是美滋滋的，毕竟这是自己的第一件缝纫作品。

宁宁拿起自己的作品兴奋地说："真的和我设计的一样呢，我想再在这里画上一朵小花，可以吗？"

在姥姥的指导下，宁宁在书包上缝了一朵向日葵，别提有多好看了。宁宁拿到自己的小书包欢呼起来。

妈妈也忍不住称赞道："我们动手动脑，用灵巧的双手制作出一个新物件，真是太棒了！"

宁宁大声回应妈妈的话："是啊，妈妈，就像《爷爷一定有办法》里一样，一件衣服可以变成好多样能用的物品呢，我们也可以想想办法啊。"

我们也来一起做：

找一找，家里还有哪些不用的东西，跟孩子一起来一场旧物大改造吧！

233   惜物惜福爱生活

今天有朋友来玩儿，妈妈和妮妮决定一起做些烤面包作为午后甜点。

"我要自己做面包了！"妮妮开心得跳起来，"我知道怎么做面包，很简单的。"

早上妮妮刚和妈妈读过绘本《谢谢你，好吃的面包》。绘本故事里把烤面包的方法讲得清清楚楚，画面中的面包金黄金黄的，妮妮好像闻到了浓浓的香味了。

妮妮和妈妈开始动手了！面包看起来好做，做起来可不简单。从和面、发酵，再到揉面、醒面、烤制，每个环节都有挑战。妮妮在和面时，先是水加少了面太硬，后来水加多了面又太软，面黏在妮妮手上，怎么也弄不下来，才开始第一步，妮妮就有点吃不消了。揉面是最有意思的，妈妈分给妮妮的三个小面团，被妮妮当成了橡皮泥一样揉来揉去，妮妮还有创意地加上了巧克力和葡萄干做夹心。

妮妮定的闹钟响了，面醒好了。妮妮把面又揉了一会儿，妈妈说："我们把面团放到烤箱里吧。"妮妮赶紧把面团放进烤箱，关上烤箱的门，搬了一个小凳子坐在烤箱前。透过玻璃观察烤箱里的面团一点一点变大变黄，妮妮觉得神奇极了。

面包烤好了，因为糖放的不多，也没有平时买到的面包那样松软，妮妮却说："今天的面包不一样，因为这里面有我和妈妈的爱！"

妮妮把烤好的面包切好，摆在茶室的桌子上，妈妈也精心泡制了一壶水果茶，等待客人的到来。

我们也来一起做：

　　每个人应该心怀感恩之心。引导孩子思考，感恩身边的每一件物品，珍惜当下的生活，我们应该具体怎样做呢？

234　橘灯温暖一世情

　　今天，妈妈约好友小婉阿姨下午来家里玩儿。妮妮也等不及要见她的小伙伴茉莉了。娘俩去超市买回一些蔬菜、水果和零食，一起在厨房里清洗、摆盘。

　　小婉阿姨看到了果盘里的橘子，顺手拿起一个说："橘子不错，今天我们来制作小橘灯吧，橘黄色的灯光透着满满的幸福，浪漫又温馨，孩子们还可以当玩具呢。"

　　妮妮和茉莉欢呼雀跃，高兴坏了。她们飞快地找来工具和蜡烛，迫不及待地开工了。

　　妮妮按要求将橘子放在桌子上按压滚动，使橘子皮和橘子肉分离。结果用力过猛，一连揉坏了两个橘子，两个小家伙乐个不停。

　　妈妈用小刀在橘子蒂周围划开一个圈，去掉小圈的橘子皮，然后将里面的果肉小心翼翼地挖出来。接着准备一小节蜡烛，大约有橘子的一半高度。最后将蜡烛放到橘子里面，滴一些蜡烛液固定。小橘灯制作好了，点亮之后非常漂亮。

大家闻着橘子香，看着漂亮的小橘灯，妈妈给大家读了冰心奶奶的《小桔灯》。冰心奶奶未能和朋友如约见上一面，妮妮和茉莉都为冰心奶奶感到难过。

其实见或未见，朋友就在那里，友情就在那里。只要心在，相遇或错过，都能被这份友情所温暖，唯有加倍珍惜，才能不负这份珍贵的友谊。看着妮妮和茉莉，小婉阿姨和妈妈也心有所感。

我们也来一起做：

和孩子共同邀请朋友来家里做客，进行一些有意义的活动，让孩子感受友情的美好。

235　珍惜拥有别错过

俗话说："三九补一冬，来年无病痛。"今天多多妈妈决定做一道营养丰富的特色家常菜——水煮鱼。

妈妈沿中间鱼骨将鱼肉片成两片，把鱼皮朝下，斜刀切除鱼身的大刺片，再切成薄厚适中的鱼片。多多把姜、蒜切片，干辣椒掰成小段，又在鱼片中倒入一个蛋清，加盐、料酒、淀粉抓匀后腌制了20分钟。妈妈告诉多多："煮黄豆芽时还得加入少许盐，煮熟后捞出铺在盛水煮鱼的容器底部。"多多没有听清楚，豆芽差点煮过了头，还毛手毛脚的差点烫了手。妈妈赶忙帮他把豆芽捞出来，继续鼓励多多把锅放到火上，倒入油，下花椒粒开始炸。妈妈在旁边耐心地看着，指导多多倒入干辣椒和豆瓣酱。多多很享受这个复杂而又刺激的制作过程。待辣椒变色，多多在妈妈的指导下捞出一半的花椒、辣椒待用，再将蒜片和姜倒入锅中炒出香味，然后倒入鱼头、鱼尾、鱼骨炒匀。最后，在锅里加入三碗热水。待锅里的水开始冒泡，妈妈将鱼片一片一片地放入锅中，并用筷子轻轻搅散。待鱼片变色后，妈妈将锅中的鱼片、鱼汤倒入铺好豆芽的碗中，最后"滋啦"一声淋上了一勺热油。

"开饭啦！"多多大声地喊爸爸来吃饭。"'鱼'跟'余'字音相同，有年年有余的寓意；辣椒寓意红红火火、家财兴旺。"妈妈一边摆盘上桌，一边给多多讲着这道菜的寓意。

桌上，满满一盆麻辣鲜香的水煮鱼散发着诱人的香味，满目的辣椒红亮养眼。寒冷的冬季里，一家人团团围坐品尝美食，这也是一种幸福。

我们也来一起做：

与孩子一起做一做水煮鱼。在做的过程中，尽量让孩子多动手体验。

236　　"慎微"律己警世人

"郭老师，我有件事想请您帮忙。"大清早，郭老师就接到了天天妈妈的电话。

　　"事情是这样的，昨天我领着天天去超市买东西，超市门口摆了一堆玩具没人看管，天天趁我没注意就顺手拿了一个。回到家里我发现了，批评了他，但他非说是捡的，还大哭了起来……"

　　来到学校，郭老师把天天叫到了办公室，给天天讲了一个故事：

　　白居易走进书房，拿起书桌上两块从杭州天竺山带回的石头观赏时突然心头一震，感觉自己做了一件很不光彩的事，于是他提笔写下了一首满含自责的诗句。恰在此时，他的朋友刘禹锡登门拜访。

　　刘禹锡临走时，看见书桌上的那首墨迹还没有干透的诗，吟诵后很诧异地问白居易："区区两块小石头，你何必放在心上呢？还写诗责怪自己，不值得，不值得！"白居易却不这么认为，他意味深长地对老友说："区区两块小石头虽然说明不了什么，可它是杭州百姓的石头，也仅仅属于天竺山，我怎么能据为己有呢？再说，倘若每一个来天竺山游玩的游客都把石头带回家，那哪里还有天竺山秀美的景色呢？虽说当时我只想把它们带回来作纪念，现在看来就像是我贪污了杭州百姓的千两黄金，怎么能不让我感到自责呢？"一席话说得刘禹锡连连点头。

　　天天是一个聪明的孩子，他马上明白了老师的用意。

　　晚上，天天妈妈给郭老师打电话，高兴地说："谢谢您，郭老师，天天放学回家就拉着我去把玩具还给超市了，超市的管理人员还夸天天是一个诚实的孩子，天天可高兴了！"放下电话，郭老师欣慰地笑了。

我们也来一起做：

　　所谓贫穷，不是我们拥有的太少，而是我们想要的太多，永不满足。引导孩子思考，当我们面对诱惑的时候应该怎么做呢？

237　　学会理财很重要

"妈妈，再给我两块钱吧！"上学前，斌斌缠着妈妈说。妈妈跟斌斌有一个约定：每天给斌斌五块钱的零花钱。可是斌斌总是不够花，每天都多要一两块，为此妈妈很头疼。

爸爸支着："这个月咱们让斌斌当家，你把家里吃、穿、用等花销都交给斌斌来打理，我们用钱都从斌斌那里支出，一个月后肯定会有意想不到的结果。"妈妈决定试一试。

"斌斌，你也长大了，这个月家里的钱就交给你来保管，我们每个人用钱都从你这里支出。"

斌斌高兴地从沙发上跳了起来。妈妈把一个月用的钱都交给了斌斌，斌斌拿出一个本子细心地记了上去。

第二天，妈妈对斌斌说："该交电费了，你去交电费吧。"斌斌拿着钱高高兴兴地和妈妈一起去交了电费。

第三天，"斌斌，该交水费了。"

又过了一天，"斌斌，家里没有油和米了，咱们一起去超市买吧！"斌斌听了不太高兴地说："妈妈，你怎么每天都要花钱呢？"

"这都是我们正常的支出呀，我们家每个月都是这样的。"

之后，斌斌又和妈妈一起交了燃气费，买了菜、鸡蛋、面粉、衣服等。

临近月底，斌斌着急了："妈妈，你给我的钱怎么都花完了？"妈妈笑着回应道："你不是都记账了吗？看看都花到哪里了？"斌斌拿出账本一看，每一项支出都是生活必需的消费。斌斌恍然大悟道："原来我们家每个月都要花这么多钱呀，我以后再也不浪费钱了！"

听了斌斌的话，妈妈欣慰地笑了。

我们也来一起做：

帮助孩子思考，你能支配的钱有多少？你想怎样花这些钱？你最想购买的物品需要花费多少钱？假如现在钱还不够，你准备怎样实现自己的目标呢？

238　清正廉洁水晶心

今天，阳光明媚，是一个好天气。吃过早饭，斌斌和妈妈来到姥姥家做水晶饼。

姥姥准备好了澄粉200克、生粉50克、紫薯两个、牛奶、白糖等食材，斌斌和姥姥就开始动手做了起来。

姥姥把紫薯去皮，斌斌负责切块，切好后上锅蒸熟取出，然后用勺子碾压成紫薯碎，再根据紫薯的干湿度加入两勺牛奶，这下紫薯碎变成了紫薯泥。

斌斌把一勺生粉、一撮糖混合起来，冲入沸水烫面，用筷子搅成团。姥姥把面团揪成了小剂子，擀成面皮，加入团好的紫薯球，把皮包好。接下来就是整形了。面团包好后拍上一层薄薄的澄粉，斌斌拿来月饼模具，把面团放进去轻轻一压就完成造型啦！姥姥在盘子里刷上一层薄油放上饼坯，接着上锅大火蒸了五分钟。

斌斌和妈妈也在旁边忙得不亦乐乎。姥姥边做边讲了关于水晶饼的故事。传说宋相寇准为官清廉，办事公正，深得民心。50 岁大寿时，乡亲们奉送来一个精致的桐木盒子，里面装着 50 个晶莹透亮如同水晶石一般的点心。在点心上面，还放着一张红纸，上面整整齐齐地写着一首诗："公有水晶目，又有水晶心。能辨忠与奸，清白不染尘。"落款是渭北老叟。后来，寇准的家厨也仿照做出了这种点心，给它取了一个好听的名字，叫作"水晶饼"。

斌斌听完说："我明白了，以后我也要严格要求自己！"妈妈和姥姥都欣慰地笑了。

水晶饼做好了，斌斌尝完后对姥姥说："这是我吃过的最好吃的水晶饼，它不但好吃，还教会了我做人的道理。"

我们也来一起做：

引导孩子一起思考，从今天这个故事中你懂得了什么道理？

239　　"春盘"盈盈迎立春

立春这一天要吃一些春天的新鲜蔬菜，既为防病，又有迎接新春的意味。妈妈决定也来做"春盘"迎接立春，斌斌一听高兴地跳了起来，说："我最爱吃'春盘'了！"

妈妈买了几张豆皮和半斤新鲜的韭菜回来，父子俩把韭菜择洗干净放在一旁备用。只见妈妈将锅中倒入适量冷水，放入一小勺盐、几滴食用油，烧开后将韭菜倒入轻烫，然后捞出过冷水备用。爸爸将豆皮冲洗干净，切成宽度约2厘米的条形。妈妈将切好的豆皮沿一端轻轻卷起，接着将两三根韭菜平铺在案板上。再将卷好的豆卷放在韭菜的一端，用韭菜包裹豆卷卷起来，这样一个豆皮韭菜卷就做好了。斌斌也试着做了起来，后来一个人独立完成了全部豆皮韭菜卷的制作，很有成就感。爸爸拿来竹签将它们成串地穿在一起，又在豆皮韭菜卷上刷了一层橄榄油，撒了些盐、辣椒面、花椒面和孜然等各种调料，然后将烤箱预热到175度，放进烤箱就只剩下等待了。

爸爸告诉斌斌："据考证，'春盘'是由魏晋时期的五辛盘发展演变而来。李时珍的《本草纲目·菜一》记载：'五辛菜，乃元旦、立春，以葱、蒜、韭、蓼蒿、芥辛嫩之菜，杂和食之，取迎新之意，谓之五辛盘。'按照现代科学观点，春节之际，寒尽春来，正是易患感冒的时候，用五辛来发散表汗，对于预防时疫流感无疑具有一定的作用。到了唐宋时期，人们对五辛盘做了改进，增加了一些时令蔬菜，使其从单调的辛辣变为色香味俱佳的翠缕红丝，并名之曰'春盘'。"

"哦！原来'春盘'还有这样的来历呀，那我可要多吃点！"满屋子都是"春盘"的香味，斌斌有些等不及了。

我们也来一起做：

想一想，立春这一天还有什么习俗？与孩子一起了解一下那些有趣的中国节气习俗吧！

图书在版编目（ＣＩＰ）数据

陪你走过的 365 天 / 蓝玫编著. -- 太原 ：山西教育
出版社，2025.4
　（家庭生活教育丛书）
　ISBN 978-7-5703-3763-7

Ⅰ. ①陪… Ⅱ. ①蓝… Ⅲ. ①亲子关系-家庭教育-
通俗读物 Ⅳ. ①G78-49

中国国家版本馆 CIP 数据核字（2024）第 040436 号

陪你走过的 365 天
PEI NI ZOUGUO DE 365 TIAN

选题策划	潘　峰
责任编辑	王　媛
复　审	陈旭伟
终　审	刘晓露
装帧设计	陈　晓
印装监制	蔡　洁

出版发行　山西出版传媒集团·山西教育出版社
　　　　　（太原市水西门街馒头巷 7 号　电话：0351-4729801　邮编：030002）
印　装　山西新华印业有限公司

开　本	890 mm×1240 mm　1/32
印　张	11.5
字　数	309 千字
版　次	2025 年 4 月第 1 版　2025 年 4 月山西第 1 次印刷
书　号	ISBN 978-7-5703-3763-7
定　价	46.00 元

如发现印装质量问题，影响阅读，请与出版社联系调换。电话：0351-4729718。